Gli struzzi 459

ISBN 88-06-12855-8

Corrado Stajano

Il disordine

Einaudi

Indice

Il disordine

Il disordine

Adesso la grande paura è passata, i cosacchi del Don acquartierati alla Bovisa sono partiti, la bandiera bianca con la croce rossa della Lega sventola sul balcone di Palazzo Marino, i cittadini milanesi, o almeno molti di loro, sembrano usciti da una quarantena. Come se votando la lista del Carroccio avessero ottenuto vendetta sulle mani sporche dei corrotti: non assalteranno piú i forni, ora, non faranno piú radunate sediziose, non scriveranno piú sui muri le loro richieste di giustizia.

Non sembrano già tornati ilari i bambini, anche se i francobolli d'erba dei prati di città seguitano a essere gialli? Non appaiono meno incattiviti e ingrigiti dalla depressione gli adulti? E i vecchi non chiedono sempre piú frequentemente di venire sepolti nel vessillo lombardo come quel presago pensionato mantovano?

Sanguisuga appiccicata sul corpo rozzo della Lega, il sistema economico-finanziario si è rasserenato. Con le sue banche, i suoi giornali, le sue catene di produzione e di distribuzione, la sua influenza, la sua ricchezza, la sua duttilità, ha inventato una specie di protettorato per mettere di nuovo le mani sulla città.

Pazienza se lo stile dei leghisti, sudditi coscienti o incoscienti, non è forbito, pazienza se usano normalmente l'insulto, la menzogna, l'intolleranza, pazienza se appaiono spesso irresponsabili, doppi, rissosi. Pazienza ancora se non sanno portare i guanti che si adoperano nelle delicate operazioni. Sono stati sottomessi in passato ossi ben piú duri, le camicie nere, le camicie brune, le camicie biancofiore, le camicie rosate. E certe camicie rosse che non si sono mostrate refrattarie. Raffinati mediatori opereranno in loro nome, faranno, disfaranno e gli lasceranno anche la convinzione di avere agito in proprio.

Il minore dei malanni. Era l'unico modo di possibile autotutela quello di condizionare i leghisti in nome della società moderata che li ha votati in modo massiccio, schizzinosi banchieri, imprenditori, immobiliaristi, architetti di fama, giornalisti. Era l'unico modo per salvarsi, per seguitare ad aver voce in capitolo nell'Italia di sempre senza regole e senza controlli. Era anche l'unico modo per aiutare gli inquisiti: usando l'ira degli innocenti, rivoltandola, smorzandola, ammorbidendola, con l'aria di soffiare invece sul fuoco per uscire finalmente dall'incubo delle prigioni e dei tribunali. Non era questa l'agognata soluzione politica, mettere sotto tutela coloro che avevano rinfocolato la protesta e dato autorità popolare ai giudici?

Per quasi due anni, la scena milanese è stata fissa. Il carcere di San Vittore, il portone chiuso, aperto, richiuso, le macchine con gli incarcerati illustri, l'uscita degli incarcerati illustri, le garitte di vetro delle guardie, le lunghissime strisce arancione sulla muraglia grigia, il ragno coi sei raggi giganteschi intravisto all'interno, la via dal dolce nome degli Olivetani, Porta Vercellina, via Vico, viale Papiniano. E poi il piacentiniano Palazzo di Giustizia, «la piú monumentale e solenne architettura del ventennio fascista», ripreso coi suoi ambulacri sinistri e poi di fronte, di sghimbescio, sui lati, sul dorso.

Palazzo Marino, infine, piú di rado, visto solo in occasione degli atti di giustizia, degli avvisi di garanzia, delle richieste di autorizzazione a procedere riguardanti i sindaci diventati deputati della Repubblica e anche degli arresti e delle incriminazioni degli assessori e dei funzionari municipali.

Tutto è tornato immoto dopo i fervori delle settimane elettorali. Con un sospetto di finzione, quasi un simbolo. Sull'angolo di piazza della Scala, di fianco al teatro, l'Hotel Marino dello stilista Trussardi – il cantiere dei lavori in corso è bloccato per ordine del tribunale – appare foderato tutt'intorno da un paravento popolato di damine e di gentiluomini dipinti in modo edificante e dozzinale. Quasi a dire: il marcio è sotto, ma quel che conta è la facciata rispettabile, le apparenze sono salve, l'eterno punto d'onore della borghesia.

Lí accanto, sembra un'altra finzione, passa ogni giorno, su e giú da via Filodrammatici, il *grand patron* di Mediobanca, sempre piú accartocciato, lieto di come sono andate le cose – ha votato anche lui per la Lega, è stato detto – per nulla preoccupato da tutta quella federazione di inquisiti, di imprigionati, di latitanti che siede nel suo consiglio di amministrazione e per tutti i problemi di società da salvare, da trafiggere, da comprare, da rifondare che gli toccano di continuo in sorte, preoccupato invece per lo sguardo del procuratore capo della Repubblica che con una mossa definita inopportuna ha scrutato, infastidito, voluto sapere, persino sull'Enimont. Che cosa può capire un magistrato di quei sublimi giochi della mente?

La città di Milano – le tre città, anzi, divise dal voto e dal non voto del 20 giugno 1993 – sembra lontana, piú che mai separata, vista da questa piazza. Dove sono i quartieri desolati, dove l'aristocrazia operaia di un tempo smarrito, dove gli uomini e le donne dell'affettuosità milanese, «gent senza pretes e bon vivan», dove le aree piene di suggestione e ora di morte su cui sorgevano le fabbriche, forza e vanto della città?

Che cosa fanno, in nome del nuovo, parola ossessivamente ripetuta nel disordine che nasce anche dai problemi irrisolti di antichi e meno antichi disordini, i protagonisti del destino metropolitano? Chissà se il cardinale arcivescovo sta ancora meditando sul mutismo e il silenzio, il silenzio di chi si lascia affascinare dal mistero della natura o dell'arte, il silenzio delle cose e degli eventi, il silenzio sommo della sordità di Dio.

Chissà di chi è ospite ambito e succoso il leader del movimento trionfante, dalla fama di barbaro (un Barbarossa domestico, l'imperatore preso a prestito dalla sua Lega, incarnato da lui piú che sconfitto), oculato e selvaggio a tratti, becero e crudamente suadente per le masse.

Chissà poi se il nuovo sindaco eletto è tornato ai libri che ha detto di amare, cosí lunarmente distanti da quel suo sorriso che vuole essere rassicurante, da quelle sue parole prive di ogni spina di inquietudine, da quel suo far da spalla al leader.

Chissà se ha ripreso in mano *Le nozze di Cadmo e Armonia* di Roberto Calasso da cui – raccontava ai giornalisti – non riusciva a staccarsi neppure durante la campagna elettorale: «... Cadmo aveva portato alla Grecia "doni provvisti di mente": vocali e consonanti aggiogate in segni minuscoli, "modello inciso di un silenzio che non tace": l'alfabeto... »[1].

1.

La campagna elettorale comincia il 16 febbraio 1993, il giorno delle dimissioni del sindaco Gianpiero Borghini. Anche se dopo ci saranno dei tentativi per mettere in piedi una giunta di garanzia e arrivare alle elezioni senza la nomina di un commissario.

La campagna elettorale avrebbe potuto, dovuto, iniziare un anno prima. Il 17 febbraio 1992 il sostituto procuratore della Repubblica di Milano Antonio Di Pietro arresta in flagranza di reato il presidente del Pio Albergo Trivulzio, l'ingegnere Mario Chiesa, dirigente del Partito socialista, che nel suo studio ha appena ricevuto dal piccolo proprietario di un'impresa di pulizie, Luca Magni, sette milioni in biglietti da 100 000 lire, una tangente per lavori fatti alla Baggina, il ricovero dei vecchi milanesi fondato nel secolo dei Lumi da Antonio Tolomeo Gallo Trivulzio, amico di Pietro Verri, di Cesare Beccaria, di Ferdinando Galiani.

Scoppia quel pomeriggio lo scandalo che travolgerà

[1] Roberto Calasso, *Le nozze di Cadmo e Armonia*, Adelphi, Milano 1988.

Milano e poi l'intero paese e in poco piú di un anno muterà la geografia politica italiana. Quella piccola somma intascata alla Baggina sarà la spia indiziaria di una corruzione incrostata alla vita quotidiana, ai piccoli e grandi affari dell'economia e della politica. Una microrivoluzione. Andata a compimento o quasi non per la coraggiosa impresa di un gruppo di ribelli o per la capacità o l'abilità dell'opposizione politica, ma per l'azione giudiziaria avviata dai magistrati di Milano.

I giudici dell'inchiesta chiamata delle Mani pulite hanno proceduto come se, partendo da un puntino segnato a caso su una qualsiasi superficie, fossero poi riusciti a fare affiorare – una decalcomania – un'infinità di puntini, a collegarli tracciando linee, tratti, segmenti, cavandone cosí una mappa sempre piú fitta, quasi una boscaglia in cui sono stati via via costretti a deporre le loro bandiere macchiate del denaro sporco della corruzione, della concussione, della truffa, del finanziamento illecito dei partiti, delle pratiche oscure, premier politici, capi del governo, ministri, segretari di partito, deputati, senatori e con loro e con i loro partiti, gli imprenditori, i presidenti, gli amministratori, i manager delle aziende di maggior rango e di maggior peso del paese, la Fiat, l'Olivetti, l'Iri, l'Eni, la Montedison. Finiscono cosí l'uno dopo l'altro in galera o vengono incriminati gli uomini che, soprattutto negli ultimi anni, si sono altezzosamente espressi per la totalità del salvifico e mitologico mercato che premia i meriti dei migliori ed è il misuratore di tutte le cose del mondo.

Perché solo nel 1992 è potuta andare a compimento un'azione giudiziaria e politica che pochi anni prima sarebbe stata inesorabilmente insabbiata?

La crisi politica, economica, istituzionale nei primi anni '90 è arrivata all'acme. Gli elettori, piú o meno stancamente, seguitano a votare per i partiti di sempre, ma il disagio è palpabile, la corruzione è manifesta, troppo spesso il tenore di vita non corrisponde ai guadagni leciti. Il capitalismo celebra la fine del comunismo ritenendo eterna la propria impunità. Solo che le barriere installate da piú di quarant'anni dagli Stati Uniti e dai poteri sovranazionali a tutela del sistema politico atlantico cominciano a incrinarsi: in nome e in funzione della lotta contro l'impero del male era stato avallato, come in una terra di franchigia, anche tutto quanto era contro la legge e la Costituzione. Non servono piú adesso i fedeli alleati e cosí le protezioni e le coperture vengono a mancare e le maglie si smagliano. Non c'è piú alcuna necessità di fare concessioni a governanti corrotti in cambio dei loro lavori sporchi. Non c'è piú un confine da difendere, è venuto a mancare il nemico, il comunismo, che sarà rimpianto da chi ha perso i privilegi, evocato di continuo come in una seduta spiritica. I giudici possono tornare cosí a fare i giudici, gli intoccabili cominciano a non esserlo piú. Inchieste nate morte si riavviano, giudici perennemente sconfitti riprendono a lavorare.

Il caso Gladio affiorato per un conflitto di poteri e di ricatti non è che un test del nuovo clima. Il referendum del 19 maggio 1991 per la preferenza unica, approvato dal 95,6 per cento degli elettori nonostante l'opposizione e il boicottaggio di buona parte della classe dirigente politica – fu in quell'occasione che Craxi invitò gli elettori ad andare al mare – rappresenta forse il primo segnale del cambiamento. Ha le sue radici nella protesta dell'opinione pubblica, nel disagio, nella paura, nella furia e nel disprezzo mescolati della comunità civile. I servizi che non funzionano pesano sulla vita collettiva, in particolare sulle attività dei piccoli produttori. I partiti sono screditati, i cittadini cominciano a collegare i costi della crisi economica – il milione e mezzo e piú di miliardi del debito pubblico –, dei sacrifici fatti e subíti, delle imposte e delle tasse pagate, con le responsabilità del cattivo governo. Questo mentre quattro regioni italiane sono in mano alla mafia e alla camorra, mentre una catena di stragi seguita a restare impunita, nel cinismo ballerino di una società che i giornali e le tv, tra craxismo e berlusconismo, tendono sempre piú a omologare, a piattificare, a spettacolarizzare.

C'è una nuova formazione politica, intanto, che sta ottenendo successo, collettrice della protesta diffusa. Alle elezioni regionali del '90 e alle elezioni amministrative del 24 novembre 1991 a Brescia dove ottiene il 24,4 per cento dei voti. (Esploderà poi alle elezioni politiche del 5 aprile 1992: 55 deputati, 25 senatori). Non ha giornali, non controlla televisioni e ancora alla fine degli anni '80 nessuno o quasi conosce il senatore Umberto Bossi, fondatore della Lega Lombarda.

Se non avesse i capelli che gli spiovono sugli occhi come un cantante rock, Bossi rammenterebbe nell'aspetto un ragazzotto invecchiato della provincia lombarda degli anni '60, un eterno fuoricorso, un felliniano vitellone di paese. Nato nel 1941 a Cassano Magnago, 23 chilometri da Varese, ha una scarna biografia: di famiglia modesta e lavoratrice, diplomato, ha fatto o ha tentato di fare l'artigiano, l'impiegato, lo studente di Medicina all'Università di Pavia senza riuscire a laurearsi. Nel '79, ignaro di politica, è rimasto folgorato da un attivista dell'Union Valdôtaine e nell'82 ha fondato un settimanale, «Lombardia Autonomista», spina dorsale della Lega Lombarda, nata quasi contemporaneamente.

È un giornale grezzo, da battaglia all'arma bianca, pieno di slogan, «Paga somaro lombardo e tas», «Solo l'autonomia ci salva dai Borboni che mangiano a Roma», «No all'egemonia meridionale dei partiti romani», «Basta con le rapine del fisco», «No all'Europa delle immigrazioni, della disgregazione sociale e della droga, sí all'Europa che sposta i capitali e non i lavoratori». E anche: «La gallina lombarda scodella uova d'oro per Roma e piú giú! Tutte restano fritte in padella e da noi non tornan piú!»

Il programma della Lega Lombarda ricalca gli slogan del giornale: autogoverno della Lombardia con un moderno stato federale; precedenza ai lombardi nelle assegnazioni dei posti di lavoro e delle case, nell'assistenza, nei contributi finanziari. I frutti del lavoro e delle tasse pagati dai lombardi devono essere gestiti dai lombardi e cosí la scuola e l'amministrazione pubblica.

La Lega si considera il perno di una lotta liberatrice. Contro lo Stato nemico in mano all'egemonia meridionale, contro il sistema dei partiti dominati dal potere romano, napoletano, siciliano, contro la società infettata dall'immigrazione e dalla maggioranza etnica del Sud, contro l'impiegato, il professore, il maestro di scuola venuti dal Sud a lavorare in Lombardia.

Lo spirito democratico è assente, come è assente lo spirito di solidarietà. La Lega usa di continuo le parole libertà, autonomia e, soprattutto, federalismo e antistatalismo proposti come rimedi universali. Nel programma, con l'antimeridionalismo c'è piú di una venatura razzista che sarà successivamente mascherata e c'è anche, nell'assenza di ogni idea di nazione, un occhieggiare sinistro, quasi una minaccia, al secessionismo possibile del Nord ricco e felice.

Chi sono i leghisti della prima e della seconda ondata? Una grande mescolanza di protesta e di proposta informe costruita per strati successivi: il nucleo che fonda il movimento, gente di paese, compagni d'osteria, piccoli e medi imprenditori padani che hanno indefessamente lavorato e poi tecnici, qualche professionista, la base di massa cattolica venuta dopo la fine degli anni '80, il gruppo di sinistra approdato dopo l'89 e la crisi delle ideologie, i socialisti che hanno smesso di votare il partito dopo l'inizio dell'inchiesta di Milano, i senzapartito, gli ex governativi, gli ex oppositori, i vendicatori, i repressi, l'elettorato delle viscere – i privilegi da conservare, le tasse da non pagare, i doveri da trascurare –, il popolo poujadista, il popolo peronista, il popolo dei sagrati delle chiese lombarde la domenica mattina, la parrocchia, il paese, la piccola comunità, la provincia. L'arcipelago moderato e conservatore. E poi la rabbia a lungo contenuta, la protesta indifferenziata, il lavacro della metropoli compromessa e delusa.

Gianpiero Borghini è stato sindaco di Milano dal 18 gennaio 1992 al 16 febbraio 1993. Comunista, giornalista dell'«Unità», vicedirettore, presidente del Consiglio regionale della Lombardia, racconta la sua avventura politica nel suo libro elettorale, *Sempre Milano*[2]:

> Nel sistema istituzionale italiano, cosí come ha funzionato sino a questo momento, il sindaco di una città è sempre stato scelto e concordato dai partiti e tra i partiti. E ciò alla luce del sole e senza che nessuno, né ieri né oggi, abbia mai sollevato problemi che non fossero, al massimo, di merito, ossia relativi alla qualità della persona scelta.

La luce del sole delle segreterie dei partiti. Boreale, in confronto al posto dove Borghini riceve l'investitura. Direttamente da Craxi nella stanza al quarto piano di piazza del Duomo 19, indirizzo che sarà reso famoso dall'inchiesta Mani pulite e che è stato trafficatissimo, per tutti gli anni '80, dai supplicanti di un'intera città e dai portatori di tangenti e chissà se era piú duro calle lo scendere o 'l salir per l'altrui scale. («E quel che piú ti graverà le spalle, | sarà la compagnia malvagia e scempia»).

> Craxi mi ricevette nel suo studio pieno di cimeli garibaldini, quadri del Risorgimento e vecchie bandiere socialiste. Fu molto semplice, diretto e cordiale. Mi raccontò, a mo' di preambolo, di quando il presidente Pertini lo aveva convocato al Quirinale per chiedergli di fare il presidente del Consiglio e di come lui, che ci era andato del tutto informale (addirittura in jeans!) e impreparato, pronunciò su due piedi l'unica risposta possibile: «Obbedisco!» Allo stesso modo, piú o meno, chiedeva a me, a nome del Partito socialista, se me la sentivo di fare il sindaco di Milano. Risposi, forse meno alla garibaldina, che ci potevo provare.

Ai primi di dicembre Borghini accetta. È ancora iscritto al Pds, si dimette solo il 16 dicembre, si dimette anche dalla carica di presidente dell'Assemblea regionale. I compagni di partito non gli perdonano l'intelligenza col nemico, le sue modalità, la rapidità del passaggio di campo. Il podestà di Craxi, dicono.

Un marchingegno inventato dal segretario socialista, un tirare avanti in attesa di un riassetto possibile. Ma al-

[2] Gianpiero Borghini, *Sempre Milano*, Baldini & Castoldi, Milano 1993.

le parole non corrispondono i fatti. È un anno di inattività. Borghini deve di continuo turare le falle, l'inchiesta Mani pulite gli fa mancare piú volte la maggioranza, un giocatore che vede sfilargli ad una ad una le carte sotto il naso. Finiscono in carcere, incriminati, inquisiti, agli arresti domiciliari gli assessori Zaffra, Mosini, Capone, Giuncaioli, l'ex assessore Schemmari, i consiglieri Armanini, Falconieri, tutti socialisti. Non c'è pace a Palazzo Marino fino all'ultimo giorno della giunta Borghini quando viene inquisito il vicesindaco Intiglietta, democristiano.

Le accuse contro i consiglieri sono gravi e riguardano tutta l'attività dell'amministrazione, il bilancio, l'urbanistica, l'edilizia privata, i cimiteri, il personale.

I milanesi sono smarriti. Nessuno pensa che i manager pagatori sono stati costretti dai politici a versare le tangenti. Sono convinti che si tratta di una pratica automatica. I soldi, la carriera, gli affari sono la molla dei manager e degli imprenditori. L'arricchimento e il potere sono la molla dei politici. Ma verso gli uomini dell'industria e della finanza c'è piú ironia che astio, spirito di rivalsa, piuttosto, per il denaro perso dalla collettività, non certo dalle imprese. Il vero bersaglio dell'odio sono i politici, i socialisti, soprattutto. Sulla palestra comunale di via Savonarola compare una scritta enorme, «Craxi 卐top l'Italia non è il tuo formaggio». In corso Genova, «Craxi pus». In via Meravigli e altrove, «Dentro Bettino fuori il bottino» e dappertutto, come se fossero nuove insegne stradali, «Grazie Di Pietro», «Di Pietro Milano ti ama», «Di Pietro Colombo andate fino in fondo».

La città è degradata, quasi fosse stata colpita a morte da un terribile defoliante. C'è piú turbamento e umiliazione che rabbia. Scricchiolano e finiscono in pezzi come i monumenti di Lenin nella vecchia Unione Sovietica le sicurezze pubbliche e private della città primigenia che aveva dato a Craxi il 20 per cento dei voti.

Milano appare saccheggiata, in frantumi, senz'anima. Basta fare un giro nella città vecchia. La torre del Filarete è malconcia, il cancello di ferro del Castello Sforzesco è sbarrato, bisogna entrare da una porta sulla sinistra e appena si mette piede in uno dei cortili si è presi dallo sgomento. Sembra che la guarnigione sia scappata da poco, che i cecchini, finita la rovinosa battaglia, sparino ancora dai tetti. I giardini sono incolti, i sassi spuntano ovunque sulla terra desolata, dove ci dovrebbe essere erba c'è sterpaglia, le transenne tengono lontano dai posti pericolanti, per arrivare alle civiche raccolte d'arte non si sa quali percorsi seguire. Un custode cui chiedere è sordomuto.

Un centinaio di metri e ci si trova davanti alla gran mole del nuovo Piccolo Teatro. Sovrumani silenzi e profondissima quiete. «Oplà noi viviamo», recita sulla palizzata un manifesto che reclamizza una commedia di Toller. Ma da una porticina aperta verso piazza Marengo si intravede solo un cane nero. Un cartello inchiodato su un palo annuncia che questa è un'opera realizzata con il mutuo della Cassa depositi e prestiti e con il fondo del risparmio postale. Poveri emigranti ignari! Ne è passato del tempo da quel 4 dicembre 1978 quando l'architetto Marco Zanuso ebbe per chiara fama l'incarico del progetto. (La prima parola di un bambino nato in una casa qui davanti non è stata mamma o papà, ma gru).

In piazza del Duomo, infine. È sufficiente un'occhiata ai cortili del Palazzo Reale e si ha di nuovo un senso di abbandono. Deserti. L'intonaco è sbrecciato, sulle pareti spiccano buchi maltoppati, i cancelli sono divelti, le persiane sbattono, un cartello avverte, «lavori in corso», ma le impalcature sembrano scheletri, i gabbiotti dei cantieri assomigliano a residuati bellici.

È come se la città si fosse svuotata, impoverita, desertificata. Divenuta provvisoria. Il sentimento comune è anche di stupore: «Hanno rubato, dilapidato, sperperato, ma nei ritagli di tempo non potevano almeno badare all'amministrazione corrente?»

16 febbraio 1993. Craxi scrive una lettera al «Corriere della Sera»: le famose riunioni del lunedí di cui ha

parlato il giornale non sono mai esistite. I luoghi della storia. Galeazzo Ciano al golf dell'Acqua Acetosa, Mussolini sulla spiaggia di Riccione, Nenni a Formia, Togliatti in Crimea, Andreotti nei sotterranei del Vaticano. Craxi al Matarel oppure no?

Per sciogliere la disputa sembra decisiva la testimonianza del trattore di corso Garibaldi, uno dei pochi, ha detto di sé, che riuscí a portar via soldi ai socialisti. C'è anche la testimonianza di Mario Chiesa, il presidente della Baggina:

> Al Savini ci si trova anche piú di una volta la settimana. Eppure siamo coscienti di sedere a un tavolo di serie B. Ricordo che, quando qualcuno andava in giro dicendo che era stato al Matarel, si facevano indagini, inchieste interne e poi si scopriva che non era vero niente. Al tavolo del Matarel sedevano solo gli eletti, il nocciolo duro del craxismo, Natali, Larini, Troielli, Gangi. Pillitteri, che a quel tavolo veniva invitato, si premurava di riferirmi le conversazioni che vi si tenevano. Erano, per lo piú, resoconti sul pensiero di Craxi verso il tal o talaltro dirigente di partito. Frase classica: «Bettino è incazzato con un tizio». Oppure: «Bettino vuol far saltare caio». Un vero cicaleccio il cui scopo era quello di dimostrare che Craxi ora approvava uno, ora l'altro. E se tu eri collegato al politico inviso al grande capo, quel cicaleccio ti spingeva a tagliare i ponti col perdente di turno[3].

20 febbraio. Si parla già di elezioni. Nella sala della Provincia, vicino al Conservatorio, si riunisce il Comitato promotore della lista elettorale «Per Milano».

«Chi siamo? Milano vive una profonda e prolungata crisi morale, economica e di legalità. Il ceto politico che ha finora guidato la città è in gran parte screditato e non ha piú legittimità democratica per poter governare. L'alternativa costituita dalla Lega è una risposta, a nostro parere, sbagliata. Alcuni di noi operano nei movimenti e nelle associazioni, altri in alcuni partiti tradizionali. La grande maggioranza non fa della politica una professione e comunque tutti ricavano il reddito dal proprio lavoro».

[3] Testimonianza di Mario Chiesa, in Marcella Andreoli, *Andavamo in piazza Duomo*, Sperling & Kupfer, Milano 1993.

I promotori della lista sono uomini e donne dei circoli, del volontariato, delle associazioni, il Circolo Perini, Italia loro, Società civile, il Comitato referendario, le Acli, la Lega ambiente. Ci sono due deputati, Franco Bassanini del Pds e Nando dalla Chiesa della Rete, ci sono professionisti, architetti, giornalisti, attori, professori, studenti, persone note come Renato Boeri e Franco Morganti e persone sconosciute.

Sembra che siano usciti dalle catacombe. Quando la Milano dei meravigliosi anni '80 luccicava, vivevano come stranieri, chiusi in se stessi. Un impiegato dice che non si occupa di politica da quindici anni, dalla morte di Moro, ma che ora ne ha di nuovo voglia; un operaio dice che non bisogna dimenticare i giovani, allo sbando nei quartieri, una signora inglese esperta di giardini, da vent'anni in Italia, si chiama Vanessa Vesey, attacca i lobbisti e il Piano parcheggi, teme che nella lista «Per Milano» possano annidarsi interessi disdicevoli.

È cruda, netta: «In questa situazione di gravità estrema, in cui stiamo facendo una specie di rivoluzione senza un soggetto rivoluzionario e quindi ognuno di noi deve assumersi la responsabilità del proprio impegno individuale, il primo compito dei cittadini e della lista "Per Milano" deve essere l'appoggio attivo al lavoro dei giudici affinché la pulizia vada fino in fondo. Molti degli oppositori di questo regime vengono accusati di moralismo nel tentativo di farli tacere. Allo stesso modo gli organi di stampa ridono del moralismo in politica dei paesi anglosassoni, chiamano follia la difficoltà di Clinton di trovare il suo ministro della Giustizia, si meravigliano delle donne ministro che rinunciano perché colpevoli di non aver pagato i contributi della colf. Ma noi, con la superiorità degli imbecilli, ci siamo trovati davanti a un ministro della Giustizia, Claudio Martelli, che viene indagato per attività che posso solamente definire inconcepibili in un qualsiasi paese sia esso del primo, secondo, terzo mondo».

Parla anche un infermiere professionale. È nato a Nomadelfia nel 1948, ricorda la vita di testimonianza dei ribelli cristiani, cita Padre David Maria Turoldo, accenna al proprio itinerario umano e politico. Ha lavorato all'Eni, nel sindacato, e solo adesso, esploso lo scandalo delle tangenti, svelati i traffici loschi degli amministratori dell'azienda, capisce quel che non riusciva mai a capire, i misteri irrisolti: rubavano, semplicemente e violavano ogni legge penale e di convivenza civile.

«Una lunga asfissia, – grida come liberato. Adesso lavora per i malati terminali di cancro. – Attenzione, – grida di nuovo, – attenzione, provoca il cancro anche respirare ogni tipo di aria corrotta».

I giornali pubblicano la mappa di Tangentopoli, la geografia dello scandalo, tra ristoranti e santuari. L'ufficio di Craxi, la casa di Craxi, l'ufficio di Tognoli, la casa di Larini, il Pio Albergo Trivulzio, la Fiera, il Cimitero Monumentale, le sedi dei partiti, il bar Biffi, il bar Giamaica, il ristorante Santa Lucia, il Savini, il Matarel, gli Orti di Leonardo. E poi il Piccolo Teatro, la Metropolitana milanese, la casa di Ligresti, i cubi a specchio di Ligresti, la casa di Panseca, l'inventore del garofano socialista, della piramide craxiana, dei templi greci alle Assise del Psi. E San Vittore, naturalmente, casella finale di un grottesco gioco dell'oca.

21 febbraio. È morto davvero quel sistema politico che vigilava occhiutamente per spartirsi tutte le attività della carne, che compiangeva gli oppositori, coloro che si escludevano e coloro che venivano esclusi dal pubblico banchetto, ingenui, incapaci di stare al mondo? La moderna società gli lasciava qualche spazio di sopravvivenza, negli interstizi.

23 febbraio. Il timore è che sia duro a morire, quel sistema politico che si difende coi denti, pericoloso come gli eserciti in fuga che non si fermano davanti a nulla, incendiano i cascinali, uccidono i bambini, impiccano gli uomini validi, stuprano le donne, bruciano i paesi, la terra, le città.

Un magma difficile anche da osservare, un passaggio d'epoca che apparirà chiaro, poi, spiegato nei libri di storia da una decina di righe, ma adesso? Tutto è contraddittorio, sono saltate le fedi, i confini, i codici. Davvero una rivoluzione senza rivoluzionari.

Piazza del Duomo, autunno 1992. Sciopero generale, comizio dei sindacati, mescolanza di furore, di paura, di impotenza. Il segretario generale della Cisl, Sergio D'Antoni, parla e non si sente niente perché tutti fischiano, gridano, levano le braccia, i cartelli, le bandiere, gli striscioni. Tutti contro tutti. In nome solo di se stessi. Sono venuti qui convocati dal sindacato che è ancora in grado di riempire le piazze, ma il nemico è il sindacato. D'Antoni sembra uno che muove le labbra dentro una cabina telefonica. Chissà che cosa starà dicendo. Gli operai, a gruppetti, parlano di problemi di sopravvivenza, il posto, la mutua, la salute, l'ospedale, la pensione. Altro che riforma della società. (Quello sciopero generale per la casa indetto dal sindacato dei consigli nell'autunno caldo del 1969 sembra un colpo di sole della memoria).

La geografia della piazza è composita, ma tutta insieme forma un muro. Qualche bullone arriva fin sotto il palco e ferisce di striscio al labbro anche il segretario generale della Cisl. Ma non è la violenza la protagonista, una sorda protesta, invece, che non riesce a esprimersi.

Ci sono i metalmeccanici della Breda, della Falck, le tute bianche della Pirelli, gli operai delle piccole fabbriche in estinzione che pare siano venuti qui a portare il loro grido di lutto, come nel Sud alla morte del padre, della madre, del figlio amato.

In un angolo gli anarchici, come sempre isolati nel mondo. Non lontano, gruppetti di giovani portano baschi neri, larghi, che sembrano dischi a 33 giri e appiccicati sui giacconi distintivi comprati nei mercatini e sulle bancarelle di quel gigantesco bazar che è diventato l'Unione Sovietica. Stelle dell'Armata rossa, falci e martello del partito, delle organizzazioni giovanili, del sindacato. Il gruppo dei Cobas è il piú furibondo, un tuffo negli anni '70. Ai bordi della piazza un oratore fa un suo comizio separato su un furgoncino da gelataio. Ma neanche lui viene lasciato parlare dai suoi fedeli che gridano senza un momento di respiro lo slogan «Governo di merda governo di rapina la classe operaia sarà la tua rovina».

Gli operai a pochi passi si dicono come sarà duro l'inverno, come sarà difficile pagare l'affitto, mangiare, mandare i figli a scuola con il milione della cassa integrazione. Se la moglie non lavora è la fame.

La piazza adesso è un mare ondoso. Il segretario generale della Cisl, con un gesto, impedisce alla polizia di caricare. Scoppiano dei petardi, qualcuno dei piú anziani si volta con un gesto automatico a guardare verso piazza Fontana. Pare che i ragazzi di oggi non sappiano nulla di quella strage.

Adesso tutti o quasi urlano contro il sindacato, come contro i partiti e i loro dirigenti. «I ladri di ieri sono gli esattori di oggi. A costoro non paghiamo un bel nulla», dice uno striscione. Anche quelli del servizio d'ordine gridano. Contro chi? Il palco si è svuotato, il cavallo di Vittorio Emanuele è indifferente.

La piazza si sgombra, qualcuno andandosene guarda in su, allo studio di Craxi sopra la Banca Ponti. Si intravede una bandiera rossa, si intravedono anche dei ritratti, forse i vecchi inquilini, Anna Kuliscioff, Filippo Turati.

A lezione dal cardinale, autunno 1992. C'è un silenzio imbarazzante nell'aula magna dell'Università Statale dove piú di tremila persone sono venute ad ascoltare Carlo Maria Martini. È l'ultima di una serie di cinque lezioni, la Cattedra dei non credenti, un approdo alla Bibbia di uomini e donne di fede e senza fedi.

Il cardinale ha una grande autorità, una semplicità vera o travestita da attore apparentemente dimesso. Solo, col suo zucchetto scarlatto su un fondale grigio, sublime snobismo.

«Raccogliete i pezzi avanzati, perché nulla vada perduto», Vangelo di Giovanni, 6, 12: «Vorrei mettere insieme ciò che è avanzato dalla ricchissima tavola che è stata imbandita nei precedenti incontri. Mi limiterò quindi a rendere il semplice servizio di radunare i frammenti, di riaccendere qualche scintilla, di presentare alcune schegge che non dovrebbero essere trucioli, ma briciole appunto per fare memoria della mensa alla quale ci siamo seduti».

Raccoglitore di fermenti, spigolatore di grano. Gli uomini, le donne, i giovani, cattolici, ebrei, valdesi seguono immoti, prendono appunti. Nessun politico ha l'autorità del cardinale.

«Un'immagine figurativa che portiamo con noi dagli insegnamenti ricevuti, è quella che ha dato il titolo generale ai nostri incontri, cioè l'apparentemente scandalosa e quasi blasfema riscrizione che il midrash fa di Esodo 15, 11: "Chi è come te fra i muti?", invece di "Chi è come te fra gli dei?" Vorrei azzardare anch'io una interpretazione del midrash: per evitare di scrivere "dei" la cui radice sostantiva è la stessa usata per Elohim, El (Dio), ha preferito servirsi del sinonimo di "idoli", che è "muti". "Gli idoli, infatti, hanno bocca e non parlano", Salmo 115, 5 e Abacuc 2, 18».

Un coretto dell'Università Cattolica, in un angolo, esegue Mendelssohn e rompe la tensione.

Il cardinale cita Pascal, «Ci sono due generi di persone oneste; quelli che vivono secondo la fede trovata e quelli che cercano la fede, pronti a vivere secondo la fede che cercano».

Poi parla del linguaggio. «Abbagliante è la parola imperiosa, inequivocabile, che suona come un tuono, con la forza dei lampi e del terremoto del Sinai, come la montagna schiacciata sul popolo». Il cardinale ha un momento di esitazione, leva impercettibilmente la testa. Chissà se la consapevolezza della superiorità intellettuale è consentita ai principi della Chiesa.

Adesso parla di uno dei piú grandi mistici di tutti i tempi, «un uomo avvolto nel mistero: Dionigi l'Areopagita di cui non si sa esattamente quando sia vissuto, che emerge dalla nebbia dei secoli e dalle tenebre della contemplazione, ma che ha avuto un influsso decisivo sul pensiero teologico e mistico dall'antichità fino a oggi».

È possibile parlare di Dio evitando la sottolineatura dei contrasti, o è preferibile parlare come Tommaso d'Aquino, con la sua chiarezza limpida, «riempiendoci di certezze cumulative e progressive?»

Risponde Dionigi l'Areopagita. Il suo libro *De Mystica theologia* compone le contraddizioni, i contrasti, i giochi funambolici della parola. «Ecco dunque, dice prezioso il cardinale, che cosa significano le espressioni paradossali di Dionigi l'Areopagita: oscurità luminosa, tenebre che iniziano al mistero arcano, contrasto tra invisibilità e pienezza della mente, oscurità fittissima che superirradia l'aldilà di ogni bagliore»[4].

C'è solo il cardinale Martini a Milano capace di andare oltre la meschina quotidianità, capace di riunire la società colta e incolta, come sostengono in questi mesi tanti laici pentiti e stanchi che spuntano da ogni anfratto?

La gente sfolla un po' attonita, come se seguitasse a pensare al mistero del silenzio divenuto parola, al silenzio di Dio. E quando, dopo una lunga coda, arriva sui marciapiedi di via Festa del Perdono, deve provare la sensazione di essere approdata a terra dopo un folle volo.

L'al di qua è privo di bagliori. Il cardinale di Bologna Giacomo Biffi rivela a un convegno sullo sport che sant'Ambrogio era un grande esperto nelle gare di corsa, di pugilato, nel lancio del giavellotto. Tre artisti milanesi, Gioxe De Micheli, Fabrizio Merisi, Giorgio Seveso, scrivono al giudice Di Pietro una lettera aperta: Mani pulite anche nell'arte, bisogna impedire che la Biennale di Venezia sia ancora una volta asservita agli interessi particolari di una lobby di mercanti e di affaristi. Architetti illustri, Vittorio Gregotti e altri, dopo anni di silenzi, esprimono le loro critiche sul Palatrussardi, vergogna cittadina. Gli abitanti di via Zenale scrivono anch'essi a Di Pietro denunciando un'operazione immobiliare mi-

[4] *Chi è come te fra i muti?* Lezioni promosse e coordinate da Carlo Maria Martini, Garzanti, Milano 1993.

liardaria di speculazione nell'antico quartiere di Santa Maria delle Grazie. Ornella Vanoni smentisce di aver passato piú di tre sere con Craxi, Pilli, Bobo, la signora Anna, la signora Rosilde a cantare le sue famose canzoni, *Le Mantellate* e soprattutto *Ma mi*, la storia di uno della leggera finito a San Vittore, picchiato, torchiato, torturato, «quaranta dí quaranta nott», che non parla, non parla proprio.

Quelli finiti nelle maglie di Mani pulite, invece, sono grilli canterini. A cominciare da Silvano Larini che è tornato, doveva mettere nei pasticci Martelli, ha messo nei guai tutti quanti, a cominciare dal suo grande amico Bettino.

22 febbraio. Finisce a San Vittore Paolo Francesco Mattioli, direttore finanziario della Fiat, numero tre dell'azienza. Ridda di voci. Dov'è finito Romiti? È vero che è scappato a Parigi? A parlare sarebbe stato Maurizio Prada, presidente democristiano dell'Atm. Per un pagamento di tangenti avrebbe avuto via libera da Mattioli in persona durante una colazione di lavoro al Club 44, nel Palazzo Visconti di Grazzano, onusto di storia milanese, col suo bel teatrino, gli affreschi coi biscioni degli antichi signori della città.

25 febbraio. Arrestato Giampiero Pesenti, padrone dell'Italcementi, consigliere d'amministrazione di Mediobanca. Industria e finanza. Avviso di garanzia a Giorgio La Malfa per un finanziamento illecito al Partito repubblicano. Claudio Martelli va spontaneamente dai giudici per riferire sul famoso conto protezione scoperto nel 1981 tra le carte di Licio Gelli a Castiglion Fibocchi.

1° marzo. Arrestato Primo Greganti, funzionario del Pci, accusato di corruzione, una tangente di 621 milioni, la stessa cifra toccata al Psi e alla Dc, versata per un appalto Enel in una banca svizzera, il conto Gabbietta. D'ora in avanti Greganti sarà chiamato il signor G. Sta zitto, nega tutto, a San Vittore diventa a poco a poco quasi un eroe che in nome del partito sa tenere per sé le piú oscure verità. La sua immagine, al momento dell'arresto, una sola, sempre la stessa, ripetuta implacabilmente dalle tv crea suggestioni un po' sinistre. Il giubbotto, lo sguardo fiero, la barba incolta, un'aria misteriosa, il signor G. cammina; cammina sempre, in un corridoio livido del Palazzo di Giustizia simile alle segrete di Mosca. Sembra appena uscito dagli archivi della Terza Internazionale o dalla Cineteca.

Nel Pds si formano fazioni diverse: sta zitto per il partito, sta zitto solo per se stesso, sta zitto per non perdere il rispetto dei compagni, se dicesse con chi trafficava. In effetti sta zitto, non spiega nulla e tutto resta poco credibile.

7 marzo. Domenica traumatica. Il Consiglio dei ministri ha approvato un decreto che affranca gli inquisiti, depenalizza certi reati, annulla in pratica l'inchiesta dei giudici di Mani pulite. I giornali domenicali hanno titoli neri come temporali. «Il governo dello scippo», titola Scalfari il suo fondo su «Repubblica» che invita il capo dello Stato a non firmare il decreto. «La via sbagliata» è il titolo del fondo di Ernesto Galli della Loggia sul «Corriere della Sera». Durissimi anche gli altri quotidiani, «La Stampa», «Il Messaggero», «l'Unità». I toni sono gravi, le critiche al ministro della Giustizia Giovanni Conso, impeccabile giurista e persona di grande civiltà, sono unanimi. Con quel decreto ha distrutto in un solo giorno la fama di una vita. Sembra finita nel nulla la stagione di Mani pulite. I giudici dovranno persino trasmettere ai prefetti le carte dell'inchiesta sul finanziamento pubblico ai partiti. Illeciti amministrativi. Finiranno in fondo a chissà quali cassetti.

È una domenica calda e secca, d'estate. Non piove da quaranta giorni, Milano sembra Orano di prima della peste. Le radio, Radio popolare, soprattutto, ospitano voci angosciate e indignate. Molti telefonano e mandano fax al Quirinale invitando Scalfaro a non firmare il decreto. Si parla di una manifestazione che si sta organizzando davanti al Palazzo di Giustizia. Sul tardo pomeriggio Francesco Saverio Borrelli, il procuratore capo della Repubblica, durissimo come sanno esserlo certi uomini timidi ed eleganti, legge un comunicato firmato dai giudici del pool di Mani pulite che protesta con fermezza e difende le intoccabili ragioni giuridiche dell'inchiesta: «Abbiamo appreso che le iniziative del governo sarebbero state giustificate sulla base di nostre dichiarazioni. Ma in realtà le nostre opinioni, per quanto possa interessare, sono di natura, portata e significato esattamente opposti rispetto al senso dei provvedimenti adottati». Il messaggio sarà interpretato da qualcuno come un ultimatum, quasi un ricatto.

La sera, durante il programma televisivo di Enzo Biagi, *Tocca a noi*, si sa che Scalfaro non ha firmato il decreto del governo Amato. Il presidente non poteva non conoscerne il testo, ma davanti alla furibonda reazione dell'opinione pubblica si è ritratto.

8 marzo. Manifestazione davanti al Palazzo di Giustizia. I fascisti sulla destra della scalinata, con le bandiere tricolori. Il Pds, Rifondazione comunista, la Rete, Società civile sull'altro lato, come le comparse di *Miracolo a Milano* in attesa del sole. Si avvia un corteo verso la prefettura. A San Babila, i carabinieri passano in lunga fila sotto un enorme cartellone di Benetton, un nero e un bianco tenuti insieme da un paio di manette. Il gendarme è il bianco. Un avvocato socialista, Domenico Contestabile, sorride ironico. Se Scalfaro avesse firmato il decreto per lui sarebbe stata la rovina, mi dice, una vera rovina. Ha 17 clienti inquisiti.

II.

9 marzo. Sembra il linguaggio dell'assurdo quello che si ascolta nell'aula del tribunale, la stessa del processo Calvi e dei processi ai terroristi delle Br, dove ora viene giudicato Enzo Carra, portavoce di Forlani, ex segreta-

rio della Dc, sotto accusa per una falsa testimonianza che copre reati piú gravi, corruzione, falso in bilancio. Carra è l'uomo dello scandalo delle manette in tribunale. La brutta scena ha creato una spropositata reazione e ha dato modo a molti di attaccare l'inchiesta Mani pulite. Ma non erano stati i giudici a dare l'ordine di trascinare Carra come in una copertina della «Domenica del Corriere».

Nell'aula rimbalzano nomi illustri della direzione del partito. Carra aveva con loro rapporti quotidiani. Dell'Eni non ha mai sentito parlare, racconta. Anche stamattina, viene da chiedergli, che il presidente Gabriele Cagliari è finito in galera?

Sembra che nella sua stanza all'Eur, Carra vivesse in una nicchia della luna. Figuriamoci se in quei consessi – dice tremebondo ai giudici – si parlava di cose cosí meschine come la nomina del vicepresidente di un ente di Stato come l'Eni o dell'Enimont, minuzie nei registri del mondo, mentre cadeva il Muro di Berlino, mutava la geografia e la storia bussava. Lui veniva a conoscere quelle notizie di bassa cucina soltanto dopo, dai giornalisti amici.

«Sapevo da coloro che transitavano», dice proprio cosí il temuto portavoce di uno degli uomini piú potenti d'Italia ridotto ora al rango di povero e ignaro parroco di campagna.

«Il cosiddetto potere politico», dice anche. I giudici non devono credere molto al suo candore, ai confini tra la grande Storia e la piccola storia gonfia di mazzette e gli infliggono due anni, con la sospensione della pena e la non menzione.

11 marzo. La maggioranza del Consiglio comunale di Milano ha deciso l'autoscioglimento. Si insedia il commissario Claudio Gelati. Si voterà in giugno con la nuova legge che prevede l'elezione diretta del sindaco.

19 marzo. Vittorio Chiusano, l'avvocato della Fiat portatore della linea piú dura e aggressiva, scrive un ar-

ticolo sul «Corriere della Sera» in cui attacca i giudici di Milano per l'uso distorto della custodia cautelare: è necessario tornare alla legalità, recuperare il diritto di difesa «che significa la celebrazione del processo nelle aule di giustizia con il solo fine di accertare la verità nei confronti del singolo imputato con il rispetto delle forme e della persona».

A Chiusano sta a cuore il rifiuto del processo penale come strumento di lotta politica e scontro di poteri. I giudici di Milano, discordi nelle idee e nelle opinioni politiche, differenti anche nelle loro posizioni all'interno dell'Associazione nazionale magistrati, o fuori dall'Associazione, secondo l'avvocato dei manager della Fiat userebbero invece strumenti distorti, sfrutterebbero l'inchiesta giudiziaria per dare una soluzione ai mali sociali e alle questioni politiche.

25 marzo. Il Tribunale della Libertà decide che Mattioli debba restare in carcere. Nella sentenza dà la notizia di conti neri della Fiat trovati in una banca di Basilea, i soldi della corruzione.

Il clima è un po' torbido. Ciancimino starebbe parlando di mafia e politica con Gian Carlo Caselli, procuratore capo della Repubblica di Palermo. La prossima settimana dovrebbe essere presentato il rapporto della Commissione parlamentare antimafia su cui sta lavorando il presidente Luciano Violante. Il tema sono i rapporti tra la mafia e la politica.

Cossiga aspira a essere accreditato come il De Gaulle italiano. Parla appena può, si fa vedere nei corridoi del «Corriere della Sera», concede interviste in cui fa sanguinari vaticinii: «Se un ministro – tenga conto che sto favoleggiando per puro gusto cinematografico – venisse assassinato sui gradini del Parlamento come Pellegrino Rossi, se Palazzo Marino a Milano fosse dato alle fiamme, se alcuni municipi del Mezzogiorno fossero dati alle fiamme, se folle di facinorosi tentassero, con semplicità all'interno, di assaltare Montecitorio costringendo i carabinieri a reprimere nel sangue una tale rivolta...»[5].

Si fa di tutto per enfatizzare la tensione. Qualcuno diffonde la notizia che i militari sono in allarme, un ufficiale senza nome cerca di concedere clamorose interviste ai giornali. Ci sono voci insistenti di attentati al Palazzo di Giustizia di Palermo; Gelli si fa intervistare dal supplemento Sette del «Corriere». Non è piú accaduto dai tempi della famosa intervista a Maurizio Costanzo sul «Corriere della Sera» dell'8 ottobre 1980: «Parla per la prima volta il signor P2».

Alcuni giornalisti protestano – il capo della P2 è un corposo fantasma, una ferita ancora aperta in via Solferino –, la direzione decide di mandare al macero le 200 mila copie già stampate.

Durante il programma televisivo di Michele Santoro, *Il rosso e il nero*, Sandra Bonsanti parla di rumor di sciabole.

26 marzo. Quasi come risposta alla mancata liberazione di Francesco Paolo Mattioli, il «Corriere della Sera» pubblica tre intere pagine di Enzo Papi, ex amministratore delegato della Cogefar. Lettere scritte alla moglie da San Vittore durante i cinquantacinque giorni di carcere, nobilitate dalla presentazione di Lucio Colletti e dalla collocazione culturale. Papi sembra l'abate Galiani, Antonio Genovese, Gaetano Filangieri o anche Pietro Verri che medita sull'indole del piacere e del dolore.

27 marzo. Il procuratore capo della Repubblica di Palermo, Gian Carlo Caselli, chiede al Senato della Repubblica l'autorizzazione a procedere contro il senatore a vita Giulio Andreotti per aver contribuito non occasionalmente «alla tutela degli interessi e al raggiungimento degli scopi dell'associazione per delinquere denominata Cosa Nostra», con le aggravanti «di cui all'articolo 416 bis commi 4-5-6, codice penale, essendo Cosa Nostra un'associazione armata volta a commettere delitti, non-

[5] «La Stampa», 18 marzo 1993.

ché ad assumere e mantenere il controllo di attività economiche mediante risorse finanziarie di provenienza delittuosa».

Accuse da far impallidire anche un uomo che non impallidisce mai perché ha una carnagione color cenere. Le fonti di prova nascono dalle dichiarazioni dei «pentiti» Tommaso Buscetta, Vincenzo Marsala, Antonino Calderone, Francesco Marino Mannoia, Leonardo Messina, Gaspare Mutolo, Giuseppe Marchese, Baldassare Di Maggio.

Quando Buscetta si confidò con Falcone, a partire dal 1984, disse che non voleva parlare del rapporto mafia-politica. Chi tocca quei fili muore, spiegò: «Non credo che lo Stato sia talmente forte da reggere l'impatto delle dichiarazioni che io farei». Ma dopo l'assassinio dei giudici Falcone e Borsellino, proprio Buscetta e altri uomini di Cosa Nostra hanno deciso di confessare ai giudici di Palermo ciò di cui prima avevano avuto paura.

Si capiscono ora il turbamento dei giorni passati, il clima un po' torbido, le manovre, le voci diffuse, forse i rischi.

Sarebbe stata possibile una simile azione giudiziaria senza l'avvio dell'inchiesta Mani pulite, senza quel primo granello, l'arresto alla Baggina dell'ingegner Mario Chiesa che Craxi definí «un mariuolo», vecchio sostantivo maschile dei tempi di Collodi, col merito filologico di mandare in furia il vecchio sodale craxiano aizzandolo, vendicativo, a dire tutto quanto avrebbe forse tenuto per sé?

28 marzo. Il commissario al Comune fa tagliare l'erba, fa pulire la città abbandonata. I ristoranti sono semivuoti, i camerieri si lamentano, rimpiangono Tangentopoli. I ragazzini scommettono. Chi ha piú avvisi di garanzia, Craxi o Citaristi?

29 marzo. Nell'aula magna dell'Università statale c'è il giudice Gherardo Colombo del pool di Mani pulite, c'è il professor Giandomenico Pisapia che sembra Nero

Wolfe e Giuseppe Ayala che sembra un don Chisciotte filiforme disegnato da Dalí. E poi c'è Antonino Caponnetto, il padre del pool antimafia di Palermo, che suscita intensa emozione tra le migliaia di giovani presenti. Il suo andare con fatica di città in città, di scuola in scuola, di fabbrica in fabbrica è come un atto dovuto agli amati Falcone e Borsellino, Giovanni e Paolo, come lui li chiama, quasi in un'invocazione o in una preghiera.

Chissà se i ragazzi capiscono la forza della sua testimonianza. Chissà se si rendono conto che in Italia c'è sempre stata un'opposizione civile, democratica fatta da uomini che si sono battuti, spesso dolorosamente, per la Costituzione della Repubblica, perché l'Italia diventasse un paese vivibile? Persone di ogni attività che hanno seminato spirito di libertà, di modernità, di moralità, di lungimiranza civile e hanno subíto indifferenza, ma anche dispetto, disprezzo, persecuzione, e quasi sempre sono stati sconfitti.

Se penso come s'incrociano in quest'aula i destini delle generazioni, come ogni volto potrebbe rappresentare un corso della storia di questa città, dell'intero paese. Il Movimento studentesco degli anni '70, con i suoi prototipi, assurdi come i linguaggi, di una rivoluzione impossibile; la borghesia illuminata alla ricerca di se stessa e dei princípî dell'89, non d'altro, dopo la strage di piazza Fontana; la borghesia moderata che alla metà degli anni '70 si sentiva minacciata dal comunismo e come una bomba a orologeria si era caricata di un odio parossistico contro coloro che riteneva i vincitori.

Il tema del dibattito è il partitismo, ma il vero tema diviene subito la nazione italiana, i poteri criminali, la giustizia e la società tra passato e presente. Hostess in giacca verdina dell'Elsa, l'European Law Students, vanno su e giú senza sospetti di tutte quelle apparenze invisibili, di quei brandelli di storia appiccicati ai muri, alle seggiole, ai soffitti.

Poi si capisce che sul fondo dell'aula accade qualcosa di eccezionale. Sta spuntando Di Pietro. I ragazzi si alzano, gridano, applaudono entusiasti. Il giudice che avrebbe potuto comparire con discrezione dalla porticina di fianco al banco degli oratori, passa felice in un corridoio di teste umane, seguito dagli uomini della scorta. Si capisce la rivalsa senza malizia del magistrato non di stato maggiore che nel passato deve avere subíto dai suoi colleghi piú colti ironia e indifferenza e ora, uomo simbolo dell'Italia pulita, potrebbe, se lo volesse, diventare presidente del Consiglio, ministro, papa, re della Repubblica.

30 marzo. Il procuratore della Repubblica di Napoli Baldassarre Virzí chiede alla Camera dei deputati l'autorizzazione a procedere in giudizio, l'autorizzazione a compiere atti di perquisizione e di autorizzazione a disporre misure cautelari personali nei confronti del deputato Paolo Cirino Pomicino per concussione pluriaggravata. Un terremoto continuo. Si parla di incriminazioni anche per Gava, De Lorenzo, Di Donato, Misasi. La marca meridionale di Mani pulite.

Dov'erano i controllori, la magistratura, i giornali, la Chiesa? E pensare che Percy Allum, lo scrittore inglese autore nel 1975 di *Potere e società a Napoli nel dopoguerra*, un saggio-inchiesta che con grande rigore svelò la struttura del malfare, suscitò indifferenza, silenzio, non riuscí neppure a provocare una querela di Gava e dei notabili di Napoli come l'autore avrebbe desiderato per discutere in un tribunale di quelle accuse sanguinose.

2 aprile. E ora a chi toccherà? È la muta domanda dei moribondi di Montecitorio, una casamatta coi deputati assediati che spiano dalle feritoie.

I giornali seguitano a difendere in modo puerile il sistema di potere che sta andando a pezzi. I direttori, buona parte di loro, almeno, sono stati nominati su consiglio e su pressione degli inquisiti, gli stessi ai quali le proprietà pagavano senza gridare certo allo scandalo tangenti per ottenere appalti di lavoro per le loro aziende.

4 aprile. Il maestro Gianandrea Gavazzeni è convinto che tutto finirà in una bolla di sapone. L'Italia è un gioco

delle carte, mi dice. Come all'opera. Le carte nei tiretti, le carte dei ricatti, le pistole dei delitti. Poi, sempre o quasi, il dramma si stempera, tutto si accomoda. L'Italia cambia e non cambia. Vuole dire che la storia assorbe sempre tutto, incapace com'è di trasformare nel profondo uomini e cose. Le continuità non riescono a spezzarsi, mutano i simboli, ma gli uomini si adeguano sempre, si mimetizzano, cavallette che saltano da una postazione all'altra, subito piú nuovi dei «nuovi», dimentichi del passato, pervicacemente legati all'eterno potere. Ne ha viste tante il maestro Gavazzeni, anarchico sedentario, scettico malizioso! A cominciare da quando, ragazzo di 13 anni, accompagnò una volta alla Camera suo padre, deputato del Partito popolare: sui gradini di Montecitorio la duchessa d'Aosta stava porgendo a Mussolini una rosa. Era il giorno del famoso discorso dei bivacchi.

6 aprile. Oggi ha avuto l'avviso di garanzia anche Forlani, con tutto il suo sussiego e i suoi capelli azzurrati come la fatina di Pinocchio. Il suo segretario è stato arrestato.

Giornata nera per la Dc. La commissione parlamentare d'inchiesta sul fenomeno della mafia presieduta da Luciano Violante rende pubblica la relazione sui rapporti tra mafia e politica. Il punto numero 64 sarebbe stato inimmaginabile soltanto un anno fa: «Risultano certi alla Commissione i collegamenti di Salvo Lima con uomini di Cosa Nostra. Egli era il massimo esponente in Sicilia della corrente democristiana che fa capo a Giulio Andreotti. Sulla eventuale responsabilità politica del senatore Andreotti, derivante dai suoi rapporti con Salvo Lima, dovrà pronunciarsi il Parlamento».

I democristiani hanno votato a favore. «Il deputato Mastella, – dice il "Bollettino delle Giunte e delle Commissioni parlamentari", – nel dare la convinta adesione del gruppo della Democrazia cristiana alla nuova stesura della relazione, sottolinea come il suo partito sia disponibile a una lotta vera e spietata contro la mafia».

7 aprile. Il procuratore aggiunto della Repubblica di Napoli Paolo Mancuso chiede l'autorizzazione a procedere nei confronti del senatore Antonio Gava, del senatore Vincenzo Meo, dei deputati Paolo Cirino Pomicino, Alfredo Vito, Raffaele Mastrantuono «per aver fatto parte di una associazione per delinquere di tipo mafioso promossa, diretta e organizzata da Carmine Alfieri e da altri capi della camorra campana».

8 aprile. La campagna elettorale comincia pigramente ad avviarsi. Il candidato sindaco della Lega Nord, Marco Formentini, debutta al mercato di Porta Genova.

«Faremo l'en plein. Milano ha voglia di nuovo, di scrollarsi di dosso il malgoverno. La gente è con noi», dice ai giornalisti.

«Quale ruolo per Milano?», gli chiedono.

«Quella di testa di ponte del sistema Italia in Europa. Non possiamo aspettare le decisioni di Roma, possiamo fare da soli. Stiamo studiando anche i Bot comunali». Ha 63 anni, è nato a La Spezia, laureato in legge, è stato funzionario della Cee a Bruxelles e dal '70 al '75 segretario della Giunta regionale lombarda. Socialista fino al 1972, è deputato della Lega dal 5 aprile 1992.

9 aprile. Cuccia ha nel cuore Ligresti, provato dal carcere, povero figlio. Seguiterà a vigilare su di lui e sul suo impero di mattoni, di cliniche, di alberghi, di società di assicurazioni, con qualche operazione alchimistico-finanziaria. Resta un mistero la cruda lotta che il presidente onorario di Mediobanca ingaggiò contro Sindona, l'indesiderabile, col rischio della vita che riuscí a salvare, solo perché intelligente e sottile, e la benevolenza usata invece nei confronti di Ligresti fatto sedere persino nel Consiglio di amministrazione di Mediobanca. Soldi per soldi, non aveva un suo fascino sinistro, almeno, «il salvatore della lira»?

10 aprile. I referendum del 18 aprile frenano la campagna elettorale. Il referendum piú importante degli otto

da votare riguarda la riforma elettorale al Senato. La proposta è di eleggere (oppure no) col sistema maggioritario uninominale 238 senatori su 315 e di eleggere gli altri 77 col sistema proporzionale. Quando furono raccolte le firme i referendum erano visti soprattutto come un grimaldello per rompere l'immobilità di un sistema politico. Adesso sembrano la conta di chi vuole cambiare il paese e di chi invece vuole conservarlo. Non si discute quasi del sistema uninominale e del sistema proporzionale, ma del cambiamento, metafisico. Sta accadendo qualcosa di inesplicabile. L'80 per cento delle forze politiche rappresentate in Parlamento sono per il sí, un sí assolutistico, e il loro comportamento suscita perplessità. Hanno avuto infatti quasi un anno di tempo per approvare quel sistema elettorale di cui ora si chiede il consenso ai cittadini. Avrebbero potuto mutarlo, approvando una nuova legge. Non l'hanno fatto e sembra che chiedano all'esterno una legittimazione popolare che sanno di non possedere piú.

11 aprile. Nando dalla Chiesa, che si è candidato sindaco di Milano fin dall'autunno 1992, è in difficoltà. Ha firmato a suo tempo il patto referendario di Mario Segni, ma ora si è espresso per il no, come la Rete. E viene accusato di aver cambiato bandiera, di non aver rispettato i patti con gli elettori. Replica che a lui e alla Rete stanno soprattutto a cuore le nuove elezioni, ma che il Parlamento sarà molto piú difficile da sciogliere con due sistemi elettorali diversi. Dice anche che un Parlamento di inquisiti, che non rappresenta piú gli orientamenti del paese, si difenderà con tutti i mezzi prima di sciogliersi.

Pare che il repentino cambiamento di opinione della Rete nei confronti del referendum sia frutto delle idee e dell'autorità di padre Ennio Pintacuda, ispiratore di Leoluca Orlando. Su «MicroMega» ha scritto che non si deve enfatizzare la riforma elettorale, in grado tutt'al piú di produrre qualche modesto aggiustamento[6].

[6] Ennio Pintacuda, *Il nemico riformista*, in «MicroMega», n. 4 (1992).

12 aprile. Mi dice un redattore del «Giorno», nato nel 1956 come giornale civile e democratico, divenuto ora il giornale che difende come può Andreotti e le posizioni degli inquisiti, che in quel palazzo di piazza Cavour sembra di essere all'Hotel Lux, tra sospetto, delazione, paura. Penso con malinconia al contributo del «Giorno» per il progresso sociale e civile del paese soprattutto negli anni '60, al giornalismo coraggioso e consapevole uscito da quelle pagine, al titolo che Italo Pietra fece il 13 dicembre 1969 dopo la strage di piazza Fontana, «Infame provocazione».

17 aprile. «– Ebbene, – dice Gianni Agnelli e fa una pausa guardando la platea. – Ebbene, anche in Fiat si sono verificati alcuni episodi di commistione con il sistema politico non corretti –. Nella sala del teatro La Fenice, tutta stucchi dorati e velluto rosso, il silenzio è assoluto. Pianissimo, in sottofondo, si sente solo la musica dell'orchestra, che nella sala prove ripete i suoi spartiti. Mille occhi sono puntati sul presidente della Fiat, in piedi al podio degli oratori. Fissano Agnelli i piccoli imprenditori riuniti dalla Confindustria per discutere sullo sviluppo economico dell'Italia che cambia. Sanno che quanto l'Avvocato sta per dire segnerà forse una svolta, l'inizio di un riscatto morale che dalla Fiat può trasmettersi a tutta l'imprenditoria sana ma ferita, suo malgrado, dallo scandalo di Tangentopoli[7]».

È la svolta della Fiat. Non piú conflitto con i giudici, contrapposizione, polemica: «A proposito delle indagini giudiziarie in corso ci tengo a dire alcune cose chiare. Credo in primo luogo che sia errato e fuorviante, per quanto riguarda i rapporti tra politica ed economia, pensare che le indagini della magistratura siano parte di un complotto o di oscure manovre politiche». E ancora: «È augurabile che l'inchiesta giunga quanto prima alla definizione della reale portata degli episodi che riguardano noi o altre imprese, distinguendo tra chi ha fatto seria-

[7] «La Stampa», 18 aprile 1993.

mente industria e chi, invece, ha fondato le proprie fortune quasi esclusivamente sulla sistematica collusione con il potere politico».

Mentre l'avvocato Agnelli, preoccupato e teso, parla a Venezia, gli avvocati della Fiat si incontrano alla Procura della Repubblica di Milano con i giudici del pool Mani pulite. Offrono collaborazione. È una resa.

Che cosa è successo? Si parla del mancato arresto di Cesare Romiti. La Procura smentisce. Si parla anche di una possibile richiesta di autorizzazione a procedere per il senatore Agnelli, ora tramontata.

Le lettere di Enzo Papi, dell'era illuministica, vengono ripudiate. («Come si fa a sentirsi colpevoli di avere accettato regole consolidate da anni e imposte dal "principe"? Come si fa a considerarsi colpevoli quando l'accettazione diventava l'unico modo per esercitare l'attività?»)

Ha vinto, per stato di necessità, la linea della confessione morbida.

18 aprile. «Corriere della Sera»: Alle urne per ricominciare. «la Repubblica»: Si vota per l'Italia nuova.

20 aprile. «Corriere della Sera»: Trionfo del sí, nasce la nuova Italia. «la Repubblica»: L'Italia s'è desta.

21 aprile. Romiti parla a lungo, come testimone, con i magistrati del pool Mani pulite in una stanza della Questura. È arrivato con un elicottero bianco su una piattaforma vicina alla stazione Garibaldi, nell'area dei grattacieli inquinati dalle mazzette. Romiti entra in Questura da via Montebello, dove solitamente fanno la coda gli stranieri, africani, soprattutto, in attesa del visto di soggiorno, sulla Croma blindata del questore. Il quartiere è stato isolato. Un'operazione militare, scrivono i cronisti. Un'operazione cinematografica, meglio: «Tutti gli accessi della via vengono chiusi dai poliziotti del reparto mobile, si aprono a soffietto le porte di metallo che portano al garage sotterraneo. Un istante e la Croma, dove si intravede appena il profilo dell'amministratore delegato di

corso Marconi, sgomma e si perde nel ventre di cemento. Per quattro ore, Romiti resta con i giudici». E con l'agente di polizia Rocco Stragapede, il verbalizzatore.

Ogni giorno è un bollettino di guerra. La gente si sta abituando, insoddisfatta, anzi, se viene a mancare la notizia dell'incriminazione di un uomo politico o dell'arresto di un amministratore. Girano poi molte notizie false. Come in tempo di guerra: il marinaio Polla, il 10 settembre 1943, non arrivò da La Spezia in una città del Nord a dire che aveva visto coi suoi occhi sbarcare gli americani?

Sono patetici i personaggi del vecchio sistema che non sanno piú chi servire. Telefonano sconfortati ai vecchi indirizzi per sapere, per farsi dire. Ma i palazzi sono deserti e di là dal filo non risponde nessuno.

I riciclatori di se stessi sono inesausti, sempre pronti, come certi prodotti dei supermercati, persino divertenti. Hanno scritto amorosi sulle piú volgari parole di Craxi, sono stati affascinati dallo spirito sinistro di Andreotti, hanno servito come in una piramide feudale, mediocri valvassini, attenti a ogni moto di Gava, di Cirino Pomicino, di Forlani, di Martelli, di De Michelis, persino di Intini, golosi delle correnti e dei giochi di parte, non hanno mai visto nulla del paese degenerato, si eccitavano nel sentirsi al servizio degli oligarchi. Nessuno li vuole epurare, saranno loro a epurare di nuovo gli altri, ma perché, almeno, non cercano di astenersi dal raccontare le bassezze di Craxi, i crimini di Andreotti? Sta cadendo un sistema, i politici sono sotto accusa, i giornali e i giornalisti che li hanno avallati e serviti seguitano invece imperterriti a discettare, a sentenziare, ad ammonire. Gli stessi di appena ieri, i figli di Craxi, di Andreotti, di Forlani.

Che cosa devono aver sofferto, dopo la Liberazione, gli antifascisti, nel vedere i fascisti inserirsi tranquillamente riveriti nel nuovo ordine!

Poi c'è il caso del capitano Carlo Ciceri. Lo ha rilevato al Senato Emilio Lussu nel discorso del 29 ottobre. A Torino, egli ha detto, «città civile, centro della Resistenza eroica del Piemonte, cuore del movimento partigiano (...) a Torino, medaglia d'oro, nostro orgoglio, il capitano Ciceri Carlo, già comandante di brigata nera, torturatore, massacratore di partigiani nella caserma di via Asti, tristemente celebre come a Roma la casa di via Tasso, già condannato a venti anni di reclusione (...) è comandante la 2ª compagnia collegamenti nella stessa caserma di via Asti. È come – conclude il senatore Lussu – se in via Tasso continuasse a prestare servizio di polizia un capitano delle SS tedesche»[8].

22 aprile. La campagna elettorale comincia a prendere corpo. Al Piccolo Teatro, Nando dalla Chiesa illustra il suo programma. Un programma di centro-sinistra, si sarebbe detto una volta. Fondato sui diritti, la legalità, la democrazia, una socialità diffusa, la sicurezza, la fine dell'urbanistica contrattata, verde e servizi sociali principale destinazione delle aree industriali dismesse, attenzione alle risorse ambientali, idee per risolvere il problema del traffico, Milano capitale dell'intelligenza, ospitalità e tutela dei piú deboli, sviluppo e speranza per le giovani generazioni, un po' piú di felicità. Trentotto comitati, di zona, di quartiere, studenteschi, operai, sorreggono la candidatura. Dalla Lega per la lotta contro l'Aids a Stop razzismo, dai cattolici di Pax Christi a Iniziativa giuridica democratica, dal Comitato Bocconi ai Comitati insegnanti, dipendenti comunali, ospedalieri, dal Comitato Le formiche al Comitato Coda. Utopistico, si commenta subito. Quell'accenno alla felicità, poi, suscita ironia nel gran cinismo di Tangentopoli.

Al programma di Nando dalla Chiesa aderiscono il Pds, Rifondazione comunista, i Verdi, una parte della lista «Per Milano», con Franco Morganti, oltre alla Rete.

[8] Franco Antonicelli, discorso pronunciato al teatro Alfieri di Torino il 4 dicembre 1949, in *La pratica della libertà*, Einaudi, Torino 1976.

23 aprile. Le elezioni camminano a cavallo con le notizie dell'inchiesta Mani pulite che si sta diffondendo ormai in tutti i rami della vita politica, amministrativa, economica e civile del paese. Oggi non è accaduto nulla. Milano è contraddittoria. Passa dalle civili indignazioni alle cupezze e alle assenze. Adesso sembra ogni giorno di piú di vivere in una città psichicamente depressa che la mattina fatica a levarsi dal letto. Con Tangentopoli, nel 1992, sono saltate tutte le certezze, la retorica di anni e di secoli di una comunità in cui tutto appariva dogmaticamente fondato sulla competizione, sul lavoro onesto, sul libero mercato, sulle capacità dei singoli, sulla concorrenza, sulla bravura. Da giornalaio a milionario, piccola America. I cittadini scoprono d'improvviso, come per una rivelazione dello Spirito Santo, che tutto o quasi è marcio, affidato ai soldi della corruzione, la grande selezionatrice.

24 aprile. Cesare Romiti scrive una lunga lettera al direttore del «Corriere della Sera»: «(...) Anche la Fiat, che pure aveva avuto chiara percezione del degrado, e lo aveva denunciato con forza, è rimasta stupita di fronte alla constatazione dell'ampiezza e della profondità del fenomeno. Questo vale anche per ciò che è avvenuto all'interno del nostro Gruppo dove in alcune società si sono verificati episodi di interferenza tra politica ed economia».

Romiti invita gli imprenditori a collaborare con i giudici ai quali consegna una memoria scritta di 40 pagine.

26 aprile. Incontro alla fermata del 54 Vittorio D'Ajello, avvocato di Gabriele Cagliari. Viene da San Vittore, ha appena incontrato il suo cliente, è turbato, intristito. Mi dice che l'ingiustizia è evidente, «Romiti doveva essere ascoltato come imputato, non come testimone: perché i giudici si accaniscono contro Cagliari?»

27 aprile. La Commissione inquirente ha accolto le richieste dei giudici di Palermo. Un melodramma: il bacio

di Riina, la morte degli innocenti, il potere e il castigo. Alla Scala, *Fedora* di Umberto Giordano, diretta da Gavazzeni. Tra delitti e veleni anche qui, tra principi, ufficiali di polizia, domestici e staffieri.

FEDORA (*scivolando quasi ai suoi piedi*) Pietà!...
LORIS (*ferocemente, con la testa sopra quella di Fedora*) Per vendetta del tuo Vladimiro, del drudo tuo vile?
FEDORA (*rantolando*) Pietà!... Ero pazza...
LORIS Ed ecco il tuo amore, sirena da forca... spiarmi e tradirmi!...
FEDORA (*negando col capo*) Ah, non è vero!
LORIS (*gettandola sulla sedia a sdraio*) Serpente, ti schiaccio... con l'odio tuo insieme!...
FEDORA (*con un grido disperato*) Ah! non uccidermi... Guarda... è la morte!...

Mi racconta un habitué che fino a un anno fa, un minuto prima dell'inizio dell'opera, dal fondo della platea entravano i socialisti in gruppo, Pillitteri, De Michelis, qualche volta Craxi e le signore, tutte uguali, tutte in nero, tutte coi capelli rossi, tutte vestite da Versace.

29 aprile. Grande subbuglio per la notizia che la Camera non ha concesso l'autorizzazione a procedere per il reato di corruzione e per altri gravi reati ipotizzati nei confronti di Bettino Craxi dai giudici di Milano. Si crea una catena radiofonica – Radio popolare, Italia radio – e telefonica e la gente scende in piazza a gridare davanti al solito Palazzo di Giustizia. I tre ministri del Pds appena entrati nel nuovo governo Ciampi, Augusto Barbera, Luigi Berlinguer, Vincenzo Visco si dimettono.

30 aprile. Manifestazione in piazza del Duomo. Nando dalla Chiesa parla, come Pertini nell'aprile 1945, aggrappato al monumento a Vittorio Emanuele. L'affare Craxi è al centro delle conversazioni e delle invettive. Ne discute il fornaio, il giornalaio, il farmacista, se ne parla in banca, al mercato, nei negozi come di un'offesa al buon senso e alla legge.

I giornali, con maggiore o minore rilievo – «il manifesto» è il piú esauriente – pubblicano la notizia di tangenti pagate dalla Fiat engineering a Salvo Lima in cambio di lavori appaltati a società del gruppo. L'ha rivelato in un interrogatorio un manager della Fiat, Walter Montevecchi. (Nascono di qui l'ambiguità e la reticenza del «Corriere della Sera» a proposito della mafia, la campagna costante contro il pool dei giudici di Palermo alla metà degli anni '80, quell'infelice e sbagliato articolo di Sciascia sui professionisti dell'antimafia che si inseriva naturalmente nella linea del quotidiano con le posizioni di alcuni giornalisti? Com'era stato profetico, il giovane Luigi Einaudi quando scrisse del soffocante intreccio tra finanza, industria, editoria, interessi inconfessabili!)

1° maggio. Fa sorridere, sul grande cartello dell'edificio della Fiat engineering in costruzione in via Olona, la scritta «Paratie monolitiche».

2 maggio. La campagna elettorale si scalda. Si stanno ultimando le liste e c'è inquietudine soprattutto al centro dello schieramento politico che in una città come Milano è quello che decide. La fine della tradizionale terminologia pare che valga solo nei confronti della sinistra. Il centro è pieno come un uovo e bisogna sfoltirlo. Piero Bassetti e Gianpiero Borghini, infatti, candidati indipendenti, si intralciano l'un l'altro. È indispensabile per i centristi scovare un candidato piú appetitoso, capace di attirare i consensi della borghesia moderata milanese. Ma i mediatori raffinati di tanti affari sull'orlo dell'impossibile sembrano paralizzati. Qualche tentativo avventuroso fallisce. Sembra che a Borghini, in cambio di una rinuncia, venga offerto di diventare ministro nel governo Ciampi. Millantato credito o ministero di scambio? Borghini, ad ogni modo, rifiuta, l'unico a indignarsi del tentato baratto è Basilio Rizzo, leader dei Verdi, un professore di Fisica che nei prolegomeni di Tangentopoli, tra i pochissimi, ha condotto in Consiglio comunale serie battaglie contro la corruzione affiorante: «Sono questi i metodi nuovi, sono questi gli alfieri della democrazia riformata?», scrive a «la Repubblica».

Poi viene trovato l'uomo giusto. È Gianni Locatelli, direttore del «Sole 24ORE», bravo giornalista, cattolico, abile e prudente, democristiano di sinistra, un tempo tra i pupilli di Bassetti, suo capufficio stampa alla Regione Lombardia. Si tenta di tutto, anche la variante di Lünenburg del gioco degli scacchi, perché sia lui l'unico candidato del centro, il rappresentante dello schieramento referendario di Mario Segni.

Il suo nome intimorisce anche la Lega. Bossi, che si considera il jolly dei momenti gravi, cancella il candidato Formentini e fa girare la voce che sarà lui in persona a contrastare Locatelli e Nando dalla Chiesa. Locatelli ci pensa un po' su e dice di no.

Tutto quello che gli strateghi dell'Assolombarda e di Alleanza democratica sanno allora inventare – si parla anche del calciatore Rivera – è Adriano Teso, di nome ignoto, 47 anni, vicepresidente dell'Assolombarda, industriale chimico bergamasco, dotato di buona cultura economica, come dicono le sue biografie: «Il suo impegno sociale e la sua serietà, unanimemente riconosciuti, lo hanno portato a coprire importanti incarichi nelle Associazioni di categoria».

Bossi torna tra le quinte. Con Teso basta la sua spalla, il sorridente Formentini.

3 maggio. La città è livida, incattivita, mezza morta. Chissà che cosa direbbero di quell'andare e venire da San Vittore di tutti quei signori con la Mercedes, la Bmw, la Croma, l'autista che li aspetta dalla parte di via Bandello e gli porta i pacchi e le valigie, «l'Olocati Ermenegildo detto "el Gildogratta" o anche "el Biscella", già una volta rincorso, per quanto invano, dal brigadiere Veronesi della squadra mobile; Carlo Moriggi detto "el Pistola"; Tantardini Agàtocle detto "el Sciresa"; Galbiati Pier Domenico detto "el Bauscia"; e Freguglia Vitaliano detto "el Casciavít"? l'innocente lingera del Ticinese di una volta[9]».

[9] Carlo Emilio Gadda, *L'Adalgisa*, Einaudi, Torino 1963.

4 maggio. Giorgio Bocca su «la Repubblica» scrive un duro articolo contro Bossi, «Prigioniero della demagogia». In un comizio in piazza del Duomo, retore da carro di Tespi, è andato giú con la mazza, se l'è presa con Ciampi, con Scalfaro, con Occhetto, con gli industriali incapaci, con i sindacati subalterni del regime:

> Non è ai leghisti accesi delle prime file che Bossi deve piacere, a cui deve strappare la ridicola acclamazione «Umberto sei unico», ma alla pubblica opinione, ai cittadini che vedono con piacere il tramonto di un regime corrotto, ma non desiderano sostituirlo con un gruppo di scalmanati e confusionari. (...) C'è moltissimo lavoro da fare per creare nella Lega un gruppo dirigente preparato, per creare quei rapporti fra essa e la società civile ancora fragili o inesistenti. Non è con gli urli e gli insulti dei comizi che queste lacune saranno colmate, che una cultura di governo verrà formata. I leghisti delle prime file dovrebbero gridare al loro capo: «Umberto non sei unico, hai messo in moto una macchina per ora travolgente nelle provincie padane, ma devi ancora mettere assieme una vera orchestra, e la maniera migliore per farlo non è innestare la marcia della demagogia e degli insulti».

6 maggio. Le liste sono pubbliche. La Lega Nord con Formentini candidato sindaco; la Rete, il Pds, i Verdi, Rifondazione comunista, «Per Milano», con Nando dalla Chiesa; la Dc, i socialdemocratici, «Con le donne per ricostruire Milano» (capolista Ornella Vanoni), con Piero Bassetti; la lista «Borghini fiducia in Milano»; il Patto con Milano, candidato Adriano Teso, e poi il Msi, i pensionati, la lista di Tiziana Maiolo.

Si affrontano due blocchi, la Lega e i gruppi intorno a dalla Chiesa. Non si sa che fine faranno le tre liste Borghini, Teso e Bassetti, anche se quest'ultimo ha dalla sua parte Comunione e liberazione, frammenti di quel che è rimasto della Dc, oltre a qualche residuo della vecchia e benestante borghesia milanese di educazione cattolica.

Il cardinale alla fine di aprile ha inviato una lettera alla stampa: è come se fossimo appena usciti dalla schiavitú d'Egitto, stiamo attraversando il deserto del Sinai e avremmo bisogno di un Mosè per costruire il bene comune legato al bene della famiglia, della casa, del lavoro, dei giovani, degli anziani soli, degli emarginati, degli stranieri. Dalla fede non derivano necessariamente scelte o orientamenti univoci nel campo degli strumenti politici e amministrativi, anche se ogni scelta non è di per sé compatibile con l'ispirazione cristiana. In ogni caso non è compito dei responsabili della Chiesa proporre determinate soluzioni politiche o determinati candidati.

Unità politica dei cattolici addio? Monsignor Giuseppe Merisi, pro Vicario generale e *Moderator Curiae*, legato alla Dc, tra i collaboratori piú vicini al cardinale, non deve essere della stessa opinione se manda nelle parrocchie e nei consigli pastorali le sue staffette per propagandare il voto unico al candidato Bassetti.

9 maggio. Cominciano a venire appiccicati sui muri i manifesti dei candidati sindaci. Bassetti ha dichiarato che per la campagna elettorale spenderà un miliardo e 800 milioni, Nando dalla Chiesa ha dichiarato che, se riuscirà a raccoglierli, spenderà 98 milioni. Si vede poco, quindi, il suo viso sui muri della città. Un viso che sorride, non ammicca, guarda soltanto, composto, triste e serio.

(Quella mattina del 4 settembre 1982 all'aeroporto di Linate. Una scena irreale. All'alba, nel livido salone delle partenze, Nando, solo, la testa china, in mezzo a una decina di ufficiali dei carabinieri in uniforme nera, immobili e silenziosi).

(Poche ore dopo a Palermo, al primo piano di villa Withaker, la Prefettura, nel corridoio davanti alla porta chiusa della stanza che fu di suo padre. La bara del generale e quella di sua moglie Emanuela sono posate a terra in una grande sala. La gente va e viene, l'onorevole Gunnella, in un angolo, ride sarcastico, dice che lui non ha nessun bisogno di una scorta. Nando mi guarda come se si svegliasse d'improvviso da un orribile sogno: «Mio padre era preoccupato, non lo nascondeva. Pochi mesi dopo il suo arrivo a Palermo si era reso conto che le difficoltà del suo compito si erano fatte piú gravi, che tutto era diventato minaccioso. Parlai con lui, l'ultima volta, a Ferragosto, nella nostra casa di Prata, un paese dell'Irpinia. Mi disse che nonostante le promesse era stato lasciato solo dalla Dc. Ai tempi del terrorismo si era sentito sorretto da tutti i partiti dell'arco costituzionale, ora, invece... »

Nando parla con sofferenza, ferito a morte anche lui, ma fermo. È finita la giovinezza. La sua vita sarà diversa. La morte di suo padre risuscita memorie di affetto, di comunione, di conflitto anche, ma il dolore non lo tenta a rincantucciarsi in un angolo a piangere, a ricevere, pacificato, pietà e medaglie al valore. Ha deciso, stanotte, stamattina. Non sarà una vittima sacrificale. Capisco che per lui quel che mi accenna appena con gli occhi è un giuramento in nome del padre, della verità, della giustizia. Già adesso sa che questo gli farà cadere addosso odio e gli causerà rischi mortali.

Sul fondo del corridoio si sente trambusto, Nando seguita a parlare, come se chiarisse anche a se stesso quello che gli sta spaccando il cuore. Con voce piú bassa: «Mio padre era consapevole che la Dc l'aveva abbandonato, che le pressioni erano arrivate a segno, che gli andreottiani di Palermo si erano fatti sentire, gli stessi che sono soliti dire che la mafia non esiste, gli stessi che in maggio l'avevano accolto con avversione, sarcasmo, ironia, sufficienza, e la paura di essere smascherati, sconfitti. Avevano trovato a Roma orecchi attenti, nei palazzi piú alti».

Nella sala delle bare era scoppiato un tumulto. All'arrivo del ministro degli Interni, del comandante dei carabinieri e del capo della polizia, la minuscola folla salita a rendere onore alle salme si era inviperita. Con urla terribili, «Basta, basta». «Pagliacci». «Bastardi». «Andatevene». «Assassini». «Sono loro sono loro gli assassini».

Piccoli borghesi, gente minuta, parenti di carabinieri e di poliziotti, uomini che hanno lavorato al fianco del generale, ora piangono, gridano e le loro grida sembrano ancora piú minacciose nella sala chiusa, davanti ai morti, le mani levate e i pugni riflessi negli specchi che moltiplicano i gesti in una sequenza interminabile).

(Una fotografia amorosa e straziante. Settembre 1982, pochi giorni dopo, in una piazza di Milano. Cerimonia in onore del generale Carlo Alberto dalla Chiesa. Nando, la testa lievemente reclinata, osserva suo figlio, il piccolo Carlo. Anche la madre, Emilia, incinta, osserva il figlio dall'alto tenendolo per mano. Carlo ha quattro anni, saluta militarmente, la mano destra alla fronte, come ha visto fare tante volte al nonno morto, in quei luna park grigioverdi dove crescono i figli dei militari. Dietro c'è una piccola folla, un ragazzetto, donne, un'anziana signora, che sembra voler proteggere in un muto abbraccio quei due giovani sposi e il loro bambino).

12 maggio. Montanelli attacca sul «Giornale» Nando dalla Chiesa:

> Ha sul rivale due grossi vantaggi. Il primo è il cognome, che senza alcun merito porta. Il secondo è che solo per questo è conosciuto, e al suo posto cercheremmo di mantenere il segreto su tutto il resto astenendoci dal farci vedere e sentire in televisione. Il video non gli dona. Sottolineata da un paio di baffi che forse vorrebbero essere marziali, l'espressione del suo volto ci richiama alla memoria quella dell'omino di una famosa vignetta pubblicitaria di tanti anni fa, dall'aria depressa e afflitta, perché – diceva la didascalia – «non usa il callifugo Ciccarelli». Può darsi che dalla Chiesa valga piú di quanto mostra e sembra. Ma nemmeno le sue referenze sono molto incoraggianti. Insegna, o insegnava, sociologia, una laurea e una cattedra che non si negano a nessuno, e politicamente si è affiliato a Leoluca Orlando, uno dei grandi protagonisti della politica urlata che, per tre anni sindaco di Palermo sotto bandiere dc, non fece che tuonare, madido di sudore e di furore, contro la mafia senza mai fare il nome di un mafioso, e cercò con tutti i mezzi di ostacolare l'opera di Falcone. Dalla Chiesa forse obietterà che nessun figlio è responsabile delle colpe dei padri. Del padre legittimo no. Ma di quello adottivo, sí.

I giornali sembrano bollettini di guerra. «Falce e mazzette», «Le tangenti rosse in abbonamento», «Il conto rosso». Sono finiti nel gorgo comunisti ed ex comunisti e siccome si tratta di corruzione nelle ferrovie i titoli sono diventati una ragnatela di stazioni, di binari morti, di scambi, di intercity e di pendolini carichi di mazzette. Per corruzione e violazione della legge sul finanziamento pubblico dei partiti è stato arrestato Renato Pollini, ex senatore comunista, segretario amministrativo nazionale del Pci dall'82 all'89. Lo accusa Giulio Caporali, dirigente comunista, già consigliere d'amministrazione delle Ferrovie dello Stato, condannato per lo scandalo delle «lenzuola d'oro»: in cambio del 20 per cento degli appalti delle Ferrovie garantiti alla Lega delle cooperative sarebbe stato versato del denaro al Partito comunista. Il Pds, travagliato, inquieto, è deciso nel respingere le accuse. Occhetto: «Il partito non fa parte del sistema della spartizione delle tangenti». D'Alema: «Il sistema delle tangenti? Noi non c'entriamo». Sull'«Unità», poi, esce un manifesto intitolato «Verità e chiarezza», un quarto di pagina: «(...) Il Pds è l'unico grande partito che ha, in ogni momento, sostenuto la magistratura nel suo compito di pulizia e di accertamento della verità. Il Pds è l'unico partito che può presentarsi a testa alta, davanti al paese, con il suo gruppo dirigente nazionale integro e legittimato».

Viene in mente Berlinguer quando in anni lontani, nel 1981, capí la preminenza della questione morale intesa come questione politica e la mise al centro delle sue preoccupazioni. Perché, morto Berlinguer nel 1984, la diversità fu considerata nel Pci come una macchia da cancellare e da dimenticare per stare al passo coi tempi? E la questione morale fu messa in un angolo.

13 maggio. Il programma della Lega è reaganiano. Non compare mai la parola democrazia, non compare neppure la parola solidarietà. Milano è un'entità astratta, non la città passata attraverso la peste della corruzione, stremata, prostrata, da ricostruire.

«Portiamo Milano in Europa», è il titolo. Quale Milano, quale Europa? Si capisce che è un programma scritto da persone piú che moderate, chiuse nel loro bozzolo.

Protagonista l'individualismo, la vita collettiva conta solo se turba le certezze private. Conta governare, in nome di se stessi, conta una sana amministrazione priva di complicazioni intellettuali. Il mondo è incambiabile, bisogna farlo funzionare cosí com'è, senza grilli per il capo, la ricetta della conservazione. Le idee? Inventare i Boc, i Buoni ordinari comunali per avere soldi da investire, puntare tutto sulle privatizzazioni, l'Azienda energetica municipalizzata, la Centrale del latte, i tram, la metropolitana, le farmacie, la società che gestisce gli aeroporti. Non ha importanza se quelle aziende sono in attivo, se hanno contato in passato nel creare a Milano un'idea di vita comunitaria. Va distrutto come se fosse un dogma il concetto dell'azienda pubblica, uno dei capisaldi, dai primi del Novecento, del socialismo umanitario milanese, non scalfito nei suoi principî di utilità collettiva dalla degenerazione di Tangentopoli.

E poi bisogna completare le grandi infrastrutture in corso di realizzazione, la metropolitana 2 e 3, recuperare i Navigli, «porre rimedio a una situazione ormai intollerabile di continuo accattonaggio nelle strade effettuato da extracomunitari, in prevalenza magrebini e africani, ai quali si sono ultimamente aggiunti slavi», eliminare «la piaga della prostituzione soprattutto transessuale proveniente dal Sud America», eliminare i nomadi, chiudere i centri di prima accoglienza degli immigrati. Un programma meschino, gli occhi bendati, gli orecchi tappati, la mediocrità bottegaia.

14 maggio. Alle 9,40 di sera, una carica di tritolo sistemata su una piccola auto in via Fauro, nel quartiere Parioli a Roma, distrugge e danneggia numerosi edifici. Un morto, venti feriti. Sembra che l'attentato fosse destinato a colpire Maurizio Costanzo che ogni sera registra il suo show televisivo al Teatro Parioli, nelle vicinanze, e che era appena passato da quella strada. C'è chi attribuisce la responsabilità dell'attentato a Cosa Nostra e chi ha sospetti su una complicità e su una regia dei servizi segreti, deviati, naturalmente.

16 maggio. Una domenica afosa. Carlo De Benedetti, presidente della Olivetti, si presenta spontaneamente ai giudici di Mani pulite. È indagato per corruzione. Viene interrogato per un'ora, segretamente, nella caserma dei carabinieri di via Moscova. Consegna ai giudici un memoriale di venti cartelle: «La scelta che faccio è quella di assumermi per intero le mie responsabilità e, unitamente a quella di tutti i miei collaboratori, e questo sia per le cose di cui ero a conoscenza, sia per quelle che ho appreso in questi giorni».

De Benedetti spiega gli affari dell'azienda, racconta con minuzia, rivela le pressioni subíte, soprattutto dal 1983. In quel periodo, scrive nel memoriale, «la pressione sia dei partiti sia dei loro rappresentanti negli organismi economici pubblici ha avuto un crescendo assolutamente impressionante, assumendo progressivamente caratteristiche di pressione parossistica, di minacce, di ricatti, in un clima che negli ultimi anni non è assolutamente improprio chiamare di vero e proprio racket»[10].

Il presidente dell'Olivetti descrive le pressioni dei partiti, quelle piú «timide» della Dc e quelle piú dure del Psi: «Il discorso con il Psi, a quanto mi viene riferito, era estremamente piú aggressivo e direi quasi contorto, in quanto Balzamo (il segretario amministrativo del partito) affermava a Cherubini (dirigente dell'Olivetti) che per lui era estremamente difficile superare la provata avversione del Psi e del suo segretario nei miei confronti, pur in presenza di quattrini. Cioè, in sostanza, si era arrivati all'assurdo che Balzamo sosteneva che ci faceva un favore a chiederci dei quattrini perché se fosse dipeso dal suo capo noi non saremmo stati neppure ammessi a dare quattrini».

18 maggio. Scalfari scrive del quadro drammatico che emerge dalla deposizione di De Benedetti, editore del gruppo editoriale «la Repubblica - L'Espresso»:

[10] «la Repubblica», 18 maggio 1993.

Il presidente della Olivetti ricorda a quali vere e proprie persecuzioni egli e il suo gruppo siano stati sottoposti, quali discriminazioni abbiano subíto, quali lecite e importanti occasioni di affari abbiano mancato per l'opposizione della partitocrazia contro un gruppo ritenuto ribelle e non affidabile alla volontà dei «principi». E come di queste discriminazioni profittassero concorrenti meno riottosi o addirittura vestiti con i colori di chi faceva e disfaceva la legge a piacimento.

Davvero, potenti imprenditori, con affari in tutto il mondo, decine e decine di migliaia di dipendenti, migliaia di miliardi di fatturato, proprietari di catene di giornali, non avrebbero potuto resistere ai ricatti? Non risultavano, piuttosto, omogenei (con maggiori o minori differenze) a quel sistema di potere, graziosamente consenzienti? Non erano una delle sue consapevoli e ben stabilite componenti? Che cosa rappresentavano poi, per la cassa, quelle poche decine di miliardi che usciti da una porta entravano dai buchi neri di tante finestre?

L'incantamento del profitto, per chi lo produce come una macina, ha una forza micidiale che tutto stritola, non bada a regole, non ha giorno e notte, luci e ombre. Inesorabilmente avanza:

> Il sonno si spande senza alcuna innocenza, e non per fisico gravame, ma come ulteriore dato e calcolo delle compatibilità favorevoli al capitale. Tutta la città gli è sottoposta; cosí ciascun dormiente, ciascuno nel suo posto e letto, nel proprio sonno come in quello piú grande e generale che si svuota di vapori. Il calcolatore guida e controlla, concede rincorre codifica assume imprime. Dormono anche i padroni e i custodi del calcolatore, dorme la loro coscienza vigilata da infiniti sistemi d'allarme, elettronici quanto morali, socialpolitici biochimici. Ronza nel grande sonno il palazzo degli uffici, anch'esso in riposo, staccato isolato da novantotto delle sue cento correnti: restano le guardie, i ronzii dei commutatori, le bocche dei revolvers, le garitte dei turni, i quadranti degli orologi, quelli di rappresentanza del grande salone d'ingresso e delle sale d'attesa.
>
> Ogni cinque minuti scatta il calcolo degli interessi, ogni dieci quello del tasso di inflazione, ogni mezz'ora, avendo intanto percorso il giro del mondo, l'indice di costo delle principali materie prime, ogni tre ore l'indice di valore del dollaro e del franco svizzero, seguito dopo venti minuti da quello

di tutte le altre monete dei principali paesi industriali del mondo[11].

20 maggio. Bassetti batte come un dannato la città. Improvvisa comizi nelle strade e nelle piazze, gira tra le bancarelle dei mercati rionali, risponde alle domande dei negozianti, degli industriali, dei pedoni, dei ciclisti, dei vigili urbani, dei dottori commercialisti, si fa vedere con un rastrello e una maglietta con la scritta «Mani pulite», non si risparmia, non manca un dibattito, un'intervista, una tavola rotonda, una sfida nelle tv locali. Ha, sembra, un consulente americano che è stato al seguito di Clinton nell'ultima campagna presidenziale. E cosí, se nel '70 Bassetti era il Kennedy della Bovisa, adesso è diventato il Clinton della borghesia dispersa. Il consulente paracadutato deve avergli consigliato di forzare la sua milanesità e adesso il Piero Bassetti sembra quasi il Piero Mazzarella, l'attore, appena può parla in dialetto, la parlata larga, sgangherata, meno metallica, meno secca del solito e come succede agli intellettuali applicati ai prodotti popolari, libri, giornali e altre mercanzie, va al di là della linea. È il Bassetti composto e ironico quel tipo che parla all'ora di far colazione davanti al negozio degli elettrodomestici al Cordusio, in uno slang da far impallidire gli avventori dell'ultima bettola?

23 maggio. Comincia per Nando dalla Chiesa la stagione degli insulti. È un fondamentalista, un khomeinista, un baffo spento, un baffo storto, un baffo morto. Una marionetta nelle mani del puparo Leoluca Orlando. «L'Indipendente», il giornale piú ostile, violento e rissoso, sembra la «Bild Zeitung» che con le sue invettive e i suoi sospetti terrorizzava ogni giorno la povera Katharina Blum del libro di Heinrich Böll. La Lega diffonde un dépliant con una matrioska in copertina che raffigura Nando dalla Chiesa. Chi c'è nella sua pancia, in un tripudio di rosso e di falci e martelli? Occhetto. E nella

[11] Paolo Volponi, *Le mosche del capitale*, Einaudi, Torino 1989.

pancia di Occhetto? Stalin in persona, memoria dell'anno 1948. Allora era il Garibaldi del Fronte popolare a trasformarsi in Stalin. Bastava rovesciare la figurina.

25 maggio. Bossi minaccia. Se sarà sconfitto, la Lega prenderà le armi, il mitra, il kalashnikov, il mitragliatore. I giornali hanno altro di che occuparsi: «Anche Romiti indagato» titola «La Stampa». «Romiti sotto inchiesta» titolano sia «la Repubblica» sia il «Corriere». L'avviso di garanzia per corruzione è arrivato, i giudici criticati da una parte dell'opinione pubblica per avere usato nei suoi confronti un eccesso di attenzione dicono ora che, prima, le prove erano davvero insufficienti.

26 maggio. Andreotti è sotto accusa per l'assassinio di Mino Pecorelli, direttore della rivista «OP», iscritto nelle liste della P2, uomo dei servizi segreti, ucciso il 20 marzo 1979. Viene ascoltato, su sua richiesta, dai giudici della Procura di Roma. Cinque ore di interrogatorio. Ad accusarlo è Tommaso Buscetta.

27 maggio. All'1,04 della notte un'autobomba, caricata con un quintale di tritolo, viene fatta esplodere nel centro di Firenze, in via dei Georgofili, una piccola strada vicino agli Uffizi. Cinque morti di cui due bambine e una trentina di feriti. Le ipotesi sono le stesse dell'attentato di Roma: Cosa Nostra, con la complicità e forse la regia dei servizi segreti o meglio di loro spezzoni deviati.
«La bomba di Firenze, – dice Bossi, – aiuta solo dalla Chiesa, un comunista democristiano, un esempio del consociativismo che ha governato finora. Lui approfitta del nome di suo padre ucciso dalla mafia. Ma a noi piace giocare e vedrete che lo metteremo nel culo a dalla Chiesa».

29 maggio. I sondaggi sono favorevoli a Nando dalla Chiesa. «Il Giorno», «Il Giornale» li sparano quasi ogni mattina con evidenza. Non sono bollettini della vittoria, come pensano Nando dalla Chiesa e i suoi, ma campane

a martello. Il numero degli indecisi è molto elevato ed è come se, con quei messaggi, i giornali dicessero ai loro lettori, «datevi da fare perché altrimenti può vincere».

La gente è chiusa, piú riservata del solito. Pare che molti si vergognino di dire che voteranno per la Lega, la reazione fisiologica nei confronti del vecchio sistema di potere. Continua la campagna di insulti di banalità diffusa. In un'intervista a Manuela Cartosio del «manifesto», Formentini dice che il programma di Nando dalla Chiesa «rappresenta la nostalgia di uno stato sociale che oggi non è piú consentito. Bisogna fare l'esatto opposto: incidere sugli sprechi dell'assistenzialismo. Quelli che stanno con dalla Chiesa rimpiangono uno statalismo fuori dalla storia».

«Su che cosa basa la sua certezza di battere dalla Chiesa?» gli domanda la giornalista.

«Sul fatto che Milano guarda a Parigi, non a Beirut».

«Che c'entra Beirut? Bossi, per spregiare il retino dalla Chiesa si accontenta di nominare Palermo».

«E io dico Beirut, per richiamare una cultura mediorientale».

30 maggio. Giulia Maria Crespi in un'intervista all'«Unità» si schiera per Nando dalla Chiesa: «Fu uno dei primi a dare i colpi di piccone al sistema, con Società civile. È stato importantissimo. Ricordo l'emozione, a Milano, quando si fece la prima riunione del circolo. Ne sentii parlare molto e subito andai a iscrivermi. Poi hanno fatto un giornale coraggioso. Denunciarono fatti gravissimi. Ora la gente lo dimentica, ma negli anni Ottanta è stata una delle poche voci controcorrente».

L'intervista viene criticata negli ambienti della borghesia tradizionale. Quasi una sfida.

Nando dalla Chiesa presenta i suoi possibili assessori. Economisti, professori, medici, avvocati, nessun uomo o donna di partito. Tra gli altri, Franco Morganti al Bilancio, Basilio Rizzo ai Lavori pubblici, Renato Boeri alle Politiche sociali, Raffaella Lanzillo all'Urbanistica, Ferdinando Targetti all'Economia, Roberto Moro alla

Cultura. Fra i candidati, Nando dalla Chiesa è l'unico ad aver mantenuto la promessa di rendere pubblici i nomi degli assessori prima delle elezioni. Gli preme dire alcune cose: come governerà, con chi. Non ci saranno baratti e compromissioni tra il primo e il secondo turno. «La vera cultura referendaria è dentro questa coalizione, la sola che non nasca a Roma o nei partiti».

È polemico: «Nel momento in cui Bossi mette in collegamento la bomba di Firenze con Milano, si è giunti a un livello di violenza e di spregiudicatezza estreme, da cantina di palazzo. Dove c'è la bugia, dove c'è l'attacco violento finalizzato alla conquista del potere resta dominante il regime della corruzione».

La città è desolata, la poca erba è giallastra, i telefoni delle cabine pubbliche sono per lo piú rotti, di domenica non c'è un solo bar aperto. Il disagio è persino visivo.

Una vecchia signora, in calze viola, come la sottana, il corpetto, il cappello di paglia, che cammina sola su un marciapiedi di viale Piave, deserto, sembra un fantasma appena venuto fuori dalle macerie di una città bombardata.

Il grande saccheggio è sempre sul fondo dei pensieri. Com'è potuto accadere? La gente rimugina. «Questi mattoni – dice alla moglie un signore in attesa alla fermata della metropolitana 3 – sono costati un milione l'uno». E una signora, parlando del vecchio sindaco Greppi: «Quello è morto povero in canna». Sospirando.

I piú risentiti sono spesso coloro che negli anni '80 protestavano contro i pochi critici che con poveri strumenti mettevano in discussione Baraccopoli, la demagogia da due soldi, i segni della corruzione, i rampanti della carriera e del successo.

In nome del progresso, della vita che sembrava facile, illuminata dal made in Italy, dalle sfilate di moda, dalla Mostra degli anni Trenta che espose solo il fascismo perbene, dalla storica riunione – Craxi era il primo ministro – dei capi di governo della Cee al Castello Sforzesco ridotto a una tendopoli a strisce, da Ciarrapico, arrivato lui nella città degli affari, delle sublimi mediazioni, a comporre il conflitto con Berlusconi, Mondadori e Caracciolo, la città borghese applaudiva, votava per i corrotti, si compiaceva della «Milano da bere», lo slogan pubblicitario di moda allora. Feste farina e forca anche qui, il risotto in piazza, Anna Craxi, Ligresti, il sindaco Pillitteri con i grandi dell'industria nazionale, gli stessi incriminati da Tangentopoli, poveri concussi, tutti insieme – «semi-vip», «vip», «super-vip» – al Palatrussardi ad ascoltare uno spompato Frank Sinatra.

31 maggio. Mi dice Giorgio Bocca che dovevamo fare di piú, opporci di piú, capire di piú, scavare con delle inchieste dentro il Comune corrotto, per esempio, non accontentarci delle denunce di Società civile, destinate a pochi.

Ma non era facile per chi nei giornali era escluso, confinato ai margini come negli anni del fascismo, tanta grazia se lo lasciavano scrivere sulle pagine della cultura considerate neutre. I giornali erano schierati, i giornalisti esercitavano su ogni notizia che poteva nuocere o spiacere ai governanti centrali e locali un controllo micragnoso, assillante, argomento per argomento, articolo per articolo, titolo per titolo. All'interno dei giornali, la maggior parte, i servizi erano minuziosamente lottizzati, coi giornalisti che rispondevano ai protettori insistenti e insidiosi.

> (...) È giusto ricordare che nel referendum del '91, meno importante di quello del 18 aprile sotto il profilo del cambiamento del sistema elettorale ma politicamente assai più significativo di quello di qualche mese fa perché assunse un'indubbia valenza di referendum appunto sul regime partitocratico, la stragrande maggioranza della carta stampata si schierò per il sí. (...) Se i giornalisti degli anni Ottanta erano in grandissima maggioranza topi nel formaggio di quel regime partitocratico di cui s'è detto, come fu che poi furono tutti assieme, o quasi, in un anno nel quale la Lega non aveva ancora sfondato, l'inchiesta Mani pulite era ancora là da venire, i partiti tradizionali non davano alcun segno di sfaldamento, come fu, di-

> cevo, che si presentarono quasi compattamente a quell'appuntamento? (...) [12].

Il sistema politico sottovalutò. Viveva alla giornata e fu incapace di capire pienamente che i referendum mettevano a rischio l'esistenza stessa e la continuità di potere degli uomini del regime. Riteneva si trattasse di strumenti inadeguati per incidere, soprattutto per scalfire interessi consolidati. Tutti liberi o quasi. Anche la mafia, durante i referendum, si astiene dall'indirizzare e dal premere. I referendum sul divorzio, sull'aborto, ma anche gli ultimi referendum sul sistema politico, non hanno avuto in Sicilia altissime percentuali di sí?

> (...) E com'è che poi quando si scoperchiò Tangentopoli furono altrettanto compatti (anche qui non sono state certo le eccezioni a determinare tendenze) al nuovo nastro di partenza? (...) [13].

Avevano poche vie da imboccare i giornalisti lottizzati, tra le proprietà inquinate e il popolo infuriato. Ma tergiversarono, eccome. Ancora alla fine del '92 tentarono di sopire, di smorzare, di far parlare d'altro. Le notizie, ma non i bilanci, le inchieste e la verifica dello stato della repubblica. Ci furono direttori di giornali che nella prima fase della stagione ancora pericolosamente aperta di Mani pulite non scrissero una sola parola su quello che doveva diventare lo scandalo della prima repubblica. E coloro che diedero tutte le notizie e respinsero le pressioni del sistema politico, lo fecero perché l'ondata era ormai inarrestabile. E lo fecero naturalmente anche per darsi una mano di biacca sulle scarpe sporche.

(«Non ci sono demoni, gli assassini di milioni di innocenti sono gente come noi, hanno il nostro viso, ci rassomigliano. Non hanno sangue diverso dal nostro, ma

[12] Paolo Mieli, *Anche i giornalisti nel loro piccolo...*, in *Dialogo su stampa e regime. Carteggio Nando dalla Chiesa - Paolo Mieli*, in «MicroMega», n. 3 (1993).
[13] *Ibid.*

hanno infilato, consapevolmente o no, una strada rischiosa, la strada dell'ossequio e del consenso, che è senza ritorno»)[14].

III.

1° giugno. I sondaggi danno sempre vincente Nando dalla Chiesa. L'82 per cento degli intervistati da Directa per «Il Giornale» ha scelto il sindaco: 36,2 per cento dalla Chiesa, 29,5 per cento Formentini, 9,7 per cento Borghini, 9,6 per cento Bassetti, 6,3 per cento Teso.

Si temono attentati. Piazza del Duomo, piazza della Scala, interi isolati del centro storico sono vietati alle macchine, protetti da transenne. Davanti a Palazzo Marino manifesta un piccolo gruppo di operai della Maserati, con piccoli striscioni, piccole bandiere, piccole grida. Sembrano smarriti gli uomini dei motori rombanti. Protestano. Il Governo e il Comune non hanno mantenuto gli accordi presi il 31 marzo quando l'azienda è stata chiusa.

Silenzio in città. Che cosa pensa veramente la gente?

Giuseppe Turani intervista per «la Repubblica» i candidati sindaci. Anche se in disaccordo tra loro, sono tutti d'accordo, se si eccettua Teso, nel rigetto e nel livore contro Nando dalla Chiesa. È lui il nemico. I signori della moderazione appaiono eccitati, Borghini è il piú incattivito: «La città – dice – è stretta tra la padella e la brace. La padella è Formentini, la brace è sicuramente dalla Chiesa. È molto piú pericoloso. È addirittura qualcosa di inimmaginabile. Per la città sarebbe davvero una sciagura».

Per Bassetti, invece, Nando dalla Chiesa è il cavallo di Troia della situazione, prenderà i voti della Milano leninista, quelli di una certa borghesia milanese e quelli delle ragazzine della Cattolica.

[14] Primo Levi, *La ricerca delle radici*, Einaudi, Torino 1981.

Adriano Teso è l'unico a non infierire. È ancora turbato per aver scoperto che la povertà esiste veramente: «Ho voluto entrare in queste case di periferia nelle quali, lo confesso, non ero mai stato. Ne sono uscito sconvolto. Mi ha colpito soprattutto il quartiere Stadera. Gente che vive con 600 mila lire al mese di pensione e che ne deve pagare 200 mila di affitto. In abitazioni poverissime, con topi grossi cosí. È impossibile non capire che bisogna fare qualcosa».

Marco Formentini è la riedizione della diga contro il comunismo: «dalla Chiesa vuole far rivivere a Milano quello che non esiste piú al mondo e cioè un comunismo tutto pervaso da solidarismo irresponsabile. Rifiuto di pensare che Milano possa diventare la città politicamente piú arretrata d'Europa».

«Milano diventerà come una groviera: strade sotterranee, parcheggi, metropolitana, cavi a fibre ottiche. Tutto sottoterra. I milanesi dovranno avere pazienza: scaveremo tanto per rendere Milano piú vivibile, piú moderna, piú europea».

Nando dalla Chiesa replica senza astio: «La Milano pragmatica, cosiddetta perbene, sta cercando di demonizzarmi. E questo non è leale. Io sono assolutamente trasparente. Le mie idee sono scritte, sono chiare, a disposizione di chiunque voglia fare la fatica di capirle. La mia squadra è fatta di gente seria, senza lottizzazioni di partito. Ma loro non vogliono accettarmi come un candidato "normale". In verità, questi che mi attaccano sempre, sono i rappresentanti di una Milano che vorrebbe vivere ancora di rendita. Sono dei latifondisti della politica»[15].

2 giugno. In nome del falso nuovo che avanza ci si dimentica del vecchio irrisolto. Il problema di Tangentopoli viene affrontato episodicamente, in pochi studiano le matrici del sistema corrotto. I piú colti si chiedono quando è cominciato il grande saccheggio. Probabilmen-

[15] «la Repubblica», 1, 2, 3, 4, 5 giugno 1993.

te l'impalcatura del sistema fu costruita nei tempi fanfaniani, con le Partecipazioni statali, quando la Dc si trasformò da partito di notabili in partito di funzionari. La devastazione è della fine degli anni '70, quando le commesse pubbliche divennero strumento di lotta di correnti all'interno dei partiti di maggioranza. Il documento Mi-Fo-Biali (Miceli, Foligni, Libia) preparato dai servizi segreti d'epoca può essere letto come il test di un sistema di partiti che ha occupato lo Stato. E non bisogna dimenticare i casi di corruzione piú macroscopica, Sindona e la Banca Privata Italiana, Calvi e il Banco Ambrosiano, la P2.

3 giugno. Al «Mattino» di Napoli e all'Ansa di Roma arriva una telefonata di minaccia. Qualcuno della famiglia dalla Chiesa sarà ucciso. Nando dalla Chiesa chiede una protezione, lo fa inutilmente da sei mesi. «Se dessimo una scorta a tutti coloro che la chiedono!», è la risposta della Questura e della Prefettura. I carabinieri, anche nel nome del generale dalla Chiesa, molto amato nell'Arma, organizzano qualche pattugliamento sotto la sua casa. Tutto qui. Se ci fosse un attentato, assisteremmo al solito carosello delle responsabilità. Gli uomini del vecchio regime, a cominciare da Craxi per finire con Ombretta Fumagalli Carulli, sono tutti protetti. A Roma le scorte sembrano comparse cinematografiche, si incontrano a ogni angolo, si scontrano tra loro, si fendono, si fondono.

La città sembra non provare emozioni. È fredda, distaccata, pare che ciascuno si tenga dentro i suoi magoni. Negli ambienti finanziari, in Borsa, Nando dalla Chiesa viene visto come il fumo negli occhi. È sempre il khomeinista, il bulgaro, il Soviet coi baffi, come scrive «L'Indipendente».

Anche nel Pds non c'è un consenso unanime per dalla Chiesa. Alla sezione Togliatti, nel centro storico, il suo nome, durante un'assemblea, cade nel silenzio. Ex comunisti della corrente migliorista – nel Comitato federale hanno votato contro la candidatura o si sono astenuti – che rappresentarono una componente del sistema craxiano, infognati negli scandali, con dirigenti, funzionari, architetti, studi professionali pesantemente coinvolti nel sistema fuorilegge di Ligresti, denunciati in passato da Nando dalla Chiesa e dalle campagne di Società civile, sostengono Borghini. Anche dirigenti di spicco, che coprono cariche istituzionali, fanno propaganda contro il candidato scelto dalla maggioranza del partito. La Federazione del Pds, Marco Fumagalli, Stefano Draghi sono invece leali e appoggiano Nando dalla Chiesa senza riserve. Dalla sua parte, con passione e con generosità, i ragazzi, le donne, il piccolo ceto, le commesse dei negozi e dei grandi magazzini, buona parte dei figli della borghesia, i vecchi e una parte della Milano operaia. La periferia è divisa. Molti delusi elettori del vecchio Pci voteranno per la protesta, la Lega.

4 giugno. «Il senatore» Bossi nel suo comizio di chiusura in piazza del Duomo esalta violenza e intolleranza, arroganza e disprezzo per la democrazia, dà corpo ai fantasmi autoritari. Milano, i problemi di Milano, Milano da amministrare e da salvare non conta. Le aree dismesse, la disoccupazione, la cassa integrazione, le periferie, i trasporti, la vita delle nuove generazioni, la città devastata da ricostruire non contano.

Bossi vuole apparire come uno statista che non parla di minuzie. Un po' compiaciuto riferisce al suo popolo fedele degli incontri avuti col presidente del Consiglio a Palazzo Chigi. Ma subito insulta Ciampi, lo diffama, incollana menzogne. Attacca Ciampi come ex governatore della Banca d'Italia, lo accusa di esser stato partecipe della trama della P2, lo accusa anche di essere il responsabile del crac del Banco Ambrosiano: «Dov'era Ciampi? Che cosa fece Ciampi? Dormiva? Questa classe politica ha portato l'Italia alla bancarotta. Io li accuso di essersi mangiati quarant'anni di risparmi del paese».

Non sa o mente. Ciampi non ha mai avuto complicità o rapporti con la P2. La Loggia è stata anzi acerrima nemica degli uomini della Banca d'Italia, ha mosso ogni pedina e ogni influenza per toglierli dai loro posti. Ciampi non era il governatore della Banca d'Italia, ma il direttore generale. Il governatore era Paolo Baffi: nel marzo 1979, per un intrigo andreottiano, Baffi non finí in galera soltanto per la sua età avanzata, ma a Regina Coeli finí Mario Sarcinelli, vicedirettore generale della Banca, responsabile della Vigilanza sulle aziende di credito. Tra le ragioni di quell'inconsulto atto di prepotenza di politici e di magistrati (l'ingiustizia fu sanata solo in parte con una sentenza di proscioglimento in istruttoria) furono il pervicace no della Banca d'Italia ai tentativi di salvataggio della Banca di Sindona promossi dal presidente del Consiglio Andreotti e l'ispezione ordinata dalla Banca d'Italia nel 1978 proprio al Banco Ambrosiano.

«Il senatore» continua eccitato dalle sue parole, incapace di frenarsi, di distinguere, di ragionare: «La gente – urla – non ha paura del tritolo di stato. Se loro capiscono che abbiamo paura allora sí che di bombe ne vedremo tante, bombe politiche che dovrebbero avere un'onda d'urto in cabina elettorale. Dicono che sono bombe di mafia. È chiaro perché lo dicono, per aiutare dalla Chiesa a Milano, perché lui si presenta come il simbolo dell'antimafia. Ma dalla Chiesa è solo un cognome. Questo sarebbe un giochetto troppo facile, ma la mafia non ci casca. La mafia non è in Sicilia, è in piazza del Gesú. Se questa è la mafia, allora sí, questo è tritolo mafioso».

In un angolo della piazza un gruppo di leghisti grida, «Ridateci i nostri soldi». «Ladri, ladri», ribatte come un'eco un altro gruppo. Bossi seguita a urlare come un ossesso. Il candidato sindaco Formentini annuisce, sorride. «Dalla Chiesa ha un passato di brigatista rosso, sfrutta il nome del padre, è come l'antimafia vivente. In Parlamento non l'ho mai sentito parlare, arriva là con un foglietto spiegazzato... Questa è gente che non serve a niente e a nessuno. Parlano di cambiare il paese, ma il cambiamento siamo noi, la Lega. Non li votate, non votate per quel cornuto di Nando dalla Chiesa».

Ha parlato per 45 minuti, Formentini ne ha solo 5 a disposizione: «dalla Chiesa vuole tingere Milano di rosso. Dalla Chiesa è il simbolo della rivincita di un mondo sconfitto dalla storia e cioè il comunismo. Domenica gli diamo la risposta. Viva la Lega, viva Milano libera».

> La gente è impazzita. Le bandiere si agitano, le urla si moltiplicano. Formentini e Bossi si abbracciano e fanno il segno della «V» con le dita. Dagli altoparlanti del camioncino della Lega si alzano le note del «Va' pensiero». Ci avviciniamo a Bossi mentre scende dal palco tra la calca dei fotografi e delle cineprese. Chi vince? «Formentini». Perché? «Perché è il piú forte»[16].

5 giugno. Rosellina Archinto mi parla dell'ignoranza della borghesia milanese, della sua incultura, del suo chiudersi in un guscio che esclude il mondo. Una volta, come consigliere comunale del Partito repubblicano, ebbe la possibilità di visitare, accompagnata dal direttore, il carcere di San Vittore e poi cercò di raccontare a chi incontrava quell'esperienza che l'aveva turbata. Non vollero neppure starla ad ascoltare, certi borghesi milanesi.

Spesso non conoscono i problemi sociali piú elementari né vogliono conoscerli. Accomunati soltanto dagli odî. Aggrappati al loro particolare che non è la spia dell'universo, ma solo un piccolo orto, ben protetto, coi suoi fruttiferi negozi dentro. Nella città che è stata in Italia tra le piú vivificate dalla cultura industriale, questa fascia di borghesia benestante, non troppo turbata da inquietudini culturali, esclude tutto ciò che può incrinare, togliere certezze, rompere equilibri fondati spesso sull'egoismo e sul pregiudizio. Nando dalla Chiesa è un comunista, un bolscevico e basta.

(La cappa del comunismo disfatto seguita a pesare sui tetti e sui giardini chiusi come perle dentro le vecchie mura, nuvola tiepolesca color del piombo, minacciosa e provvidenziale).

[16] «L'Indipendente», 5 giugno 1993.

Montanelli è il nume e il lume di questa borghesia conservatrice e moderata. Il forcaiolo anarcoide. Il reazionario travestito da vecchio saggio. La guardia bianca contro corrente. L'italiano selvaggio e acuto. Il giornalista di arcani istinti. Il benpensante non conformista che gliele canta chiare e per questo è venerato dal suo ingolosito pubblico, da rimanerci inebetito il lattaio, direbbe Carlo Emilio.

I sondaggi devono averlo impensierito. Anticipa cosí i tempi e in un articolo, «Povera Madunina», dà le indicazioni che «il popolo della borghesia conservatrice» vuol sentirsi dare alla vigilia del voto. Butta a mare anzitempo i candidati del Centro, il nostro Centro, coi suoi «surrogati» che, scrive, resteranno di certo al palo del primo turno. Bisogna scegliere dunque tra Formentini e dalla Chiesa ed è come dire «facciamolo subito»:

> Chi è dei due il meno lontano da noi moderati? Secondo me è Formentini (...) Noi che politici non siamo e scegliamo per affinità, di affinità ne sentiamo di piú per Formentini che per dalla Chiesa, anche perché, fra gli uomini della Lega, Formentini ci sembra uno dei meno ideologizzati, e quindi dei meno radicali, e quindi dei meno pericolosi.

Poi Montanelli, come un plenipotenziario, detta le sue condizioni: «La prima è che Formentini trovi il modo di dissociarsi dalle scalmane del suo boss, che con la bocca grondante di mitra e di kalashnikov gira per le piazze di Milano come se fosse a Sarajevo, minacciando barricate e secessioni». La seconda è «che si faccia un nodo al fazzoletto per non dimenticare mai che Palazzo Marino, se riesce a installarcisi, lo dovrà al voto moderato».

Il nodo al fazzoletto. E il cappello sul palazzo.

6 giugno. Il «Corriere della Sera» non dice esplicitamente la sua. Ma come i padri gesuiti dei manuali fa un'intervista a Montanelli che spiega il fallimento del Centro ed esprime la necessità di scegliere tra Formentini e dalla Chiesa.

«Di qui il suo suggerimento: turarsi il naso e votare Lega», ripete l'intervistatore.

«No, non dico "Votiamo Lega", dico "Votiamo Formentini". E nel suo caso non ci si deve neppure turare il naso: è modesto, è anche mediocre se vogliamo, ma è onesto. Non credo sia marcio. Insomma: è il male minore».

7 giugno. Formentini, 38,82 per cento, e dalla Chiesa, 30,40 per cento, si affronteranno di nuovo per il ballottaggio. Gli altri candidati hanno avuto percentuali molto inferiori, Bassetti il 10,88 per cento, Teso il 6,74 per cento, Borghini il 6,15 per cento. I partiti sono stati ridimensionati dall'urto di Mani pulite. Tutto il voto di protesta è stato risucchiato dalla Lega Nord che ha avuto il 40,86 per cento. Rifondazione comunista diventa il secondo partito della città con l'11,36 per cento. La Dc ha il 9,43 per cento, il Pds l'8,81. Il Psi non avrà neppure un consigliere comunale. Alle ultime elezioni ebbe 200 mila voti, adesso ne ha avuti 20 mila: «La campagna elettorale, – dichiara Bobo Craxi, – è stata condotta dall'attuale gruppo dirigente del partito in modo pressapochista e irresponsabile. La lista era piena di sconosciuti, non c'era nessuno dei cinque nomi spendibili in questa città, Aniasi, Colucci, Tognoli, Pillitteri, Craxi». Non si sa se il padre o il figlio.

In Galleria davanti ai video con i risultati, una tv intervista chi sta lí a guardare. La malinconia nell'ascoltare un calabrese di Locri che ha votato per la Lega. Sí, è meridionale, ma vive a Milano da trent'anni. Paga le tasse qui. Il Sud è lontano. È questa la sua città. (Sembra un concerto di blues. Pietà, pietà per il povero negro che non ha piú patria, che non ha mai avuto patria, che odia la sua patria perché la sua vera patria è questa di voi uomini forti, cosí diversi dai fratelli del Sud).

Nando dalla Chiesa, nella sede del Coordinamento della sua campagna elettorale in via San Marco, è cupo e frastornato. Sperava di arrivare almeno al 34 per cento. Credeva nei sondaggi che dalla Abacus alla Directa, dalla Cirm alla Swg hanno invece clamorosamente sbagliato.

Gli errori e gli handicap sono stati molti. Il no al referendum ha creato subito una demarcazione netta, un pregiudizio. Avrebbe potuto e dovuto mantener fede al patto referendario sottoscritto, sostenendo poi dall'interno le sue ragioni critiche.

La coalizione è parsa non una novità, ma una riedizione del Fronte popolare. Il nome di Rifondazione comunista, assai piú che quello del Pds, ha fatto subito storcere il naso a tanti. E non fa nulla che dalla Chiesa manifesti con forza la sua indipendenza. Non conta che la sinistra abbia usato ragionevolezza dicendo di sí a proposte che non hanno mai fatto parte della sua storia, come la sicurezza, la forza del mercato e, quando sono necessarie, le privatizzazioni.

Ma forse tutto questo non conta. Nando dalla Chiesa è stato per tutti il nemico e la verità non è servita a chiarire nulla perché, fin dagli inizi della campagna elettorale, Bossi, Formentini, la Lega hanno restaurato il Muro di Berlino, fatto leva sulla lotta contro il comunismo, sul pericolo incombente della lezione marxista massacratrice. Non bastava dire che il Muro non c'è piú, che il comunismo è caduto anche nel posto dove è nato. Come si fa a discutere le evidenze? Di nuovo l'amico gesuita: «Contra negantem principia non est disputatio». Quelle sigle, quelle etichette, quelle bandiere aiutavano a sorreggere anche le tesi piú aberranti. Guardate, guardate le falci e i martelli. Guardate come punteggiano l'universo. Non sono rimasti anche alla radice della Quercia?

Ed è difficile per Nando dalla Chiesa e per i suoi compagni respingere le accuse di essere gli eredi del vecchio sistema. Anche il Pci, in misura minore degli altri partiti, è stato infatti coinvolto nell'inchiesta Mani pulite. A Milano ha partecipato non marginalmente al rito delle tangenti consociative. Come riuscire a spiegare che gli uomini delle liste sono tutti uomini nuovi, in lotta da sempre con il regime della corruzione? Che Nando dalla Chiesa è stato un alfiere di quelle lotte, esecrato dagli uomini corrotti annidati anche dentro il Pci?

Ha ragione Paolo Flores d'Arcais: «Pensa, allora, se la

politica di quei quattro gatti di Società civile fosse stata la politica del Pci negli anni Ottanta! Pensa a come sarebbe radicalmente diverso oggi il panorama politico nazionale. E invece quella politica, che pure era stata annunciata nello slogan di Berlinguer, non solo non è stata realizzata, ma è anche stata puntigliosamente combattuta. Negare queste circostanze sarebbe peggio che puerile. Si tratta allora di riconoscerle, anche se scomode, e di capirne il perché, proprio per non ripetere le follie "realiste" del passato»[17].

Le liste progressiste che appoggiano dalla Chiesa sono davvero nuove nella capacità di unirsi dopo tante lacerazioni. Come rifiutare a priori la presenza di Rifondazione comunista, se si pensa alla forza di una città anche operaia e al contributo dato da quella cultura alla democrazia? Bisognava lasciare in un ghetto di appestati quasi 100 mila voti?

Sono stati commessi altri errori, il difensivismo, il lamentare troppo frequentemente i torti subíti, la sindrome dell'assedio, la mancanza di aggressività nella prima fase della campagna elettorale. E bisogna tener conto delle inconciliabilità milanesi con la Rete, quella palla al piede di Orlando, rifiutato, scartato a priori al Nord perché nero, siciliano, esuberante, aggressivo, scarmigliato. Non ha importanza se è sbagliato o giusto quel che dice. E poi l'errore piú grave. Nando dalla Chiesa ha ritenuto che gli avversari fossero anche Borghini e Bassetti, persino Tiziana Maiolo, sprecando inutili energie, dimenticando che il vero avversario era la Lega. Che agli inizi viene risparmiata, affrontata con debolezza concedendo a Formentini, l'alter ego civilizzato e subalterno di Bossi, persino l'onore delle armi.

Solo che questo non è accaduto per errore. Per una sorta di simpatia repressa, piuttosto, di disponibilità antica nei confronti della Lega per la quale, come mi fa no-

[17] Paolo Flores d'Arcais, *Ripartire dalla sinistra sommersa*, in *Dialogo sulla sinistra da inventare. Carteggio Massimo D'Alema - Paolo Flores d'Arcais*, in «MicroMega», n. 3 (1993).

tare Luigi Manconi, Nando dalla Chiesa ha mostrato anche negli ultimi tempi indulgenza e qualche affinità.

Basta leggere quel che dice a Pietro Calderoni nel libro-intervista *Milano-Palermo. La Nuova Resistenza*. Al giornalista che gli chiede di raccontare come nacque nel 1985 Società civile, Nando dalla Chiesa risponde:

> La nostra idea fu quella di dar vita, oltre al circolo, anche a una rivista che potesse esprimere le nostre opinioni, il nostro modo di intendere la politica. E che restituisse voce a quella società civile che non era rappresentata nei grandi mezzi d'informazione nazionale. Naturalmente la rivista sarebbe diventata anche il mezzo d'espressione del circolo Società civile che stavamo per fondare. Un circolo capace di coagulare quei consensi emersi tra la gente e che, piú tardi, ritroveremo rappresentati anche dalla Lega.

E al giornalista che gli chiede di spiegarsi meglio – è vero che le motivazioni all'origine di Società civile furono in qualche modo simili a quelle che hanno dato forza alla Lega? – Nando dalla Chiesa risponde: «In qualche modo, e con le debite differenze culturali, direi proprio di sí. Non a caso alcuni amici di Società civile li ritroveremo vicini alla Lega»[18].

8 giugno. Giorgio Bocca scrive un articolo che esce sulla prima pagina della «Repubblica»: «Io ringrazio quei barbari...» Fin dal 1990 quando pubblicò il pamphlet *La disUnità d'Italia*, Bocca aveva mostrato molta attenzione per la Lega, comprensivo per le sue motivazioni, un simpatizzante, si sarebbe potuto dire. Negli stessi anni ha ritrovato con freschezza lo spirito ribelle della sua giovinezza azionista, la cultura di Giustizia e libertà. Ha le carte in regola. Difende la memoria della resistenza e della guerra partigiana, contesta la forsennata campagna contro il comunismo caduto e contro il Pci. Sembra depurato dei suoi perenni umori, delle sue contraddizioni.

[18] Nando dalla Chiesa, *Milano-Palermo. La Nuova Resistenza*, Baldini & Castoldi, Milano 1993.

Stride ora il sapere che ha votato per la Lega Nord. Quel suo articolo, in molti, provoca soprattutto delusione, come per un immiserimento:

> Votando dalla Chiesa – scrive – avrei votato per il ritorno in municipio di quei «castori» del Partito comunista che nelle giunte di sinistra hanno consegnato la città a Ligresti e hanno partecipato in prima fila al ventennio della narcosi (...) La Lega con tutte le sue rozzezze è qualcosa che nuota nelle acque vorticose del mutamento sociale mentre gli altri, i vecchi partiti ci annaspano. La Lega sa nuotare nel movimento perché è nata da quelli che si muovono (...) La Lega con il federalismo, con la lotta al centralismo ha capito (...) Il fatto che senza la Lega, Di Pietro, come dice Bossi, «sarebbe stato mandato a spaccar sassi in Sardegna», che senza la Lega due terzi dei deputati socialisti e democristiani sarebbero ancora convinti di essere dei rappresentanti del popolo italiano e non degli «zombi» mi fa tranquillamente dire: «Grazie barbari».

Bossi è già diventato il grande nuotatore, come il presidente Mao. Tutti i meriti sono suoi. Forse ha fatto cadere persino il Muro di Berlino.

Non si rende conto, Bocca, che la Lega è il cavallo su cui sta saltando l'eterno trasformismo nostrano, a cominciare da Ligresti e da altri uomini di Tangentopoli? Il cavallo che serve a certi poteri piú o meno compromessi per ripresentarsi ripuliti?

La polemica è aspra e spiacevole, anche perché amici di sempre si ritrovano su due fronti opposti. Bocca riceve un'infinità di telefonate, di fax, di lettere di protesta e di insulti. Nella discussione intervengono in molti, scrivono, parlano. Bocca replica piú volte, «Cari amici snob non capite Milano», «Per favore non siamo nel '48...» «La Lega non è la compagnia di balordi che immagina il nostro snobismo di sinistra».

Altro che snobismo, gli viene risposto, i veri snob sono coloro che portano i barbari in società.

«Chi ha tolto i voti nella pianura padana ai socialisti e ai democristiani è stata la Lega», scrive Bocca.

La caduta del sistema dei partiti non è frutto soltanto dell'ultima spallata di Bossi, gli risponde qualcuno. Dov'era Bossi quando minoranze coraggiose si battevano contro il regime della corruzione? Era andato forse a diffondere il suo slogan d'epoca, «Giudici lombardi nei tribunali»? (Povero Di Pietro, avrebbe dovuto tornare a casa e con lui il procuratore Borrelli!)

La Lega, scrive Bocca, «è il partito dei medi e piccoli imprenditori, dei commercianti, degli artigiani della pianura padana, cioè di coloro che con il loro lavoro hanno finora impedito l'affondamento di questa barca italiana disastrata dai partiti e dalle loro false ideologie».

D'accordo, gli viene risposto, solo che la nuova società è piú ampia e complessa di quella rappresentata dalla Lega Nord. In nome del bene comune e della stessa democrazia c'è necessità di coinvolgere il grande numero dei lavoratori dipendenti, dei giovani, dei disoccupati, degli studenti, dei meridionali, delle donne che Bossi vorrebbe invece chiuse in casa, in una visione del mondo piú aperta, piú generosa, piú colta, piú cristiana. Che garanzia può dare a una metropoli moderna una proposta politica radicata nei valori della comunità arcano-contadina, travestita con ridicoli orpelli romantico-letterari, il ritorno al medievalismo, Pontida, il Carroccio? Milano, città convalescente che deve gettarsi alle spalle quel passato di compromissioni, di illegalità, ha bisogno di una cura meno grezza e oltranzista, di metodi piú civili.

La Milano dei grandi interessi, quelli che vengono chiamati gli interessi forti, sta scegliendo Formentini e la Lega.

Le trattative fervono. Si comincia a sentire il nome del professor Marco Vitale, uno degli uomini che ha sostenuto la candidatura di Gianpiero Borghini. È stato suo consulente durante il periodo della giunta a Palazzo Marino, presidente delle Ferrovie Nord, al suo fianco fino all'ultimo giorno nella prima fase della campagna elettorale. Il suo nome e la sua opera di convincimento hanno portato a Borghini consensi di persone con cui l'ex sindaco non aveva nessuna comunanza di idee.

Economista d'impresa, professore di Economia aziendale alla Bocconi e alla Libera Università Carlo Cattaneo di Castellanza, consulente tra i piú ascoltati delle grandi aziende, Marco Vitale è uno studioso del capitalismo democratico, l'economia capitalistica inquadrata e sorretta dalle regole di un patto istituzionale.

Fino al 6 giugno, dunque, Marco Vitale è schierato non formalmente dalla parte di Borghini. Uomo indipendente, un po' anomalo, del sistema capitalistico, ha sempre considerato essenziale il problema della corruzione. Non ha mai mostrato segni di considerazione per il «senatore» Bossi e per la Lega Nord. O almeno sembra cosí, se si presta fede a passi della lettera inviata a Franco Morganti durante la campagna elettorale[19].

«Conta solo una persona, Bossi, che fa e disfa quello che vuole, come vuole, quando vuole...», scrive tra l'altro.

«Quello che non mi va bene è che questo movimento sia organizzato, e si stia organizzando sempre di piú, secondo il principio organizzativo central-leninista, dove uno solo conta (come fece Craxi negli anni '80) e tutti gli altri obbediscono, eseguono, esultano...»

«Milano non ha bisogno di un Führer, né di un Mosè, né forse, di un leader...»

Adesso sembra che sia proprio Marco Vitale l'anello di congiunzione fra il sistema economico in crisi e il nuovo movimento politico. Quasi un garante.

Gli slogan sono «Mettiamoli alla prova», «Il male minore», «Per non fare salti nel buio». Il problema è di stabilire una continuità col vecchio sistema, di non perdere poteri, agganci, privilegi: non si può andare all'avventura, con tutti gli interessi che sono in gioco, le commesse, le grandi opere ancora da definire, i problemi che nasceranno in autunno, fabbriche da chiudere, licenziamenti, conflitti sociali acuti. La Lega non è pur sempre l'espressione di una destra economica europea?

(Che nutrice di storia, Milano e il suo cuore in mano, dal fascismo al craxismo al leghismo!)

[19] Franco Morganti ha rivelato frammenti di questa lettera durante la trasmissione televisiva *L'Istruttoria* di Giuliano Ferrara, il 18 giugno 1993.

Dogo, professore di inglese del Senegal, che vende accendini, stringhe e penne biro in via San Vittore, quasi all'angolo con via Carducci, è malinconico, un po' spaventato, come se sentisse arrivare tempi ancora piú grami. Sulla scala della metropolitana 2 sono comparse due scritte, «Via i negri da Milano», «M la società multirazziale».

9 giugno. Caldo umido, 30 gradi. Le donne sono già scosciate, calzoncini corti, un po' proterve. Il cartolaio di via De Amicis mi dice che la gente è afona, indifferente. Voterà con rancore. Una liberazione dal passato, ma senza allegria. Quando passano i furgoni che trasportano gli arrestati a San Vittore, la gente non grida piú insulti, come un anno fa. Solo ogni tanto, «un altro». E poi, «In galera, in galera». Solo se c'è notizia di un arresto importante si rimescolano i desideri di vendetta e l'attenzione cresce. Nei bar del quartiere ci sono baristi che dicono di conoscere dal rumore l'auto di Di Pietro, di Davigo, di Colombo. È una città sottosopra, spietata e insieme sfiatata. I piú intransigenti, i piú duri sono spesso gli stessi che per decenni diedero il voto a Craxi, a Tognoli, a Pillitteri.

Si contrattano posizioni e benedizioni. Per Formentini. Le garanzie devono essere state date. Lo si capisce a mezzogiorno in una sala dell'Hotel Cavalieri dove il candidato sindaco della Lega presenta i suoi possibili assessori. Il pezzo forte sarà Marco Vitale: superassessore al Bilancio che comprende le Finanze e i Tributi, il Demanio, il Patrimonio, l'Economato, le aziende e le società a partecipazione comunale. Nella sala, coi giornalisti, siedono i leghisti, ammirati dalla sua biografia: cofondatore e membro del consiglio di amministrazione della Jmac-Considi, presidente dell'Associazione delle Merchant Bank italiane, membro dell'Advisory Board dell'Ente Ferrovie dello Stato, presidente di una società, la Bersani e Vitale, di alta direzione. Anche del Comune di Milano, probabilmente.

Gli altri nomi sono pressoché sconosciuti, il vicesindaco si chiama Marisa Bedoni, funzionaria della Comit, sindacalista bancaria, ma si parla di lei come dell'erede di Piero Sraffa. E poi Roberto Grugnetti, un consulente, al Traffico; Marco Giacomoni, un medico, alla Sanità; Giorgio Junginger, un avvocato, all'Urbanistica; Giorgio Malagoli, un ingegnere, al Decentramento; Paolo Vantellini, un professore di Tecnica industriale, al Commercio e Philippe Daverio, ammiratore di Pillitteri fino al '92, proprietario di una galleria d'arte, alla Cultura e nessuno si domanda se non ci sia incompatibilità tra un mercante d'arte e un assessore che ha anche la funzione di organizzare mostre d'arte.

Un giornalista chiede a Formentini come mai al comizio conclusivo di piazza del Duomo, Bossi ha parlato 45 minuti e lui solo per 5.

«Corrisponde al rapporto che lei ha con il leader della Lega Nord?»

Formentini angelico: «Ma era il comizio di Bossi, io avevo parlato al teatro Carcano».

Il giornalista: «Ma non è lei il candidato sindaco?»

Gli chiede anche se i consiglieri comunali della Lega di Milano hanno firmato una lettera di dimissioni in bianco, come a Varese prima delle elezioni.

Formentini è imbarazzato, pasticcia un po', nega, non nega piú, il suo compito è sempre quello, assentire quando c'è Bossi, e poi smentire, rassicurare, sorridere.

(Nel dicembre 1992, al Palazzetto dello Sport di Varese. In un tripudio di bandiere crociate, di palloncini, nell'attesa dell'apparizione del leader, i quaranta candidati al Consiglio comunale venivano chiamati a uno a uno con l'altoparlante e tra gli applausi delle gradinate firmavano su un tavolino una lettera di dimissioni senza la data: Roberto Goi, Sergio Ghiringhelli, Massimiliano Ferrari, il popolarissimo Antonio Croci e via via tutti gli altri fino ai piú autorevoli, Roberto Maroni che entrò correndo come un bersagliere e questo piacque, e, ultimo, Giuseppe Leoni. Tutti firmavano come in una cerimonia religiosa, con solennità. Quella firma, che viola la legge e lo spirito della democrazia, è considerata infatti dai leghisti un atto di fede, un impegno morale, la prova di non essere attaccati alla poltrona. I consiglieri regionali, provinciali, comunali sottoscrivono le lettere di dimissioni preventive nei loro paesi e nelle loro città, i deputati e i senatori le sottoscrivono in una cornice piú teatrale e suscitatrice di immaginazioni, Pontida.

Se qualcuno, poi, dà fastidio, o manifesta opinioni difformi, Bossi tira fuori la lettera dai cassetti e il confronto è sanato.

Finita la cerimonia della firma si spensero le luci, si sentirono, appena accennate, le trombe della marcia trionfale dell'*Aida* che crebbero rapidamente d'intensità fino a rimbombare minacciose quando, in un piccolo cono luminoso, comparve Bossi che avanzò un po' incerto a piccoli passi, la moglie a sinistra, il figlio bambino tenuto per mano a destra. La patetica convention dei poveri. Appena i tre arrivarono in mezzo all'arena, si riaccesero di colpo le luci e Bossi cominciò a parlare, due ore e mezza, proprio come il Führer che aveva anche lui la stessa debolezza di oratore irrefrenabile: «La rivoluzione francese»; «La presa della Bastiglia»; «L'assalto finale»; «Noi o loro»).

10 giugno. Il procuratore della Repubblica di Roma, Vittorio Mele, chiede al Senato l'autorizzazione a procedere contro il senatore Giulio Andreotti «per il delitto di cui agli articoli 110, 575 e 577 n. 3 del codice penale, omicidio aggravato dalla premeditazione, nei confronti di Carmine Pecorelli, in concorso con ignoti e con Gaetano Badalamenti, Giuseppe Calò, Stefano Bontate, Ignazio Salvo, Antonino Salvo (gli ultimi tre deceduti); fatto commesso in Roma il 20 marzo 1979».

Lo stesso giorno scoppia il caso Ferruzzi. I titoli Ferfin e Montedison crollano. Le banche vengono chiamate in soccorso per tamponare gli spaventosi buchi. Compare Cuccia con gli attrezzi di Mediobanca.

È stata davvero tumultuosamente rapida «la rivoluzione dolce», come viene chiamata, che sta travolgendo il paese e la sua classe dirigente politica. Basta guardare i titoli dei giornali di un anno fa, 10 giugno 1992: Scalfaro pensa di affidare a Craxi l'incarico di formare il nuovo governo, trova degli ostacoli. La Dc non si oppone, ma «mostra attenzione per una fase diversa». Forlani cita un versetto della Bibbia. Andreotti sorride nelle fotografie davanti a un grande scudo crociato. In piazza del Gesú sta spuntando il tandem Gava-Bodrato. Ingrao e i miglioristi inquietano Occhetto. Il Partito socialista attacca «la Repubblica» e «L'Espresso» accusati di essere alla guida di un partito trasversale. Il deputato verde Mauro Paissan chiede la rimozione del Procuratore della Repubblica di Roma, Ugo Giudiceandrea: nella capitale tutto s'insabbia. Chi diventerà segretario del Psi, se Craxi sarà chiamato a Palazzo Chigi? Martelli, De Michelis, Formica, Amato? O nessuno?

11 giugno. Il supplemento di «Repubblica», Affari e finanza, dà la notizia che Enrico Cuccia ha manifestato simpatia e disponibilità nei confronti della Lega e di Formentini. La presenza di Marco Vitale ha tolto le ultime perplessità. Si sa di Roberto Mazzotta, presidente della Cariplo, si sa di Salvatore Ligresti. Tutto il mondo imprenditoriale o quasi sembra preso dalla Lega. Gli sta a cuore la costruzione della «grande Milano», le privatizzazioni, la distribuzione dell'energia elettrica, le farmacie, gli aeroporti e la loro gestione. Gli affari faranno da ponte con i vecchi affari.

«Lega di lotta e di governo», dice un manifesto della Lega. Povero Berlinguer. Poveri leghisti di Lambrate e di Baggio che sognano la loro liberazione dai lacci del grande capitale.

14 giugno. I giornali sono condiscendenti, anche quelli che cercano di mantenere una certa oggettività. Le reti berlusconiane sono schierate per Bossi. Non si capisce quanto conti la tv nel convincere gli elettori. La gente non smette di parlare animata dei candidati visti la sera prima come per un match di boxe e in genere il vincente

è chi spadroneggia, chi grida piú forte, chi non rispetta l'avversario e riesce a non far sentire le ragioni dell'altro. Ferrara e Sgarbi sono stati dei maestri di rissa. Capita sempre piú spesso che le assemblee, i dibattiti, i comizi finiscano con l'imitare la tv. Adesso, poi, che mancano le mediazioni di un tempo – la sezione di partito, i giornali-guida – la tv è diventata un potere assoluto.

L'Istruttoria di Giuliano Ferrara, *Milano, Italia* di Gianni Riotta, *A carte scoperte* di Claudio Donat Cattin sono i posti della celebrazione del rito serale. Nando dalla Chiesa è attento, gentile, anche un po' ingenuo, non si arrabbia mai, anche quando Vittorio Feltri, il direttore dell'«Indipendente», gli dice che «i dalla Chiesa sono come le patate. La parte migliore è quella sottoterra». Nando dalla Chiesa è esterrefatto: come reagire, quando i rapporti umani sono cosí degradati?

Come reagire quando Bossi gli urla che è un mafioso? Come riuscire a dire che cosa è stata la mafia nella sua vita, che cosa ha fatto per combatterla, che cosa gli sono costati i libri che ha scritto, a cominciare da *Delitto imperfetto*? Come raccontare con poche parole le migliaia di chilometri percorsi per spiegare che cosa è la mafia e come si può sconfiggerla, ai ragazzi delle scuole, agli operai delle fabbriche, nei quartieri, nelle università, nelle periferie? Com'è possibile dire quante volte la sua vita è stata in pericolo?

È un'attrice, Lella Costa, a trovare sul «Corriere della Sera» di oggi, in una tribunetta aperta nelle pagine della cronaca, le parole adatte: «Sto con dalla Chiesa (...) perché non sa stare davanti alle telecamere: voglio un sindaco, non un anchor-man. Perché non ha mai la battuta pronta e ha questo vecchio vizio di pensare prima di parlare (...) Perché quando parlano gli altri – specialmente il pubblico – durante i dibattiti televisivi, sta zitto e ascolta. Perché quando è stanco, deluso e sconfitto, lo lascia vedere: voglio un sindaco, non una telepromozione».

Anche Cossiga è dalla parte di Formentini. Il Museo della scienza e della tecnica dove viene presentato un suo libro, *Il torto e il diritto*, sembra uno scenario adatto a Buñuel o anche a Bosch, gremito di vecchi anchilosati e furenti, passati attraverso le fiamme di tutte le stagioni dell'inferno e di tutti i regimi, e di giovani con ancora indosso i segni di quello appena passato e già protesi ad annusare quello nascente. Dominata da un busto di Leonardo, la Sala delle colonne dell'antico convento sembra un Palatrussardi d'epoca in cui i tempi si confondono. C'è Montanelli, sottilissimo, con uno sguardo disperato, assomiglia al profeta Abacuc, lo Zuccone di Donatello, c'è Virginio Rognoni, c'è Francesco D'Onofrio, ci sono i funzionari della Mondadori e della Fininvest in giacca blu e pantaloni grigi, come i commessi del premiato negozio Bardelli, c'è Formentini, l'unico festoso e garrulo, nel grande mortorio, venuto per ringraziare Cossiga che si è schierato con lui, l'ha detto ai giornalisti e ora spreca di nuovo qualche parola sprezzante per Nando dalla Chiesa.

Nell'aria sospesa, un po' sinistra, da museo delle cere, Cossiga appare sempre di piú come l'uomo dell'assedio, con tutte le sue paure addosso, del mare, dei pirati, della tempesta, di un Dio Pantocratore. E mi viene in mente quel che mi confidò una volta al Viminale l'allora ministro degli Interni. Il suo modello non era per niente Fouché, il ministro di polizia di Napoleone, come si diceva in quegli anni, il suo modello era piú casalingo e piú cupo, Francesco Del Carretto, ministro di polizia dei Borboni.

15 giugno. «Gli imprenditori flirtano con Formentini», annuncia in un titolo il «Corriere della Sera»: «Ma c'è qualcuno che pensa davvero che gli industriali, dopo averli combattuti per anni si mettano improvvisamente a votare un candidato che oltre che dal Pds è sostenuto dai "baffoni" di Rifondazione comunista? Altro che sindaco coi baffi, ricorda "Baffone", afferma un imprenditore che preferisce restare anonimo. Ma la sua spiegazione tronca ogni dubbio sugli orientamenti di domenica».

Le posizioni, in attesa del ballottaggio, si sono chiarite, anche se è ancora una moltitudine quella che rifiuta entrambi i candidati. Ma la grande e la piccola finanza hanno scelto la Lega; la città moderata, che a Milano è sempre stata la bilancia del voto, non ha dubbi; il Centro pende dalla parte di Bossi. Nando dalla Chiesa sa che deve trovare voti nell'area di quell'elettorato e cerca di spiegare le sue ragioni durante una riunione di Alleanza democratica, in via Poliziano. Ma l'ideologismo può toccare alti livelli settari anche tra i moderati, se l'anticomunismo resta l'unico misuratore della realtà. Non contano i programmi del candidato, ma le etichette che lo sorreggono. In quella stanza sembra proprio di rileggere i «Taccuini» del «Mondo» di Pannunzio ironici sui liberali accusati di avere affittato il partito alla Confindustria.

La Lega è il nuovo muro, si cerca soltanto di ingentilire l'immagine di Bossi. Non pochi monsignor Della Casa si prodigano, illustrano le buone maniere, levano o abbassano steccati, intimano quel che si deve fare e non fare: «Come il corsaro Francis Drake al tempo della Grande Elisabetta, Bossi ha deciso di diventare Sir, baronetto. È finito il periodo delle scorrerie elettorali, dei colpi di mano e di spingarda (di kalashnikov). È tempo di costruire un Regno, cioè di ricostruire lo Stato»[20].

Bossi finge di non capire, anche se tenta ancora qualche sortita. A Pordenone dice ad esempio che Ciampi sta portando l'Italia in un mare di guai fatto di tasse e di bombe, ma spunta ogni volta qualche zio benpensante che dà un buffetto al nipote scavezzacollo ormai entrato in famiglia.

Lietta Tornabuoni ironizza:

> I premurosi consigli suonano, piú o meno, cosí: sinora avete esagerato, vi siete abbandonati a turpiloquio, volgarità, minacce verbali (kalashnikov, bombe, pistole, sedie spaccate in testa), fanfaronate violente, demagogia rozza, insulti, contraddizioni; ora che avete vinto (...) dovete cambiare stile, imparare la misura e la pacatezza democratiche, smettere d'alzare la voce, mostrarvi piú composti e affidabili, insomma riciclarvi.

[20] Paolo Mazzanti, «Il Giornale», 11 giugno 1993.

Non è questione di buone maniere. La Lega, spiega la Tornabuoni, ha vinto nonostante il linguaggio e le posizioni incoerenti dei suoi leader: «ha vinto anche a causa di quelli, anche perché si è espressa in quel modo»[21].

Giampaolo Pansa, sull'«Espresso», è polemico e duro con il leader della Lega: «Altro che barbaro da ringraziare! Ho sentito un alito orribile di nuovo fascismo sulla bocca di Bossi»[22].

Stilisti, giornalisti, professori, imprenditori, banchieri, militanti della legione craxiana – e ne ebbero prebende e avanzamenti di carriera – saltano sul carro della Lega e cercano di diventare persino alfieri del gonfalone.

> Seguí la parola che dava la coscienza della dissoluzione avvenuta, una parola che parve brutta o addirittura vergognosa, e con senso di pudore e di ribrezzo correva per le labbra di tutti: «trasformismo». (...) Dopo il 1885, il trasformismo si era cosí bene effettuato che non se ne parlò piú, e il nome stesso uscí dall'uso[23].

Che sapienza apologetica ha il Croce! Che capolavoro profetico quella frase, «il nome stesso uscí dall'uso». Ma restò nelle cose. Nella vita. Tra cinismo e furbizia.

16 giugno. La campagna elettorale è diventata violenta. Non piú un conflitto politico per la conquista democratica di un Comune, ma una lotta di culture e di civiltà diverse in cui si affrontano persone e gruppi sociali inconciliabili. È un'ora di scelte in cui si frantumano vecchie amicizie. Come negli ultimi anni del fascismo. Amici parlano d'altro per non parlare di quello che piú gli sta a cuore, capace però di provocare lacerazioni forse irrimediabili.

La bussola va impazzita all'avventura. Quelli che dovrebbero essere i liberatori portano già sulla schiena il

[21] Lietta Tornabuoni, «La Stampa», 10 giugno 1993.
[22] Giampaolo Pansa, «L'Espresso», 20 giugno 1993.
[23] Benedetto Croce, *Storia d'Italia dal 1871 al 1915*, Laterza, Bari 1928.

carico e l'ipoteca di tante antiche compromissioni, il continuismo travestito. Gli altri, invece, considerati vecchi e corrosi per le etichette che sbandierano, rifiutate da molti, non hanno nulla in comune con la storia passata. Ma è difficile farlo capire. C'è nell'aria sospetto, furia e anche un pizzico di follia. Su un palazzo di fianco alla basilica di Sant'Ambrogio è ricomparsa una vecchia scritta: «Chi ha letto la *Logica* di Hegel non può impazzire».

Marco Formentini e Nando dalla Chiesa sono profondamente diversi anche nel far propaganda. Formentini arriva ad esempio in un mercato rionale, siede dietro un banchino, distribuisce e firma i suoi programmi, ascolta. Gli chiedono dell'asilo, dei posteggi, della farmacia, dei centri di prima accoglienza, dei prezzi, del 740, della pensione. E lui risponde sempre di sí, farà, provvederà, manderà via i negri, diminuirà le tasse. Poi si alza, «E adesso devo andare, belle signore, addio». E lascia le donne del mercato tutte contente per le promesse, estasiate, anzi, per aver conosciuto un signore cosí simpatico, a modo, sorridente, cordiale.

Nando dalla Chiesa, invece, se arriva nello stesso mercato, cammina lentamente fra la gente, ascolta, paziente, attento, corrucciato, firma qualche volantino, firma anche qualche libro, spiega, lascia inquietudine, non promesse. L'asilo, i posteggi, la farmacia? Si informerà, tornerà. Tornerà anche da sconfitto.

All'Aem, di mattina presto, tra i biliardi e il bancone del bar del Circolo ricreativo. Racconta. Parla del lavoro sporco che viene fatto nei quartieri dai propagandisti della Lega. Dicono che lui è Chiesa, quello della Baggina, che è stato un fiancheggiatore delle Brigate rosse, che è un mafioso, che ha messo le bombe di Firenze. Sembra, dice piú rattristato che ironico, che il vero problema a Milano sia il Leoncavallo, il circolo degli Autonomi diventato il bersaglio quotidiano della Lega, problema del disagio giovanile, politicamente inesistente, umanamente e socialmente moltiplicabile. A Milano e in tutte le città del mondo.

«Che cosa succederà all'Aem?», gli chiedono impiegati e operai dell'azienda vittima di Tangentopoli, preoccupati del futuro.

Nando dalla Chiesa spiega il suo programma. L'Aem è in attivo? Teniamola, vediamo che cosa se ne ricava. Formentini ha in animo di privatizzarla, aggiunge. Con la città sotterranea e il depuratore di Nosedo, questo è uno dei progetti che la Milano dei grandi interessi vuole portare in porto.

Un po' piú tardi alla Bicocca. Nel salone della mensa. Partí di qui, nel '69, l'autunno caldo di Milano, partivano di qui le lunghe marce delle tute bianche che arrivavano in Prefettura, in Galleria, alla Rai-tv, e spaventavano la città borghese, un operaio dalle mescole in testa, la faccia tinta di nero, la tuta incrostata di pece, un campanaccio che dava il via ai tamburi di latta, subito dietro. Una marea.

Adesso c'è un operaio, Giuseppe, che vorrebbe accompagnare Nando dalla Chiesa e gli altri, Formentini non è venuto, a vedere com'è ridotta la Pirelli, com'è desolata la grande fabbrica: «Guardate, guardate, vi direi, qui eravamo in seicento e non c'è piú nessuno, qui eravamo in quattrocento e non c'è piú nessuno, qui eravamo in duecento e non c'è piú nessuno». Sorride con amarezza, Giuseppe. È siciliano. Quando, vent'anni fa, arrivò a Milano, gli dissero: «Ce l'hai, ce l'hai il passaporto?»

Ad accompagnare Nando dalla Chiesa durante la campagna elettorale, quasi un'ombra, c'è Mario Calabresi, il figlio del commissario di polizia assassinato a Milano il 17 maggio 1972. Aveva appena due anni. Fin da bambino ha voluto sapere, capire. La madre gli ha spiegato, è cresciuto in uno spirito di libertà. All'università si iscrisse a Giurisprudenza, dopo il primo processo per la morte del padre al quale fu sempre presente, ebbe orrore dei tribunali e cambiò facoltà. Si laureerà in Storia. Molto alto, assomiglia al padre e risuscita i fantasmi di un crudo passato. È un ragazzo serio, intelligente, gentile. Sembra che lui e Nando si proteggano a vicenda, non si sa piú chi dei due sia la guardia del corpo dell'altro. È misterioso, impalpabile il legame che si crea tra figli e parenti delle vittime, va oltre i ceti, le classi, le culture, le idee politiche.

17 giugno. Un lettore, Gianluca Macchiaiolo, di Cologno Monzese, scrive all'«Indipendente»: «Sono nauseato e indignato dall'insolenza con la quale il Pds, o meglio, il suo segretario, accusa la Lega Nord di essere forza antidemocratica. Nel comizio finale della campagna elettorale per l'elezione del sindaco di Milano, il leader della Quercia avvertiva gli italiani e in particolar modo i milanesi, perché non commettessero il medesimo errore fatto nel '20 e di non votare quindi per quella che egli definisce la nuova destra. Occhetto, capo di un partito che non ha ancora finito di sgombrare le macerie del crollo del muro di Berlino, uscito ovunque sconfitto dalla storia e coinvolto a pieno titolo nello scandalo delle tangenti, ha la faccia tosta di dire "La Lega fa paura". È il comunismo, dico io, che fa paura (...)»

«Il comunismo è ancora un pericolo? Non c'è dubbio (...)», risponde il giornale.

Stanno accadendo inesplicabili fatti. In nome delle culture locali, Maria Corti esprime simpatia per la Lega. Chissà se ha mai sentito parlare dal vivo «il senatore» Bossi? La lingua non è piú uno strumento critico di conoscenza della vita degli uomini?

Mario Spagnol, l'editore della Longanesi, meno ingenuo e piú realista: «Chi ha sognato la fine del sistema italiano fatto di muricciolі feudali, taglieggiamenti e sperperi reali sotto l'ipocrita insegna della solidarietà, dovrebbe essere contento di sperare in una forza eversiva popolare mossa da concrete ragioni»[24].

Basta leggere «L'Indipendente» per scovare la forza eversiva della Lega, nella sua battaglia contro il fisco, per esempio: «Il 740 fa male alle coronarie», «Questo fisco è la nostra fine», «Quel modulo è un killer».

Lo scontro nelle ultime giornate è duro. «Attenti, la Lega fonderà un regime», dice dalla Chiesa. «Siamo centristi e rivoluzionari», dice Bossi. «Ai milanesi non piacciono i piagnoni», dice Formentini. «La Lega stritolerà i deboli», dice dalla Chiesa: «Riflettano i milanesi.

[24] «Corriere della Sera», 18 giugno 1993.

Non diamo la città in mano alla Lega. Allora ci sarà veramente utile Primo Levi. Stanno preparando i nuovi ebrei. Alle prime difficoltà nella macchina amministrativa cercheranno i capri espiatori, con freddezza scientifica, tra i piú deboli»[25].

18 giugno. I sondaggi danno Formentini al 55 per cento, dalla Chiesa al 45 per cento.

Sono due mondi lontani quelli che si sfiorano l'ultima sera della campagna elettorale. Umberto Bossi, roco e felice, che in piazza del Duomo, nel rito populista del Capo, grida epiteti e insulti – «Nando dalla cosa nostra» – davanti a piccoli gruppi di fedeli in sollucchero, espressione di una società di indicibile rozzezza, chiusa nel suo arcaico particolare; dalla Chiesa in piazza della Scala che ancora testardamente spiega, cerca di far capire, mescolanza di ragione e di passione.

La piazza è gremita di giovani, di giovanissimi, anche. Si sono dannati a battere la città, a distribuire volantini, ne hanno messo uno, stanotte, sul vetro di ogni automobile in sosta. In queste settimane hanno visto, capito, imparato, scelto. Si sono schierati al di là dell'evento. Ora sentono la sconfitta, la prima della loro vita, ma sentono anche che hanno trovato o ritrovato qualcosa di se stessi, uno spirito nuovo che forse darà dei frutti, un fervore che potrà portare a una liberazione piú vicina alla speranza, meno soggetta agli scherzi della storia, cosí diversa, sempre, dalle immaginazioni.

Dopo la rivoluzione dei giudici verrà quella rivoluzione sociale e civile che è mancata? E saranno loro, i ragazzi, a ricominciare, a «cangiare in inno l'elegia»[26]?

[25] «Corriere della Sera», 14 giugno 1993.

[26] Marco Formentini è stato eletto sindaco di Milano il 20 giugno 1993 con il 57,1 per cento dei voti. Nando dalla Chiesa ha ottenuto il 42,9 per cento. Gli elettori erano 1 155 257: Formentini ha avuto 452 868 mila voti, dalla Chiesa ha avuto 340 533 mila voti. Non hanno votato 367 317 mila persone. In 34 519 hanno votato scheda bianca o nulla. Dal primo al secondo turno di ballottaggio le astensioni sono aumentate di 64 644 unità.

La città dismessa

La tuta di Celentano

Esce di casa e va a vedere il supermercato Fiordaliso. Come un ispettore, un brigadiere, un guardiacaccia. Gira per ore tra gli scaffali strabordanti di merce, guarda, tocca, osserva soprattutto chi sta lavorando. Che cosa fa un commesso? Come passa le sue ore là dentro?

Adesso di tempo ne ha da vendere, Ubaldo Urso detto Celentano, operaio di quarto livello della Maserati. La fabbrica è chiusa, sulle sue aree di Lambrate sarà costruito chissà quando un supermercato gigante e anche un centro per la produzione dei computer. Ubaldo Urso è stato licenziato con piú di mille compagni. È in cassa integrazione, un milione al mese, e aspetta il miracolo, che dalle ceneri di quei capannoni abbandonati e deserti dove ha passato quasi 25 anni della vita spunti come un miraggio il supermercato salvatore. Lui, secondo il verbale d'intenti firmato il 21 gennaio 1993 al ministero del Lavoro e della Previdenza Sociale, dovrebbe essere riassorbito «previa riqualificazione professionale», tra i dipendenti di un enorme centro commerciale fatto di ipermercati, di 300 negozi, di ristoranti, di parcheggi sotterranei.

Per ora è soltanto un esubero, uno scartato, un niente, ha 47 anni, una brutta età per chi tira alla pensione, ha bisogno della mutua, dei contributi, dei bollini ed è senza lavoro e sa com'è difficile trovarlo per un operaio non qualificato.

Non si stanca, Ubaldo Urso, nel supermercato Fiordaliso, di guardare la roba da mangiare, la frutta, la verdura, la carne, il pesce, i detersivi, le bottiglie di vino e poi di mettere il naso nei reparti dell'abbigliamento, dell'arredamento, degli elettrodomestici, dello sport, dei giocattoli. Ce la farà, dopo tanti anni di catena passati in fabbrica a montare i portelli, i fanali, i sedili della Mini, ce la farà ad abituarsi a rifornire coi muletti gli scaffali, a far ordine, ad appiccicare i prezzi, a contare i pezzi, con una gabbanella grigia addosso al posto della gloriosa tuta blu, brusii e scalpiccii sullo sfondo invece dei frastuoni, dei colpi secchi e del rombare perenne del reparto, inframmezzato alle urla dei compagni?

Ce la farà a mutar vita dentro un mondo estraneo, tra pacchi e pacchetti, lui caruso di miniera, fabbro ferraio, operaio saldatore, cantautore premiato, anche, autore di rime, di versi, di strambotti?

Poi torna a casa, alla Barona, ma da quando alla Maserati hanno cominciato a girare voci sulla chiusura, da quando ha quel groppo sul cuore, quella che sembrava una tana felice lo lascia nell'indifferenza. Il suo alloggio, dell'Istituto case popolari, è in via Santander, di là dal Lambro, non lontano dalla cascina Moncucco, posto di misteri, di segreti e di morti delittuose, in una terra di nessuno, desolata, qualche ortino stentato nel mezzo, i palazzoni di Ligresti incombenti. Ma con frammenti di un paesaggio sereno, giardinetti ben tenuti, piccoli prati di un verde tenero, un campetto di calcio, le betulle e i cespugli in fiore proprio davanti alla casa conquistata dieci anni fa con tanta fatica.

Una casa linda e lustra. Non manca nulla. La sala da pranzo farebbe invidia a chissà quanti, giú al paese, un comodo divano, le poltrone, una tv grande, con il videoregistratore, incorporata in un mobile massiccio di quelli che la pubblicità di Raffaella Carrà rese famosi, e poi i ninnoli che piacciono tanto a Rosetta, la moglie, i fiori di argilla, le statuine settecentesche, le candeline rosse, un orologio dalla forma di chitarra, le tende bianchissime che rendono piú luminoso l'ambiente.

Ubaldo è nato nel 1946, il 13 agosto, a Casoria, vicino a Napoli, dove il padre, siciliano, conobbe la madre durante la guerra. A Casoria è rimasto da bambino fino ai quattro anni, poi il padre è voluto tornare al paese, San Cataldo, in provincia di Caltanissetta. Ubaldo si sente un sangue misto, certe volte gli ridono gli occhi dalla contentezza, certe altre pare che gli pesi addosso l'umiliazione del mondo: pensa di aver preso dalla madre l'allegria, il gusto di cantare e dal padre la cupezza e il senso della morte. Non sa che anche dietro la maschera di Pulcinella si cela un'infinita malinconia.

Di San Cataldo si hanno poche notizie. È un paese a seicento metri di altezza, «in amena posizione tra colli alberati», come dicono le guide, 20 mila abitanti, nel cuore antico della Sicilia del feudo, tra Serradifalco e il capoluogo, in un paesaggio di dossi gialli, riarsi, coperti di paglia stremata anch'essa dal sole e si teme d'estate, in uno smarrimento della ragione, che mai piú torni il verde.

Si sa che c'è una chiesa dei padri Mercedari, a San Cataldo, con una statua della Madonna opera di Nicola Bagnasco.

Si sa poi che il paese è rallegrato da un viale spazioso per le passeggiate prima di cena della gioventú e da una villa – i giardini pubblici – che rammenta, in piccolo, la villa Bellini di Catania.

Si sa infine che, incrostata una volta con la miseria e sempre con la sopraffazione, c'è la mafia, vecchia mafia contadina radicata poi nei traffici criminali urbani.

(Uno degli accusatori di Andreotti – di essere associato con la mafia – è Leonardo Messina, «importante uomo d'onore della famiglia di San Cataldo», nipote e parente di mafiosi del paese. È lui a riferire che Andreotti «era stato "punciutu", ovvero "punto", secondo il rito di iniziazione di Cosa Nostra, e cioè che era uomo d'onore»)[1].

Queste cose Ubaldo Urso le ha ascoltate, ma senza troppa convinzione, alla sua grossa tv. Il suo mondo è ormai qui a Milano, tra la Barona e Lambrate, tra la sua ca-

[1] Senato della Repubblica, XI Legislatura, Domanda di autorizzazione a procedere contro il senatore Giulio Andreotti, 27 marzo 1993, p. 52.

sa e la fabbrica di via Rubattino 87, quell'edificio grigio, littorio, smisurato, con un'area, all'interno delle muraglie, di 38 ettari, vicino alla caserma con le casematte dalla forma di tucul, un paese nella città, disamato e amato, ai confini col Parco Lambro e l'Ortica.

«Addio Innocenti», aveva scritto sul suo berrettino blu, Ubaldo, bardato come un pazzariello napoletano, l'ultimo giorno di vita della fabbrica e sulla tuta, col suo nome, aveva quasi inciso la scritta: «un uomo fiero di essere stato un metalmeccanico», e su un cartello sbandierato e poi stracciato per l'ira, «Addio mia Innocenti lascio in te la fine della nostra piú bella storia». Ed è un mistero che la fatica di una vita sia legata al rimpianto, non solo della giovinezza.

A San Cataldo c'è anche una miniera di sali potassici dove lavora suo padre. E Ubaldo bambino lo accompagna, chilometri e chilometri a piedi ogni giorno tra andare e venire. Il padre lo lascia vicino a una baracca, il bambino passa le ore a giocare, raccoglie le lumache, certe erbette, i capperi, riesce a prendere anche qualche uccello. È il primogenito di nove fratelli, sono anni di miseria e di fame, la famiglia Urso vive in due stanze, ammonticchiati gli uni sugli altri, cibo preminente la pasta, un gran gonfiarsi di spaghetti e poi la cicoria, le erbette, i capperi, le lumache. La domenica il padre mangia una bistecca, il salario del minatore, quasi un rito. I figli, tutt'intorno a guardarlo, muti, gli occhi fuori dalle orbite e l'uomo non ha cuore di tenersi la carne tutta per sé e un pezzettino dopo l'altro, di bambino in bambino, gli resta poco nel piatto.

La scuola è un ricordo amaro, Ubaldo riesce a finire la quinta a furia di bacchettate del maestro. Collerico, certe volte lo prende per i capelli e gli sbatte la testa sul banco. Non ricorda niente dei compagni, dei giochi, Ubaldo, come se non avesse mai avuto un'infanzia, un'adolescenza. Ha invece l'incubo, sempre, di dover andare la notte all'osteria a cercare il padre ubriaco.

Il cinema è la sola consolazione. Appena riesce ad avere dal padre le 50 lire per il biglietto corre al suo adorato cinema Paradiso. Maciste è la grande passione, entra alle due, esce a mezzanotte, la domenica, fa anche qualche piccolo affare, si siede, cede a pagamento il posto, sta in piedi fin quando ne trova un altro e ricomincia la compravendita. Si arrangia, vende le gazose che hanno ancora la pallina sotto il tappo; cerca le monetine ai piedi del «Pozzo della morte» alla fiera del santo; guadagna qualche lira anche in chiesa, chierichetto dei matrimoni.

Va a lavorare presto, in una cava di pietra verso Serradifalco, ha 12 anni, è fragile, piccolo, magro, non ha forza per sollevare i pesi e per spingere la carriola. Prova in un cantiere edile, deve portare dei sacchi di cemento, si scortica la pelle delle spalle, cade, non ce la fa. Poi finalmente trova lavoro in un'officina. Il fabbro Vasapolli gli insegna con pazienza i rudimenti del mestiere, gli spiega come si usano gli attrezzi, le tenaglie, il trapano, il mantice, l'incudine, il martello. È felice, Ubaldo, gli sembra un miracolo quando impara a costruire da solo le palettine per far girare il carbone negli scaldini del letto.

In famiglia si sta un po' meglio, entra qualche soldo in piú. Gli Urso sono riusciti a ottenere una casa popolare in periferia. Nello stesso edificio dove vive Rosetta, la figlia del maestro di musica che dirige la banda del paese.

Ubaldo si innamora di Rosetta e Rosetta, che è quasi una bambina, si innamora di Ubaldo, snello, bruno e tenebroso.

Ubaldo si innamora anche di Celentano, il molleggiato, canta le sue canzoni, alle feste, ovunque può, gesticola come lui, muove come lui le gambe, le braccia, la testa, le ginocchia in dentro, le ginocchia in fuori, una trottola matta.

> Il tuo bacio è come un rock
> che ti morde col suo swing.
> È assai facile al knock-out
> che ti fulmina sul ring.
> Fa l'effetto di uno choc
> e perciò canto cosí:
> Oh - oh - oh - oh - oh - oh - oh...

Ha compiuto 18 anni e ha trovato un posto fisso, saldatore alla miniera di sali potassici della Montecatini, con un contratto regolare. È addetto alla manutenzione meccanica, porta il casco con la lampadina, scende fino a cento metri sottoterra, suo compito è di controllare i rulli che portano su il potassio, ha una gran paura quando sparano le mine.

Adesso Ubaldo pensa di sposarsi, ma suo padre dà in escandescenze, i parenti di Rosetta sono piú comprensivi. Il maestro di musica ha fatto studiare tutti i figli, la sua famiglia è un gradino piú su nella scala sociale. Il primogenito è laureato in Lettere, il secondogenito è maestro, il terzogenito è capostazione alle Ferrovie Nord di Milano, il quartogenito è segretario comunale e poi c'è Rosetta, maestra mancata, le Magistrali fino al terzo anno e poi basta. Ubaldo teme che diventi impossibile il matrimonio con Rosetta diplomata – una maestra e il saldatore di miniera – e soffia sul fuoco, ogni scusa è buona per aizzarla a smettere la scuola.

Si sposano nel giugno 1967, Ubaldo scrive anche una canzone, «Nei miei anni passati ti conobbi amore (...) Oh giorno aspettato da noi bramato il nostro amor vivrà per sempre».

Seguita la vita in miniera, ma è inquieto, a disagio. Ha sempre piú una spina nel cuore, andare a Milano, conoscere Celentano, diventare un cantante. Se riuscisse a fargli ascoltare le sue canzoni!

A San Cataldo, Ubaldo ha successo, canta alle feste del patrono, lo applaudono, gli chiedono anche il bis, ma questo, anziché quietarlo, gli rode, gli rode.

Nel '68 ha avuto un figlio. Come può chiamarlo se non Adriano, con quel pensiero dominante? Ha un buon posto in miniera, il fisso sicuro stabile. Ma quel suo sogno preme rovinoso. Un cognato che lavora a Milano, all'Ortomercato, gli manda a dire di venir su, il lavoro c'è e Ubaldo abbandona il posto in miniera e parte per la grande avventura. È il 31 gennaio 1969.

Ubaldo va a vivere col cognato in una stanzetta in corso Lodi 12. Piange sempre, adesso. Guarda il cielo ed è bianco di neve oppure grigio grigio come la gente che corre sempre e che non lo vede neppure. Dov'è Celentano?

Là dove c'era l'erba ora c'è una città.
Questa è la storia di uno di noi,
anche lui nato per caso in via Gluck
in una casa fuori città...
Gente tranquilla che lavorava!
Là dove c'era l'erba ora c'è una città.

Va su e giú per corso Lodi, Ubaldo Urso. Cerca lavoro, di casa in casa, di negozio in negozio. Niente. E pensare che persino alla Stazione centrale e davanti alle caserme sono appiccicati dei cartelli, le grandi fabbriche, la Pirelli, la Breda, la Falck cercano manodopera. C'è agitazione, a Milano, gli operai dall'anno precedente sono tornati a scioperare, i metalmeccanici devono rinnovare il loro contratto. Un sussulto. La Confindustria pone una pregiudiziale, non si tratta se non si regola prima la contrattazione integrativa. Replica il sindacato: la contrattazione integrativa è solo una risposta alla fabbrica che si rinnova tecnologicamente e muta di continuo l'organizzazione del lavoro e la condizione operaia. Sono i primi segni del conflitto, sfocerà nell'autunno caldo che provocherà la reazione della strategia della tensione, dalla bomba del 12 dicembre 1969 in piazza Fontana a tante altre bombe, stragi, lutti che punteggeranno impuniti tutto il decennio.

Ubaldo non sa nulla del sindacato, della politica, della società. Cerca lavoro tra gli annunci economici del «Corriere», è pieno di rimpianti, di pentimenti. Ha scritto una canzone per il suo bambino lontano, *Sei bello, Adriano*.

Dell'altro Adriano non trova traccia. È arrivato a Milano un amico, Giovanni, anche lui con la passione del cantare, si è accasermato nella stanza del cognato, ha una chitarra, passano le sere a strimpellare.

Come si fa a diventare cantanti, a penetrare in quel mondo lucente e meraviglioso dove Adriano giganteggia come un re? Ubaldo non ha sospetti, non sa neppure come e dove cercarlo, non sa che esiste la Galleria del Corso dove hanno sede le case discografiche e dove talvolta capita di incontrare i famosi cantanti, non sa che ci sono giornali, riviste ricche di informazioni sui posti dove si ritrovano i parolieri, i cantanti, i discografici. Una volta, lui e il suo amico Giovanni vedono su una casa di viale Monte Nero una targa con scritta la parola «incisioni» ed entrano emozionati. È una bottega come quella del fabbro Vasapolli, non si incidono voci, soltanto etichette.

Quel che succede nella grande città gli passa sul capo indifferente. Nelle strade e nelle piazze si scontrano cortei, i giovani sembrano pieni di furia e di felicità, gli operai arrivano a migliaia dalle fabbriche della periferia, le tute bianche, le tute blu, vengono dal Rondò di Sesto San Giovanni, dalla Bicocca, suonano tamburi di latta, siedono in circolo in mezzo alla Galleria, riempiono la piazza del Duomo, parlano, gridano, cantano. Ubaldo cerca lavoro, solitario, sempre piú impensierito.

Finalmente lo trova, saldatore in una ditta di via Broggi, dalle parti di corso Buenos Aires. Un'assunzione regolare, col libretto, sette, otto operai e il principale, occhiuto, che non dà mai un attimo di respiro.

Qualche mese dopo arriva su Rosetta col bambino. Giovanni, il cantante, se ne va, la stanza viene divisa in due da un tramezzo; di là il cognato, di qui Ubaldo e lei col bambino messo a dormire su due sedie appaiate. È una casa di ringhiera e per andare al gabinetto, sul ballatoio, la mattina presto è una pena, una fila infinita, dieci famiglie, tutte nemiche dei metodi di controllo delle nascite.

La vita è impossibile e Rosetta torna al paese. In novembre riappare, decisa a trovar lei la casa che Ubaldo non sa cercare.

L'autunno è caldo a Milano, scioperi, cortei, cariche della polizia, morti, funerali. Le agenzie immobiliari sono deludenti, ma una mattina Rosetta va a comprare il latte e vede un cartello «affittasi». Chiede alla portinaia, sí, nella casa ci sono due locali sfitti, però sono già sette le persone che hanno fatto domanda, tutti operai: «Se suo marito fosse impiegato».

Rosetta decide in un lampo il salto di classe. Va dal fratello che lavora all'ufficio telegrafi delle Ferrovie Nord, «Mario, vestiti». Lei si mette al meglio, con una pelliccetta, il cappello, il bambino in braccio, rispettabile, convincente, un'attrice. Il padrone di casa ha una buona impressione, s'informa alle Ferrovie Nord, affare fatto.

Pare che la fortuna stia girando dalla parte di Ubaldo e di Rosetta. Il saldatore di miniera che non sa nulla della metropoli, non sa che cosa sia uno sciopero, non sa di avere dei diritti, ma soltanto doveri, non sa che cosa sia la coscienza di classe, la lotta di rivendicazione sociale, non ha mai sentito nominare Karl Marx e neppure Lenin, ma soltanto Garibaldi visto all'Opera dei pupi di San Cataldo, viene a sapere che in una grande fabbrica, all'Innocenti, dove una volta fabbricavano le lambrette, e adesso costruiscono la Mini, cercano operai. Fa domanda, due mesi dopo viene assunto, destinato all'imballaggio. Siamo nel 1970, la strage di piazza Fontana ha lasciato un'ombra greve sulla città inquieta. Il giorno dei funerali delle vittime gli operai delle fabbriche di Milano hanno presidiato la piazza del Duomo, grigia, muta di dolore e di rabbia.

Ubaldo sogna sempre di diventare un cantante. È riuscito a esibirsi in un bar trattoria di via Crema, gli hanno offerto la cena, e poi all'Ortica e in qualche festa di quartiere. Ma comincia ad avere qualche dubbio.

La sua infatuazione per Celentano non scema, anche se Adriano non è lo stesso di un tempo, non canta piú come una scimmia disarticolata, le sue canzoni sono piú composte, mandano messaggi un po' equivoci:

> Chi non lavora
> non fa l'amore!
> Questo mi ha detto ieri mia moglie!
> . . . .
> Dammi l'aumento signor padrone
> cosí vedrai che in casa tua
> e in ogni casa entra l'amore.

La grande fabbrica fa paura a Ubaldo. È come una città di 5000 operai, l'Innocenti, una babele di gesti, di modi di pensare. Dopo i primi due giorni non vuole piú tornarci, è a disagio, non conosce la lingua comune, neppure i termini piú elementari della lotta sindacale, essenziali in quel momento di duro scontro. Rifiuta di far sciopero, gli operai rifiutano di riprendere il lavoro se Urso Ubaldo seguita a fare il crumiro. Non sa neppure che cosa voglia dire sciopero, sciopero articolato, sciopero selvaggio.

Dall'imballaggio viene trasferito alla catena di montaggio, ci starà piú di vent'anni, un nastro lungo come tutte le autostrade d'Europa. È addetto ai fari, ogni cinque minuti arriva una macchina, non ce la fa a tenere il ritmo, a fissare i fari anteriori, l'auto gli sfugge, implacabile, dispettosa, si trova come sbalzato fuori. Poco alla volta impara, 150 Mini al giorno, un garage.

Un operaio non si abitua mai alla vita della catena, si integra innaturalmente, si adegua. Per anni Ubaldo aspetta soltanto la sirena. Come sono lontane le campane di San Cataldo!

Dopo i fari, i sedili. È peggio perché deve stare in giú con la schiena. Basta che qualche bullone non si avviti e si trova fuori dalla linea, addosso al compagno della macchina che sta per arrivare. Deve recuperare, allora, e spesso sono i compagni che lo aiutano. Nasce la solidarietà, nasce l'amicizia. Erano altri i nemici!

Impara ogni giorno. Dopo i fari e i sedili, di anno in anno è addetto a tutte le funzioni della catena, i tappetini, la moquette, il battitacco. Le macchine sono quasi finite, verniciate, Ubaldo è come un sarto-forzato che dà gli ultimi tocchi a un vestito. Registra il portellone posteriore, controlla la chiusura, le guarnizioni, il tergicristallo, il motorino, mette in moto la macchina, se non si avvia lo scrive sul vetro. Gli tocca anche di fare il jolly, uno ogni dieci operai lungo la catena di mezzo chilometro, deve sapere fare tutto, intervenire appena c'è bisogno, gli tocca anche il ruolo del cambista: dare il cambio ogni venti minuti a un operaio di linea.

La notte, spesso, sogna di essere un tram uscito dalle rotaie, «non ce la faccio, non ce la faccio». «Dai, dai che ce la fai, Celentano».

I compagni hanno cominciato a chiamarlo cosí. Perché Ubaldo, durante il lavoro canta le canzoni dell'amato Adriano e con lui, sempre piú spesso, cantano anche gli altri, voci umane che affiorano sul fondo di un'orchestra di ferro e di acciaio.

Ubaldo Urso detto Celentano si è iscritto alla Cgil, ha capito che cosa significa la forza comune una volta che la direzione ha licenziato un operaio responsabile di non avere avvitato un bullone essenziale per la sicurezza. Gli sono nati dei barlumi di coscienza politica, ma resta un individualista, non si iscrive al partito, non gli piace chi comanda e chi ubbidisce, non gli piacciono quei compagni che sembra vogliano spaccare l'universo coi loro slogan da terroristi e poi, quando vengono eletti delegati di reparto, diventano piú prudenti del padrone.

Nel 1973 ha avuto una bambina, Katia. Rosetta è il cervello della casa, è lei a tirare avanti, a far studiare i figli. Ubaldo rimpingua un po' il salario vendendo in fabbrica orologi, pile, accendini. Non se lo vuole confessare, ma ha rinunciato a diventare un cantante. Ha capito che sarebbe stato necessario studiare e lui non l'ha fatto a tempo debito. Aveva ragione suo suocero, maestro di musica, capobanda stimato in tutta la Sicilia, quando gli correggeva le canzoni e gli spiegava quante cose bisogna conoscere per diventare un bravo cantante.

I fatti che accadono alla Innocenti sono come un rock, con tutti quei salvatori che si susseguono uno dopo l'altro. Ubaldo ha inventato anche una canzone che ha successo in fabbrica. Attacca le strofe e i compagni le completano rispondendo tutti insieme, «E ch'aggia a fà» e sembra quasi un coro tragico-ironico-burlesco quello che accompagna il corteo delle macchine che avanza.

PARLATO Le ultime notizie, le ultime notizie
CANTO Aumenta la benzina e caggia fa
Aumenta la farina e caggia fa
Aumentano le tasse aumenta quasi tutto e caggia fa
Sono in cassa integrazione e caggia fa
È poco lo stipendio e caggia fa
Eravamo in cinquemila adesso siamo in mille e caggia fa
Avevamo gli americani e caggia fa
Abbiamo De Tomaso e caggia fa
Abbiamo papa Agnelli che ci manda alla rovina e caggia fa
E mi metto a cantà...
PARLATO Canta ia e canta ia iammobella ia...

Aggrappato alla catena di montaggio della Mini, Ubaldo Urso detto Celentano paventa e soffre le fusioni, le incorporazioni, le compravendite dell'azienda. A ogni voce che si diffonde trema, come di un complotto ordito contro di lui. Poi si rassegna, «ch'aggia a fà», ma deve sembrargli un rullo compressore quel pezzetto di storia industriale in cui ha una parte impercettibile, ma che è la sua vita, quella di Rosetta, di Adriano, di Katia, la vita dei suoi compagni ai quali è legato adesso da affetto profondo. La Innocenti diventa Nuova Innocenti, poi Leyland Innocenti, poi Maserati-Innocenti e alla fine soltanto Maserati e sembra una beffa la scritta Innocenti che resta intatta sul cancello della fabbrica e cucita sulla tuta.

L'Innocenti nasce nel 1931, ponteggi tubolari industriali, nel dopoguerra produce i famosi scooter, alla fine degli anni '50 fa un accordo con la British Motor Corporation per la produzione di automobili, la A 40, la 950 spider, la J 4 e soprattutto la Mini. Muore nel 1966 Ferdinando Innocenti, il fondatore, e l'azienda cede all'Iri la sezione metallurgica che ha prodotto laminati, torni, tubi, stampi, mentre le linee di montaggio della Lambretta finiscono in India. L'Innocenti, poi, viene venduta alla British Leyland. Nasce la Regent, nascono le nuove Mini. Nel 1976 la British Leyland entra in crisi, Mr. Plant e Mr. Andrews, il presidente e l'amministratore delegato, decidono di chiudere la fabbrica di Milano. Interviene lo Stato che tramite la Gepi, la finanziaria pubblica, salva l'Innocenti. Compra l'azienda Alejandro De Tomaso, industriale argentino. Grandi progetti che finiscono nel nulla. Nel 1985 De Tomaso incorpora in un'unica società la Maserati, che è già di sua proprietà, e l'Innocenti. La Maserati ha una gloriosa storia sportiva – Nuvolari, Fangio, Stirling Moss –, nulla in comune con la piccola Mini. Nel 1989 crisi della società, interviene la Fiat, terrorizzata dal possibile acquisto dei giapponesi della Honda. Acquista una partecipazione del 49 per cento e la rete commerciale di Milano. («La Fiat corre in Maserati», titola «Il Sole 24ORE». «Questo accordo, – commenta Dino Tebaldi, sindacalista nazionale della Fiom-Cgil, – permette di guardare con minori preoccupazioni al futuro e alle prospettive produttive e occupazionali del gruppo Maserati-Innocenti»).

Tutto va a rotoli quasi subito. La promessa produzione della Panda si blocca. La crisi dell'auto è profonda, ma il sindacato accusa la proprietà di cattiva gestione. De Tomaso è un padrone delle ferriere, i suoi rapporti coi lavoratori sono arcaici, aspri. Un sindacalista di fabbrica, Emilio Colombo, durante una discussione lo affronta: «Lei è un imprenditore di soldi pubblici. Se mettiamo sul tavolo mille lire, un buon capitalista non le vede neppure o ride. Lei intasca le mille lire».

Agli inizi del 1992 la tensione alla Maserati è già insopportabile. Si capisce che questa volta è davvero la fine, non ci sarà né una ristrutturazione né un salvataggio. De Tomaso e Agnelli vogliono chiudere la fabbrica di Lambrate e speculare sulle aree miliardarie. Le assemblee, i presidî, gli scioperi si susseguono. Ubaldo è angosciato. Quando sente parlare di posti di lavoro in pericolo perde la testa, perde anche la vena napoletana e l'allegria. Ma non smette di macinare col cervello possibili clamorose proteste che facciano parlare i giornali e le tv e che siano salvatrici. È diventato un piccolo anomalo capopopolo, una specie di cantastorie che narra, con la sua naturale passione per la scena, il terrore della disoccupazione.

Ai primi di gennaio cominciano ad arrivare le lettere di licenziamento, 350. Ubaldo (il sindacato acconsente a malincuore) si lega con delle catene ai binari della stazione di Lambrate. Lui seduto, coi suoi cartelli, i compagni in circolo. I treni, una quarantina, si bloccano per due ore, sono i famosi treni del Sole degli emigranti degli anni '60. Di Ubaldo Urso detto Celentano parlano i giornali, le radio, le tv: «Vuoi metterti in mostra, sei un esibizionista» gli dice Rosetta.

«Non è vero, non vuoi capire, io lo faccio per tutti», replica lui.

Il clima in fabbrica è nevrotico. Le discussioni non hanno fine, affiorano i contrasti, le lacerazioni, soprattutto la paura.

Gli operai della Maserati non sono giovani, l'età media è sui 45 anni, sanno che gli restano poche speranze se la fabbrica chiude. Molti non hanno neppure il coraggio di raccontare in famiglia quel che sta veramente accadendo.

Il sindacato è partecipe, gli operai sono in perenne agitazione, coinvolgono come possono l'informazione, chiedono solidarietà, vanno a protestare a Modena, sede della Maserati, vanno anche a Torino davanti alla Fiat in corso Marconi.

In fabbrica l'inchiesta Mani pulite ha provocato altri traumi per i 1047 operai in attesa della lettera di licenziamento: «ecco dove nasce il debito pubblico», «ecco di chi è figlia la crisi», «ecco chi sono coloro che ci parlavano di senso di responsabilità».

Ubaldo Urso detto Celentano fa un nuovo tazebao: «Governanti non viviamo di tangenti ma di miseri stipendi».

Le delegazioni padronali, sindacali, istituzionali hanno degli approcci, dei contatti, degli incontri, si riuniscono in gruppi di lavoro, auspicano. È spuntata anche qualche proposta concreta, il Gruppo finanziario lombardo, un'immobiliare che è già proprietaria di una parte dell'aerea di Lambrate, progetta di costruire un enorme centro commerciale che assumerà 650 operai. Poi subentrerà la Rinascente di proprietà della Fiat. Il signor Sam Tsai, presidente della Caf Computer Corp di Taiwan, è interessato, invece, a costruire una fabbrica di computer. La Nuova Voxson sarà la società delegata: assorbirà 200 operai. Saranno agevolati i prepensionamenti, nessuno dei 1047 dovrebbe perdere il posto.

Le notizie arrivano smozzicate, storpiate, imprecise, qualche volta prevale l'ottimismo, altre volte il pessimismo piú chiuso. La soddisfazione si mescola alla tristezza. Gli operai della Maserati non rappresentano l'aristocrazia operaia gramsciana, sono braccianti di catena, piuttosto, con un carattere, un senso di gelosa appartenenza. Una fabbrica dal nome noto in tutto il mondo, un gruppo sociale orgoglioso di sé fino a qualche decennio prima, un tassello della città piú industriale e piú avanzata d'Italia. Ha perso ogni identità, gli operai non sono piú operai, per sopravvivere devono adeguarsi, smettere di essere se stessi, perdere la memoria. È una tragedia collettiva.

Ubaldo Urso orecchia quel che si dice in fabbrica. Da un po' di tempo gli ronza per il capo un'idea che gli è venuta un giorno guardando la torre dell'acquedotto alta cinquanta metri, all'interno della Maserati.

Si è messo d'accordo con un compagno dell'esecutivo del Consiglio di fabbrica che al ministero del Lavoro a Roma partecipa alle trattative per la salvezza del posto. Quando lo scontro tra le parti diventa piú acuto e tutto sembra piú incerto, gli dà dieci gettoni con la preghiera di telefonargli a qualsiasi ora per riferirgli qual è la situazione. Il compagno lo chiama all'una di notte. Rosetta si allarma, che cosa è successo? Tutto si è arenato, l'accordo è di là da venire.

È il 6 novembre 1992. Alle otto della mattina Ubaldo sale sulla torre dell'acquedotto, «Signore, fammi stare calmo», invoca. Dopo ogni scalino guarda in su, ha un fagotto con un panino e tre mele, molta paura e il cuore battente. I compagni si sono assiepati là sotto e con loro sindacalisti, carabinieri, pompieri.

Ubaldo vede una smisurata Milano bianca di fumi e le

auto sulle strade gli sembrano teste minute in movimento. Non sa che il protagonista di un famoso film di 35 anni prima si gettò da una torre sul Po per manifestare la sua protesta e la sua angoscia di proletario sradicato, in un paesaggio di golene, di argini, di baracche, di gente di fiume che stava smarrendosi[2].

Anche il mondo che l'operaio-massa vuole difendere ora con la sua azione esemplare – deplorata da uomini politici per il suo individualismo arretrato e spaccone – si sta arrendendo.

Che cosa passa per il capo di Ubaldo, gesticolante in cima alla torre, in quella che pensa debba essere la suprema esibizione della vita? Che cosa gli passa per il capo in quelle quattro ore in cui minaccia di gettarsi?

Che la vita di tutti i suoi mille compagni gli pesa addosso. Che piú di altri, lui arrivato dal fondo di quella miniera, può sapere che cosa vuol dire fame. Che in nome di quel suo sacrificio, finiranno con l'accordarsi, nel ministero romano, e i compagni non finiranno sul lastrico.

Scende stralunato solo quando gli viene fatta la promessa che nessuno sarà licenziato.

È ancora convinto di aver contribuito al miracolo, Ubaldo Urso detto Celentano.

(Celentano, il molleggiato, l'ha poi conosciuto, anni fa. Una delusione. L'ha trattato come il solito scocciatore).

[2] *Il grido* di Michelangelo Antonioni, 1957.

Il quartiere sommerso

Dov'era una volta la fabbrica, nella grande area non lontana dalla città di Milano, brulica un paesaggio sospeso, un deserto, con qualche traccia umana che affiora a fatica. Capannoni abbandonati, bassi, di mattoni a vista, che sembrano angoli di un villaggio scozzese, parallelepipedi di pietra coperti da viti del Canada, erbacce, siepi di lauro forate da gatti randagi, creano un prototipo di paesaggio industriale romantico, con la suggestione, nel silenzio smisurato, della presenza di tante generazioni operaie, i gommisti in tuta bianca della Pirelli, la catenella alla cintura, che camminano per i viali della Bicocca e popolano i capannoni di Segnanino tra il viale Sarca e la stazione di Greco. Qui c'era il reparto 9001166 dell'Azienda articoli tecnici, qui i magazzini delle materie prime, qui i nastri trasportatori, qui lo sportello per il «ritiro documenti». In questo reparto enorme è rimasta una piccola calandra, una specie di macchina-monumento; in quest'altro reparto, che sembra già il loft destinato a uno stilista, è rimasto un tavolino con quattro sedie servite forse per lo scopone dell'addio.

Giancarlo Varotti, operaio gommista, ha lavorato trent'anni qui dentro, mescolatore, dosatore al reparto delle cinghie dentate e adesso sembra un po' spaesato, gira la testa come per appigliarsi a un ricordo, non c'è piú nulla, solo ombre, e si rigira mortificato.

«Guardi, io l'ho sempre detto che nelle sale mescole della Pirelli, o Dante è passato per scrivere il girone dell'*Inferno* o la Pirelli ha copiato dalla *Divina Commedia*».

È come se si sentisse mancare la terra, vedere tutto

fermo, smantellato, non ci sono piú macchine, non c'è piú niente. Gli sembra una piazza d'armi abbandonata il suo vecchio reparto, cancellatore di memoria, ma li ha ben vivi i ricordi, anche se hanno perso il loro palcoscenico: i passeri lungo le grondaie fulminati dall'isocianato; il sangue che per certe reazioni chimiche colava dagli occhi e dal naso dei compagni; l'amico che perse un braccio; il Mogadon, per riuscire a dormire di giorno, preso al mattino nella scodella del latte, quando tornava dal turno di notte; i fumi e le polveri che rendevano irriconoscibili, dei negri; la fatica fisica immane nei primi vent'anni, un lavoro soltanto di braccia, come trasportare montagne: «Si andava a casa e non si aveva neanche voglia di parlare con la moglie, con i figli».

E poi l'ossessionante catena dei giorni, diversi solo se il lavoro bisognava farlo al mescolatore piccolo o al mescolatore grande. Un amaro mondo di pena, anche se l'operaio Varotti lo ricorda con malinconia: «Perché, poi, la nostra vita l'abbiamo passata qui, le nostre amicizie erano qui, fuori abbiamo avuto ben poco. Ma nel reparto la solidarietà era profonda. Mi sembra retorico e assurdo dirlo: in un posto come questo, in un simile inferno ho vissuto i giorni piú belli della mia vita».

«La civiltà del diciannovesimo secolo è crollata», scrisse Karl Polanyi. È crollata anche quella del ventesimo secolo e non si capisce ancora quale sarà la civiltà del ventunesimo secolo.

Se ci si aggira a caso nelle strade e negli spazi della periferia nord di Milano che dal viale Fulvio Testi arriva a Sesto San Giovanni si capisce davvero che è caduto un mondo.

In questo scorcio di anni le modificazioni sociali sono state violente, i ceti si sono omogeneizzati, la classe operaia, portatrice di valori nazionali unitari, ha perso ogni identità, ogni centralità e ogni suggestione mitologica; i settori tradizionali della società democratica, il Pci e poi il Pds, e il sindacato, sono in grave difficoltà, come sorpresi e sopraffatti dalla scomparsa dei riferimenti, dalle antiche certezze incrinate sotto i colpi della crisi, della modernizzazione, della caduta del Muro di Berlino e, soprattutto, dell'incapacità di previsione e di studio della sinistra tradizionale. Ha retto assai meglio la Chiesa, con la sua capacità di organizzazione, l'associazionismo, il volontariato e le nuove forme di presenza religiosa e politica.

Il quartiere è desolato, vecchi incattiviti venuti dal supermercato G. S. si trascinano verso casa coi loro sacchetti di plastica. Gli esuberi, i cassintegrati, i prepensionati si aggirano come fantasmi, la pensione sognata per tutta la vita, dopo un piccolo tempo di liberazione è diventata un deserto di noia.

Sembra di essere arrivati in una terra di nessuno, nei posti gloriosi della classe operaia. Le grandi fabbriche dai nomi famosi, vanto dell'imprenditoria, rimpicciolite, con vaste lande abbandonate intorno, hanno lasciato il passo a nuovi nomi, l'Ikea, la Metro self-service, la Philips, e altre multinazionali, e a fabbrichette dai nomi sconosciuti nate negli ultimi anni, dove non hanno cittadinanza i miti e i riti della classe operaia di una volta. Sono spuntati anche i condomini industriali, una cinquantina di piccoli imprenditori, ex operai e artigiani, si mettono insieme, acquistano o affittano interi edifici, a ognuno tocca uno spazio, si dividono le spese come in un condominio di città, producono di tutto, plastica meccanica, falegnameria, pasticceria, qualcuno ha conservato la vecchia fede politica e se ne fa vanto, qualcun altro ha una fede maggiore nella concorrenza privata, nel mercato, nell'ubbidienza, nell'autorità. L'assenteismo, nei nuovi capannoni, viene visto con occhi completamente diversi rispetto ai tempi passati.

Ci sono anche nuclei famigliari, coppie, piccoli gruppi di amici che si sono licenziati dai posti dove lavoravano e con i soldi delle liquidazioni hanno comprato dei videoterminali e ora progettano e realizzano documentazioni per i clienti adoperando i sistemi forniti dalle aziende. I clienti principali sono le ditte per le quali lavoravano come dipendenti che in questo modo diminuiscono i costi.

Marito e moglie, un tecnico, ex dipendente Philips, e un'ex casalinga. Sei mesi fa hanno deciso di mettersi in proprio trasformando in un lavoro a tempo pieno un lavoro al computer che facevano la sera.

Lui è figlio di un muratore, è nato nel quartiere, al «fabricun». È cambiato tutto, racconta, le persone non si conoscono piú tra loro, da mille abitanti sono diventati 15 000. Il quartiere ha perso ogni carattere e ogni senso della tradizione, è diventato un quartiere di passaggio dove la gente arriva e parte, come negli Stati Uniti. Il progetto Bicocca sta andando avanti senza che gli abitanti ne siano al corrente, la Pirelli è stata quasi smantellata, ma il quartiere non ne sa niente, tranne gli operai in cassa integrazione, figuriamoci gli altri fuori di qui, Milano, l'Italia, la società dello spettacolo, delle canzonette e delle tv.

Alla Cooperativa 1° maggio, di fianco alla Pirelli, un gruppetto di pensionati, seduti a un tavolino vicino al bancone, discutono, uno di loro è nato in questa stessa casa, non si è mai mosso di qui, una vita, e racconta com'era la Bicocca, alla vigilia della prima guerra mondiale, gli altri parlano dei figli, un paio lavorano in banca, tutti hanno studiato, nessuno fa l'operaio, lo dicono con un pizzico di orgoglio. Al tavolo vicino la discussione è meno privata, tre operai in cassa integrazione si chiedono se l'inchiesta di Tangentopoli non toccherà Tecnocity, il progetto della Pirelli. Alla fine sono tutti d'accordo, è impossibile che non siano girate tangenti per un progetto di oltre 400 000 metri quadrati di aree industriali dismesse.

Alla Breda, negli anni '60, lavoravano in ventimila, fucina della lotta di classe, posto topico dell'aristocrazia operaia, porto degli scioperi e delle marce solidali. Negli anni '80 lavoravano ancora in duemila, adesso è quasi diventata un ospizio, la Breda, coi suoi cinquecento operai che in quegli spazi enormi – le bombe dei Tornado, le canne dei cannoni – sembrano profughi messi in liquidazione.

Nelle fabbriche della periferia milanese sembra ripetersi quel che accadde nella Bassa padana e nelle altre plaghe agricole agli inizi degli anni '50, ai tempi della riconversione dell'agricoltura che lasciò le cascine al lavoro di pochi e provocò il grande esodo verso la città e l'industria. Molti degli operai disoccupati, prepensionati o nella fossa della cassa integrazione di oggi sono i figli di quei contadini inurbati giunti qui dal Mantovano, dal Cremonese, dalla Bergamasca e, incessantemente, dal Sud.

Sabino Malizia è nato nel 1949. Operaio della Breda in cassa integrazione è stato uno dei leader del Consiglio di fabbrica di cui fa ancora parte.

Vado a mangiare con lui in una trattoria vicina alla metropolitana, una stanza desolata dietro il bar, tre o quattro avventori guardano il telegiornale dell'una, una donna in ciabatte va e viene dalla cucina. Malizia arrivò ragazzo da Cerignola, il paese natale di Giuseppe Di Vittorio, in provincia di Foggia. Suo padre lavorava in un mulino, la sua vita era grama, portò la famiglia al Nord in nome del futuro dei suoi figli. Sabino cominciò a lavorare a 13 anni in una fabbrichetta di lampadari, senza libretto, a una pericolosa trancia. Acquistò via via capacità e consapevolezza diventando un alesatore provetto alla Breda, «un operaio coi baffi», come disse di lui una volta l'amministratore delegato. Prima di entrare nel Consiglio di fabbrica lavorava alle torrette dei carri armati Leopard appena uscite dalla forgia. Non c'erano ancora le macchine a controllo numerico col programmatore e il programma prefissato: «Usavo le mani e il cervello. Ero io a decidere la quantità del materiale da usare, i modi, i ritmi. Il computer era nella mia testa. Adesso basta schiacciare un bottone».

Parla quietamente, senza risentimento. È andato in cassa integrazione nell'agosto 1991, operaio di sesto livello, guadagna un milione al mese. Fino a quando? Ha una figlia di 18 anni, sua moglie fa la segretaria in un'azienda, se la cava. Frequenta la Fiom, aiuta come può, lavora anche per Rifondazione comunista, non sente il vuoto delle giornate del cassintegrato. Il peggio lo prova quando va in fabbrica e non riconosce quasi il suo reparto, spogliato com'è dei grossi torni, delle alesatrici. I compagni gli si fanno intorno, «Quali sono le novità?» La Breda fa parte dell'Efim dove è arrivato un commissario. Ci saranno fabbriche pubbliche che passeranno all'Iri, altre vendute ai privati, altre ancora da liquidare. «E noi, e noi?» I compagni credono che Malizia ne sappia di piú sul destino che li aspetta, perché vede gente al partito e al sindacato. Che cosa rispondere? Alla Breda lavorano in gran parte operai sui 45 anni, troppo vecchi per trovare lavoro e troppo giovani per la pensione. Chi assorbirà gli esuberi, chi riempirà quelle caselle vuote dei contributi?

La questione sociale, il disagio operaio, l'insicurezza, la paura di perdere il posto di lavoro, la recessione, la consapevolezza di essere un inciampo per la collettività, sullo sfondo della caduta delle antiche certezze e delle ideologie protettrici del Partito comunista, da quando gli operai di Sesto San Giovanni marciavano sotto la visiera di Stalin agli anni di Togliatti, Longo, Berlinguer. In fabbrica c'è ansia piú che tensione, mi racconta Malizia. È diffusa la coscienza che le decisioni sono state prese e che sarà difficile invertire la rotta. Sí, la rassegnazione è piú forte della volontà di lotta, anche se in certi momenti gravi la Breda non attende il via del sindacato per scendere in piazza. Il vecchio orgoglio operaio: «Sapesse che cosa vuol dire, che cosa voleva dire appartenere alla Breda!»

Al caffè, Sabino Malizia si immalinconisce: «Già, – dice come a se stesso, – noi cassintegrati siamo uno scarico di numeri, una partita contabile, degli scarti. Io sono un comunista, so bene a che cosa ci porta questo sistema fondato sul capitale. Lo dice anche il cardinale Martini che quando al primo posto c'è il profitto, cade ogni rapporto umano».

Vado via da Sesto San Giovanni con uno sgomento che non si smorza certo, sulla tangenziale, nel guardare in tutta la sua bruttezza il paesaggio dissestato della periferia, senz'ordine, senza regola. Tra i fumi e la nebbia, tra i residui di aziende e aziendine ancora in esercizio e quelle ridotte a scatole vuote. Sembra un cimitero il paesaggio tutt'intorno, disegnato da architetti della politica, irresponsabili o pazzi. Coi lotti delle tombe sulle aree industriali abbandonate, cosí golosamente appetite. Cinque milioni di metri quadrati a Milano, altri 15 milioni di metri quadrati, dalla città ai confini con la Brianza.

Ecco là, alla Bovisa, l'ex Tenax, ecco l'ex Broggi, ecco l'Fbm, fabbriche metalmeccaniche chimiche, scheletri traballanti cogli occhi neri dei finestroni muti e, oltre i vecchi gasometri, la Smeriglio, la Sirio, la Montecatini Edison, rotte, incrinate, a pezzi.

Alta, bionda, il portamento fiero, lavora alla Manifattura Tabacchi. Non ha nulla in comune con le sigaraie ardenti della Carmen. È dura, cruda, risentita. Nata nel 1949, in Belgio, figlia di emigranti del Bellunese, la sua è la tipica storia italiana di milioni di poveri, il paese, la terra straniera, la metropoli, il mondo contadino, l'emigrazione, l'industria. Suo padre faceva il minatore, non era una bella vita, la sua, gli italiani vivevano tra gli ultimi scartati di un ghetto intollerante. A dieci anni torna in Italia, il padre è invalido, stremato. Prendono in affitto un pezzo di terra, non è sufficiente a sfamare la famiglia. A Milano c'è già un fratello che lavora, lo raggiunge. Sono gli anni del miracolo economico, del grattacielo Pirelli, della torre Velasca, della prima linea della metropolitana. Ha 13 anni, fa la cameriera, ha fame, ma i signori le lesinano il mangiare, minestrina e bologna. Torna a casa, lavora in una lavanderia, con la bicicletta va a portare a domicilio la roba lavata e stirata.

Un destino, la lavanderia, perché quando – un po' di anni dopo – si sposa e torna a Milano, trova lavoro alla Manifattura Tabacchi, reparto lavanderia.

È piena di desideri, vorrebbe «aiutare a cambiare il mondo», vorrebbe le donne non cosí subalterne, le sarebbe piaciuto infinitamente studiare, viaggiare, discutere, essere considerata per quel che è, non un numero. E invece!

«Le cose sono migliorate, però», provo a dirle.

Risponde ironica: «Perché abbiamo comprato la lavastoviglie, la scopa elettrica, la lavatrice?...»

«Sa che questo quartiere farà da test al cambiamento del mondo, che al posto delle vecchie fabbriche nasceranno laboratori di ricerca e di informatica, centri tecnologici polifunzionali integrati? Come sarà il nuovo mondo?»

«Bruttissimo. Fatto di computer, di pillole, di televisori, oggetti che io odio».

«Ma non allevieranno proprio quel gravoso lavoro che lei ha fatto da bambina?»

«Allevieranno quel lavoro, ma che soddisfazione ne avranno le persone? Sa che in casa mia se non va la televisione va il computer, con mio marito e i miei figli a schiacciare tasti. E sa che non si riesce piú a parlare e che il dialogo, quel che per me esiste di piú bello, è stato praticamente reso impossibile? E che ognuno va all'avventura sempre piú solo?»

La Falck Vulcano sembra un paesaggio della luna popolato di lamiere attorcigliate, zanne di ferro, ragni enormi rimasti sotto i capannoni abbandonati, tram impantanati giunti davvero all'ultima fermata.

«Quello che lei vede come un rottame per me è la fine di un'epoca in cui c'è dentro tutta la mia vita». Giuseppe Granelli parla con voce sommessa, malinconico, attento a non commuoversi. È il protagonista del libro-verità di Giorgio Manzini, *Una vita operaia*, pellicola impressa di un mondo perduto[1].

Aveva 14 anni quando, nel 1937, entrò alla Falck, c'è rimasto per quasi quarant'anni, operaio raffinato, attrezzista all'Omc, l'Officina costruzioni meccaniche, passato con coraggio e dignità attraverso pezzi di storia, dal fascismo alla ricostruzione del dopoguerra fino a oggi.

Dalla ferraglia ammonticchiata spunta ogni tanto

[1] Giorgio Manzini, *Una vita operaia*, Einaudi, Torino 1976.

qualche operaio addetto alla manutenzione e sembra anche lui un residuo della fabbrica morta. Granelli ha come dei soprassalti di incredulità tra gli oggetti in cui s'imbatte, ambulanze, interruttori giganti, ruote, caloriferi, ponti di ferro ammassati in strane suggestioni.

Usciamo dal lazzaretto di ferraglie, andiamo insieme al Consiglio di fabbrica, l'eccitazione seguíta all'autunno caldo del 1969 è un ricordo, gli anni '70 non hanno lasciato traccia, gli anni '80 hanno schiacciato, appiattito, umiliato. Il Quarto Stato di Pelizza da Volpedo, appiccicato a un muro, sembra una finzione, come lo erano in fondo Che Guevara, Ho Chi Minh, Castro. Il clima è dimesso, arriva un impiegato a chiedere un'informazione, poi un operaio, non c'è alcuna differenza tra i due. Gli operai, in genere, vengono dalla Bergamasca, perché robusti, perché i Falck sono profondamente cattolici e prediligono quelle pie popolazioni. Non pochi, per arrivare in tempo al lavoro, si alzano alle 3 della mattina, «Che cosa fate in corriera cosí presto?», gli ha chiesto Enza Sampò durante una trasmissione televisiva, «Vi raccontate barzellette?»

Le hanno risposto con un brontolio, «Ci chiudiamo nella tendina e dormiamo o cerchiamo di farlo».

Andiamo al Villaggio Falck, vicino alla fabbrica. Una volta, qui intorno era tutto Falck, l'asilo, la scuola. Vicino alla chiesa, un vecchio sta lavorando in un piccolo orto. Lui, suo padre, i suoi tre fratelli, i suoi figli hanno lavorato secoli per la Falck, fa il conto, ma adesso è preoccupato per le semine, guarda il cielo e scuote la testa.

«E se non arriva piú la luna?», gli domando.

«Arriva, arriva sempre. Ce l'ha insegnato nostro padre, quando troviamo segnata sull'almanacco la luna piena bianca, aspettiamo e poi, con la luna nera, seminiamo».

Il vecchio e altri che incontriamo sono tutti molto rispettosi coi Falck, il senatore Enrico, uno dei fondatori della Dc, è ricordato quasi con venerazione. Vivono qui quasi duecento famiglie, la comunità non appare lacerata.

Granelli brontola, «Non ci sono soltanto i paolotti».

«Lei è un fossile ideologico».

Ride e mi racconta che un tempo le demarcazioni politiche erano cosí rigide da passare anche attraverso la frequentazione delle osterie del quartiere: all'osteria Martiri e caduti i rossi, i sovversivi, all'osteria San Giorgio, invece, col ritratto del papa e del cardinale arcivescovo sopra il bancone, i paolotti, appunto.

Passiamo vicino a una lapide che ricorda gli operai della Falck, una fila nera, caduti e fucilati dai nazifascisti negli anni della guerra di liberazione, poi ci avviciniamo alla marogna, viene chiamato cosí il posto dove i camion della Falck trasportavano i residui delle colate. Sembra un deserto carsico, vallette e ripiani intervallati, coi fumi che sgorgano dalla terra come a Pozzuoli.

Era tutta campagna, una volta, mi racconta Granelli: «La vita era semplice, di poche pretese, di pochi bisogni. Il ricordo abbellisce tutto, la giovinezza accende gli arcobaleni. Questo nostro era un mondo contadino, non dimentichiamo che dietro ciascuno di noi o quasi c'è sempre un contadino. Le abitudini erano quelle della cascina, dopo cena si stava nei prati e negli orti davanti alle case a mangiar l'anguria, a bere vino. Erano questi i divertimenti. Far l'operaio era un traguardo, non una condanna».

Figlio di un operaio entrò giovanissimo in fabbrica, imparò alla svelta. Il ragazzo veniva pungolato, stimolato da un operaio anziano che gli insegnava il mestiere, Granelli diventò attrezzista nel reparto piú ambito, non c'erano colate, tonnellate di ferro incandescente, ma torni, frese, strumenti di precisione.

Granelli ricorda le durezze della fabbrica e i compagni morti, quelli bruciati perché si erano rotti i cavi che tenevano la siviera e la colata, sparsa per terra, si spandeva come acqua, un'alluvione di fuoco e di sangue.

Ma Granelli ha anche nostalgia: «Mi domando anch'io perché. L'operaio cosciente ha sempre visto la sua vita di fabbrica come un supporto delle battaglie di rinnovamento del paese. Questo ha reso piú sopportabile la fatica, io credo, e fa nascere la nostalgia per quegli anni di lotta».

«Che cosa ha provato, Granelli, quando ha avuto notizia che Stalin era diverso da quello che lei immaginava?»

«Non sono per la condanna totale, non sono per l'assoluzione totale. Ci furono i mali, tuttavia... Ho vissuto un periodo in cui Stalin era per me l'uomo ideale, l'uomo politico, il condottiero dei popoli. Pensi che quando morí facemmo sciopero per due ore, per quattro ore, non ricordo. Forse oggi si è piú smaliziati, meno ingenui di allora. Ma nel giudizio che gli uomini della mia età danno di Stalin bisogna tener conto di quel che fu la lotta contro il nazifascismo. I tedeschi erano a 40 chilometri da Mosca e, quando l'armata rossa cominciò l'offensiva, Stalin apparve simile a Dio».

«Che cosa successe in fabbrica quando arrivarono le notizie del XX Congresso e dei delitti di Stalin?»

«Furono anni duri. Coloro che avevano scioperato in vita e in morte di Stalin, finirono alla berlina. L'operaio fu annientato, moralmente annientato. Non bisogna dimenticare il clima degli anni '50, la guerra fredda che pesava sulla fabbrica. Era difficile la vita dell'operaio. Io ho sempre fatto sciopero, non eravamo in molti. – Non bisogna spegnere la fiaccola accesa, – mi dicevo».

«E perché poi, quando col '68 nacque il movimento della contestazione, i vecchi operai comunisti, politicizzati e colti, furono cosí sospettosi verso gli studenti?»

«Non mi dispiacque la rinascita. Mi dispiacque la saccenteria di quei giovani studenti che venivano davanti alla fabbrica e volevano far credere di averla scoperta loro la libertà. Era un po' stonata la loro campana. L'avevo già sentita quella musica, da gregario, ragazzo che correva sui camion nelle campagne per dare una mano ai contadini durante gli scioperi del dopoguerra, davanti alle fabbriche a fare i picchetti, nei comizi volanti, a vendere la stampa, a fare il lavoro politico in fabbrica e al partito. Io ho sempre rappresentato degnamente o indegnamente i lavoratori. Mi dispiacquero quei ragazzi che spesso non sapevano discutere, non sapevano né distinguere né ragionare e si credevano gli unici ad avere ingaggiato nella storia del mondo una lotta contro gli sfruttatori».

Cristina e Natalia

Il sequestro

Una qualsiasi sera di prima estate, il 30 giugno 1975, in Brianza, nel reticolo fitto di paesi tra Como, l'autostrada e i laghi di Alserio e di Pusiano dove una volta gli abitati erano discreti di proporzioni e di colori, le cascine piú minute delle cascine-fortilizio della bassa padana e le filande punteggiavano la campagna alternate alle ville dai morbidi misteriosi giardini e dalle spesse muraglie. La memoria dei bozzoli si è quasi smarrita e in parte la memoria della terra. I contadini sono diventati anche muratori, gli operai piccoli industriali, tutti o quasi impiegati e bottegai, mentre i preti seguitano a governare (ma con maggiore affanno di un tempo) una popolazione che ha costruito catene ininterrotte di capannoni, supermercati, laboratori, negozi, condomini, villette a schiera, ville alpine e va e viene da Milano, dalla Svizzera, dalle vacanze nostrane, dalle vacanze africane, dopo aver profanato il paesaggio, trasformato colline in cementifici, snaturato caratteri e principî ed è irriconoscibile sia rispetto ai tempi del Manzoni e di Stendhal sia rispetto ai tempi di Gadda: «C'erano per i chiari sentieri le ragazze delle filande, con un canto, con a mano il secchiello della refezione: contadini robusti, sudati, dentro la luce di operosi mattini. Un ricco, fumigante letame veniva inforchettato sui carri con il declino di settembre, sparso dovunque alla terra, davanti fatiche sacre. E sull'andare della strada il cigolio delle carra, il dondolo di pertinaci sonagliere, o cavalli tozzi, sudati, incitati da corta frusta, quando la viene impugnata alla rovescia e si abbatte a stanga sulle groppe o contro l'impegno volenteroso delle culatte. Con l'ü violento o strascinato, dei carradori lombardi. Erano degli energumeni rossi, fedeli al cammino. Avevano carichi di sete, di filati, sui lor carri, o sacchi di infinite patate. Ed erano uomini con un fazzoletto di seta d'attorno il collo, con la catena d'argento al panciotto»[1].

Verso le nove e mezzo di quella sera, due giovani amici, Carlo, con una Mini, ed Emanuela bussano alla villa di Cristina a Galliano, paese che prende il nome dal colonnello di Macallé. La madre di Cristina brontola, uscire anche di lunedí. Ma le scuole sono finite ed è tempo di vacanza. Le ultime ore di libera vita, la ragazza Cristina Mazzotti di diciotto anni le passa cosí al bar Bosisio di Erba ed è inutile tentare di sapere dagli amici che ne hanno avuta stralunata l'esistenza com'è trascorsa quella sera di prima estate. (Tra il juke-box, le chiacchiere quasi adolescenziali, il gelato, l'odore di fieno e l'odore dei tigli mescolati ai fumi degli scappamenti delle moto e delle auto).

Se ne vanno dal bar verso mezzanotte. A duecento metri dalla villa di Cristina, una macchina che li ha sorpassati si mette di traverso sulla strada e li costringe a fermarsi. I banditi sono in tre, meridionali dall'accento. Uno di loro, incappucciato con un passamontagna, si mette al volante della Mini e segue l'altra auto, una 125 Fiat, in un intricato itinerario, poi, sulla strada a saliscendi che collega Appiano Gentile a Tradate, volta in una strada di terra battuta che conduce a una cascina, la cascina Fontana. Le macchine si fermano in uno spiazzo ai margini di un bosco dove la domenica, sui tavolinetti pieghevoli tirati fuori dai portabagagli, mangiano i gitanti, tra i rifiuti della domenica prima.

Dal buio del bosco, spunta un quarto uomo: «Non abbiate paura, state tranquilli». Poi chiede chi è Cristina Mazzotti. Ha un accento settentrionale, per i ragazzi è rassicurante. Cristina si fa avanti e lo segue, inghiottita

[1] Carlo Emilio Gadda, *Le meraviglie d'Italia*, Einaudi, Torino 1964.

per sempre dal buio. Carlo ed Emanuela, legati e narcotizzati, vengono lasciati sulla Mini, con le gomme tagliate. Si liberano alle tre del mattino: a cento metri c'è una villa, danno l'allarme, chiamano la polizia.

Che cosa succede in una casa quando arriva la notizia che una giovane figlia è stata rapita? Che rilievo assumono i suoni, i gesti, nelle stanze diventate anch'esse prigione, come l'altra prigione immaginata in ogni luogo e nel nulla? Prevale subito, nell'eccitazione, la volontà di agire o piuttosto il senso di impossibilità di una vita priva della persona amata e la sparizione diventa piú inconcepibile della morte, entità conosciuta, termine di ogni esistenza? Vince l'impotenza, un rimanere senz'appigli in fondo a un cilindro dalle pareti lucide e inattaccabili o vince l'adattamento a nuovi ritmi, nutriti di nuovi segni?

Il padre di Cristina, Elios Mazzotti, è un broker di cereali, stimato, intelligente, benestante, non ricco: i Mazzotti non sono i Buddenbrook di Lubecca. Il nonno paterno era un agricoltore romagnolo di Cesena, il nonno materno un commerciante pugliese di vino e olio arrivato a Milano negli anni dell'Unità con la moglie lucana. Il personaggio della famiglia è il padre di Elios, volontario garibaldino nella guerra balcanica, aiutante di campo di Menotti Garibaldi, ufficiale durante la guerra '15-'18, piú volte decorato al valore e, dopo la guerra, diplomatico e poi dirigente industriale, consigliere d'amministrazione della Richard Ginori, morto nel 1942 per i postumi delle ferite. I figli sono cinque, quattro maschi e una femmina e hanno i nomi della bizzarria romagnola: Ulpia, divinità romana, Elios, Argiuna, sacerdote guerriero indiano, Romano, Eolo: la madre incinta fu gettata in mare da un colpo di vento e al neonato toccò in sorte il nome del dio.

Elios comincia a lavorare nei cereali dopo la guerra, prima nella zona di Erba, mediatore a «vagone», come si diceva una volta, avanti e indietro dai mulini e dai mercati della Brianza. Un uomo corretto, onesto, intraprendente: il capitale del broker è il portafoglio dei clienti, la loro qualità, il loro numero. La sua notorietà doveva diffondersi presto oltre la Lombardia, nel Veneto, in Piemonte, in Emilia. Poi, agli inizi degli anni Cinquanta, il gran salto in Argentina, uno dei piú grandi e intoccati mercati del mondo, ad annodare rapporti con gli agricoltori e con le loro cooperative fino a diventare un broker internazionale affinato anche da un'esperienza di manager in una multinazionale.

Il broker è ricco? Guadagna una mediazione di 10-15 centesimi di dollaro per tonnellata, ma se si considera qual è la dimensione del mercato mondiale, ci si rende conto che il profitto non è enorme come invece può esserlo per il commerciante, capace di costruire delle fortune e anche di distruggerle, perché comprando e vendendo ha la possibilità di guadagnare (o di perdere) molti dollari per tonnellata.

Tra il 1972 e il 1973 si crea a Milano un centro di affari piú importante di Kansas City e di Chicago: è un mercato di speculazione selvaggia – come denunciano gli americani – fondato solo sulla «carta», contratti di compravendita che passano di mano in mano attraverso una frenetica catena, prima di arrivare all'importatore finale. Il broker ha un potere effettivo: quando gode di prestigio sui grandi operatori del settore, ha senza dubbio la possibilità di orientare il mercato.

Può essersi diffusa in quegli anni la fama di ricchezza di Elios Mazzotti, può essergli stato attribuito allora un patrimonio (un guadagno) che non è suo, ma dei grandi commercianti.

Come rappresentante esclusivo delle cooperative argentine, Mazzotti aveva ottenuto, anche da banche nazionali, linee privilegiate di finanziamento, indispensabili alle cooperative sudamericane per le operazioni di compravendita. È possibile che anche in questi casi si sia confusa la figura del mediatore di prestigio con quelle dei destinatari dei crediti. O, secondo il costume politico-mafioso di una certa società italiana, non si è equivocato per nulla, ma si è pensato con naturalezza alla quantità di tangenti guadagnate proprio con l'apertura di quei finanziamenti di milioni di dollari. Chi è stato il basista che ha dato alla banda dei sequestratori e dei killer le informazioni (sbagliate) su Elios Mazzotti? Il sequestro nasce in Sudamerica, a Milano, in Calabria? Chi è l'intoccabile o l'insospettabile cervello della banda?

Argiuna, fratello di Elios, medico di professione, in vacanza a Sabaudia, ascolta il giornale radio delle 7 che dà la notizia e telefona subito all'altro fratello che vive a Roma, medico anche lui, Romano. Eolo, consulente aziendale, uomo inquieto, pieno di passione come il padre garibaldino, è all'Hotel Laurin di Salò dove, negli anni della repubblica di Mussolini, ebbe sede il ministero degli Esteri. Quel mattino ha in programma un corso di aggiornamento per gli assistenti tecnici dell'Agfa Gevaert. Sa dalla moglie e parte subito. Il primo problema è di informare Elios, in Argentina dal giorno precedente. Gli telefona a Buenos Aires, lo prega di tornare, non vuole dirgli subito la verità. Gli riferisce che è arrivata in ditta la tributaria, che sta mettendo tutto a soqquadro. Elios risponde che non gli passa neppure per la testa di tornare. «Che rovistino pure». Ed Eolo non sa piú mentire: «Hanno sequestrato tua figlia. Cristina ieri sera non è tornata. Forse si risolve tutto in ventiquattro ore e senza il tuo intervento, ma sarebbe ugualmente opportuno che tu tornassi».

I fratelli, profondamente legati tra loro, vivono insieme l'esperienza del sequestro. Si trasferiscono subito nella villa di Galliano e ci rimarranno per due mesi, in un alternarsi di speranza e di disperazione, ma scegliendo la strada della lotta ferma, razionale, politica, non isolandosi mai nell'abbattimento, cercando alleanze, invece, sviscerando i fatti, studiandoli, analizzandoli.

È Elios a coordinare i fratelli che si dividono i compiti. Argiuna, che fin da ragazzo è iscritto al Pci, parla con i dirigenti del partito, chiede aiuto, attenzione, vigilanza; Eolo è un cattolico – un cristiano individualista – e prende contatto con i vescovi, le comunità ecclesiali, i gruppi, le associazioni e con i parroci disseminati nei paesi e nelle frazioni della Brianza.

Nella zona molti sequestrati non sono tornati; è davvero possibile che i sequestratori vogliano la vita del rapito e non il riscatto? La famiglia – fa sapere – è disposta a pagare.

Si muovono anche gli altri fratelli, domandano collaborazione ai conoscenti, agli amici, a chi si mostra disponibile. Vittorio, il fratello di Cristina, spiega ai giornalisti qual è la consistenza patrimoniale della famiglia, chiede il silenzio dei giornali. La questura di Como ha messo sotto controllo il telefono della casa di Galliano, farà la stessa cosa sui telefoni di tutte le case dove arriveranno messaggi. Ne giungono svariati, stravaganti, minacciosi, rincuoranti, ambigui, insensati: inviti a raggiungere posti misteriosi, denunce di sospetti, richieste di miliardi fatte da persone inverosimili.

La sera tutta la famiglia si ritrova a cena: Carla, la madre di Cristina; Elios, i suoi fratelli; i fratelli di Cristina, Vittorio e Marina: una patriarcale comunità. Chi hanno visto durante il giorno, che cosa sono venuti a sapere? Argiuna ha incontrato un deputato comunista: ha detto che le sezioni potrebbero organizzare una sorveglianza capillare. Il partito non resta insensibile di fronte al problema sociale dei sequestri di persona, soprattutto quando la famiglia non subisce passivamente l'iniziativa dei sequestratori, ma la provoca. Un altro fratello ha parlato con un sindacalista: bisogna far girare la voce del sequestro e del possibile riscatto di fabbrica in fabbrica, di circolo in circolo, d'osteria in osteria, ma anche spiegare, tentare di incrinare il fronte dell'indifferenza, del cinismo, del rifiuto e sollecitare solidarietà e provocare una reazione contro chi d'istinto prova piacere della pena inflitta a chi è ritenuto ricco. Eolo ha incontrato il cappellano di San Vittore, ha detto anche a lui di far passare all'interno del carcere la voce che la famiglia è disposta a pagare nei limiti delle sue possibilità economiche. Il prete sa quali sono i detenuti accreditati a ricevere e a trasmettere certi messaggi.

Dopo giornate infinitamente lunghe in cui le nozioni del tempo e dello spazio si smarriscono e anche i luoghi, minuziosamente noti a Elios fin da quando vendeva il grano a «vagone» perdono ogni identità, arrivano i primi segni dei rapitori e sono diversi, nella sostanza e nelle modalità, da come la famiglia se li immagina.

Venerdí 4 luglio, alle 11 del mattino, nella casa di un'amica di Cristina a Milano giunge una telefonata. La voce anonima ordina di avvisare Elios: raggiunga subito quella casa. Cristina sta bene, i Mazzotti si guardino dall'avvisare la polizia.

Prove non ne vengono offerte, ma la voce sembra credibile. Elios si prepara, ma per due giorni tutto resta silenzioso. La domenica pomeriggio la voce si rifà viva e chiede a Elios di aspettare in fondo a una strada di Milano, via Settala, seduto in macchina. Accadrà qualcosa. Elios non capisce che deve fermarsi. Per piú di un'ora va su e giú, non incontra nessuno.

Lunedí mattina arriva alla villa di Galliano una signora di Erba amica di famiglia: ha ricevuto una telefonata. Una voce le ha chiesto di avvertire qualcuno dei Mazzotti: ritelefonerà alle 11 e mezzo del mattino, tra poco. Il telefonista è lo stesso di via Settala?

Elios non è ancora rientrato da Milano e nella nuova casa – dove, d'ora in avanti, arriveranno le telefonate – si reca Vittorio.

Voce anonima: – Pronto, perché mi ha fatto aspettare, non mi faccia perdere tempo. Con chi parlo?

Vittorio: – Sono il fratello di Cristina.

Voce anonima: – Perché non c'è il padre?

Vittorio: – Perché non è qui.

Voce anonima: – Va bene, preparate cinque miliardi.

Vittorio: – Abbiamo ricevuto altre richieste del genere, prima dovete darci le prove.

Voce anonima: – Adesso ascolti, poi farà le domande. Domani chiamerò alle 11,30 allo stesso numero. Io sono il marsigliese, ha capito? E adesso dica le domande.

Vittorio: – Come si chiama la madrina di Cristina.

Voce anonima: – Ho capito. Come si chiama la madrina di Cristina.
Vittorio: – Come si chiama il gatto di casa.
Voce anonima: – Va bene, come si chiama la madrina di Cristina e come si chiama il gatto di casa.

Eolo Mazzotti, lo zio di Cristina: «L'avvenimento è di per sé inimmaginabile. Non hai riscontri di esperienza che ti possano in qualche modo aiutare. Esce da qualsiasi schema, da qualsiasi tipo di vita vissuta. Quando io, prima, leggevo dei sequestri di persona e dei genitori che attendevano la telefonata dell'intermediario per avere notizie rassicuranti sul sequestrato e per conoscere i dati e i modi dell'estorsione, mi chiedevo come un padre, una madre, in attesa del contatto con i rapitori, potessero dormire, mangiare, vivere. Il mio enigma si è sciolto quando ho potuto direttamente sperimentare come fosse possibile non soltanto mantenere i propri ritmi fisiologici, ma considerare la telefonata come il momento della liberazione dall'angoscia perché è proprio la telefonata, che ti mette, sia pure indirettamente, a contatto con la persona cara. La telefonata è un momento di sollievo, di gioia».

Comincia il crudo rimbalzare delle voci. I rapitori sono psicologi macabri e usano il silenzio per premere sui sentimenti, ma anche sui cervelli e, soprattutto, sui nervi. Sono anche terroristici, sgomentano, spaventano, gli sembra naturale addossare alla famiglia la responsabilità della vita della ragazza che è incarcerata – lo si saprà poi – in una buca scavata sotto un garage, profonda un metro e 45, lunga due metri e 65, larga un metro e 55.

Marsigliese: – Senta, sono il marsigliese.
Elios: – Va bene...
Marsigliese: – Allora mi ascolti.
Elios: – Sí.
Marsigliese: – Allora il gatto è Bonjouk.

Elios: – Sí.

Marsigliese: – La madrina si chiama Elena.

Elios: – Sí.

Marsigliese: – ... di nazionalità argentina.

Elios: – Sí.

Marsigliese: – La camera da letto...

Elios: – Sí.

Marsigliese: – Per terra... c'è pelle di mucca.

Elios: – Sí.

Marsigliese: – Adesso mi dica lei, quando, quando è pronto...

Elios: – Dunque, io intanto voglio che voi siate realisti.

Marsigliese: – Sí.

Elios: – Cioè che vi informiate esattamente del mio, delle mie possibilità patrimoniali.

Marsigliese: – Sí.

Elios: – Perché quello che avete detto ieri a mio figlio è una cosa che è completamente al di fuori delle mie possibilità. Io ho già ipotecato la villa qui a Erba e sono... sono pronto a darvi i quattrini in qualsiasi momento. Va bene?

Marsigliese: – Sí.

Elios: – Quindi dovete essere ragionevoli e io sarò... sarò disposto a togliermi la camicia per mia figlia.

Marsigliese: – Guardi che sua figlia è diventata molto nervosa.

Elios: – Lo credo!

Marsigliese: – E questo glielo dico per il suo bene.

Elios: – Sí, signore.

Marsigliese: – Sa perché, perché io non voglio arrivare a tanto.

Elios: – Sí...

Marsigliese: – Può vedere qualcuno in faccia, si può mettere a urlare, e non si sa mai.

Elios: – Sí.

Marsigliese: – Ha capito?

Elios: – Sí.
Marsigliese: – Perché è una povera ragazza, non per niente.
Elios: – Sí.
Marsigliese: – Cerchi di sbrigarsi.
Elios: – Sí, ma per lei, allora.
Marsigliese: – Adesso adesso, gliel'ho detto io, non è che non gliel'ho detto. Le ho detto cinque miliardi.
Elios: – Ma io non ho la possibilità.
Marsigliese: – Senta, senta, guardi che io non posso telefonare ogni giorno.
Elios: – Sí.
Marsigliese: – Lei mi dica quando devo telefonare, senza farmi fare delle telefonate inutili.
Elios: – Va bene, io le dico immediatamente...
Marsigliese: – Sí.
Elios: – Che sono disposto a darle 150 milioni.
Marsigliese: – Senta io non le telefono piú, non le ho fatto avere notizie per una settimana e non le faccio avere notizie per un anno. Ha capito?
Marsigliese: – Mi dica quando posso telefonare.
Elios: – Mi telefoni domani.

I fratelli non si lasciano intimidire, ricacciano l'angoscia, non disperano, cercano solidarietà, tentano di spiegare a tutti quanti incontrano nei piú diversi ambienti sociali quel che anche a loro appare cosí oscuro e sfuggente. Ma sanno che è giusto agire proprio perché la maggioranza della gente, in una società condizionata dai consumi e dal denaro, non si scandalizza alla notizia di un sequestro di persona giudicato solo un inciampo sulla strada della ricchezza. I Mazzotti seguitano dunque nel loro paziente lavoro umano, sociale, politico. Vittime attive, vivono la contraddizione, credere nella solidarietà umana, nella vita comunitaria e nei suoi principî e predicarli tentando di rendere le persone piú sensibili e piú attente, mentre altre persone stanno violando senza scrupoli proprio quei principî.

La lotta e la pratica quotidiana velano la cognizione del dolore, lo accantonano. Ma il pensiero del riscatto, quando affiora – l'impossibilità, l'impotenza – stringe la gola. I Mazzotti non disarmano, non rinunciano e con molta dignità fanno sapere ai cappellani delle carceri che sono disposti a pagare, ma fanno sapere anche che fin quando la richiesta sarà di cinque miliardi, non esiste nessuna possibilità di giungere a un accordo perché quella cifra, per la famiglia, è lontana persino da ogni immaginazione.

È in quei giorni che i Mazzotti conoscono le comparse naturali di ogni ribalta tragica, radioestesisti, maghi, imbroglioni, maniaci, sciacalli, avventurieri, truffatori, indovini.

Una volta uno dei fratelli incontra anche un prete in contatto con uno spacciatore di stupefacenti. Attraverso i canali della droga, il prete è in grado di ottenere delle informazioni. «È caduta in pessime mani, c'è da essere preoccupati» riferisce. Ma quando chiede di nuovo notizie, l'amico spacciatore gli risponde brusco: «Senti, prete, non ti immischiare piú perché altrimenti ci lasci la pelle».

«Ma chi è l'uomo della droga?» gli domanda uno dei Mazzotti.

«Se sapesse, se sapesse, è un signore che gode a Milano di grandissima considerazione».

Un'altra volta uno dei fratelli incontra un colonnello dei carabinieri: «Ma insomma, li tiri fuori questi soldi perché qui le cose si stanno trascinando troppo per le lunghe».

È un continuo decadere in un sottosuolo dove, malgrado la volontà di distinguere e di chiarire e malgrado l'uso dell'intelligenza e il costante richiamo alla ragione, c'è la scoperta quotidiana dell'odio.

Marsigliese: – Guardi io non voglio essere, io non voglio arrivare a certi modi bruschi.

Elios: – Sí.

Marsigliese: – Ha capito?

Elios: – Sí.

Marsigliese: – Io le, io le ho chiesto quella cifra e deve pagare quella cifra se no, altrimenti, gliene mando un pezzettino al giorno.

Elios: – Va bene, io quella cifra non ce l'ho.

Marsigliese: – E allora...

Elios: – Non c'è nessuno.

Marsigliese: – Senta le farò fare la fine di tutti gli altri.

Elios: – Va be', senta una cosa, io le dico...

Marsigliese: – Ha capito?

Elios: – Le dico...

Marsigliese: – O dentro o fuori, mi dica, dai, o dentro o fuori.

Elios: – Le dico immediatamente che non posso arrivare neanche lontanamente a quella cifra, ma neanche lontanamente perché è umanamente impossibile.

Marsigliese: – Senta qui.

Elios: – L'unica cosa che può creare questo fatto è che mi uccida; va bene.

Marsigliese: – Va bene, l'uccido sí, cosa vuole, non me ne frega, morto un papa se ne fa un altro, che cosa vuole...

Elios: – Eh, va be'.

Marsigliese: – Se lei va di questo tono.

Elios: – Se lei vuole mettersi sulla coscienza un omicidio lo può fare...

Marsigliese: – Senta, mi ascolti bene.

Elios: – Mi dica.

Marsigliese: – Io le do quanti giorni vuole, a me, a me non interessa, io ho tempo.

Elios: – Ma io, anche se lei mi dà un anno...

Marsigliese: – Sí.

Elios: – Non potrò mai.

Marsigliese: – Eh, va be' allora, allora tra qualche giorno riceverà una lettera con un suo orecchio, ha capito e cosí vediamo se poi la vuole fare finita, me lo dica adesso, cosí o dentro o fuori, perché qui non siamo al mercato e non andiamo a comperare patate.

Marsigliese: – Adesso, adesso mi dica quando io devo telefonare.

Elios: – Lei mi telefoni, vuole telefonarmi oggi stesso?

Marsigliese: – Oggi stesso?

Elios: – Mi dica lei a che ora e io...

Marsigliese: – Eh, oggi no!

Elios: – Va bene domani.

Marsigliese: – A che ora?

Elios: – Non so, all'ora che vuole lei.

Marsigliese: – Al solito orario, però senta.

Elios: – Dica.

Marsigliese: – Vede che questa, domani, è l'ultima telefonata che io gli faccio perché se lei non mi dice cose concrete io non le telefono piú e le prometto che le manderò una lettera con un suo orecchio.

Elios: – Ma senta...

Marsigliese: – Le farò fare la fine di Paul Getty.

Elios: – Mi senta, senta una cosa.

Marsigliese: – Ha capito che non ho pietà per nessuno.

Marsigliese: – Poi, quando mi stufo le taglierò la gola.

Elios: – Senta una cosa, lei ha dei figli.

Marsigliese: – Eh?

Elios: – Ha dei figli lei?

Marsigliese: – Non sono affari che la riguardano, questi!

Elios: – Ma se...

Marsigliese: – Pronto.

Elios: – Se lei fosse nelle condizioni di non poter esaudire una richiesta, cosa fa?

Eolo Mazzotti, lo zio di Cristina: «L'aspetto piú spaventevole del sequestro di persona è la scomparsa di una persona della famiglia che implica l'assoluta impossibilità di metterti in relazione con lei. Tu non sai dove sia, come stia, come venga trattata. L'angoscia nasce dall'impossibilità di poter misurare direttamente quanto sta accadendo e quale genere di reazioni può avere la persona amata. Vivi in una situazione di tensione difficile da raccontare. Provi un po' di sollievo soltanto quando ti dici: è giovane, non è una bambina, non è traumatizzabile, potrà aver paura, ma è vitale, sana, coraggiosa e quindi potrà reagire. È intelligente e quindi potrà adattarsi. Ma tutto è subito contraddetto. Potrà essere minacciata, torturata, violentata. È solo la realtà della telefonata a rassicurare, anche quando la voce dice: – Preparate cinque miliardi –. Anche quando la voce dice: – Le tagliamo l'orecchio, le tagliamo la gola –. Anche quando al padre che dice: – Venite a prendere me e lasciate libera mia figlia – e il sequestratore risponde: – Sta' tranquillo che potremo fare anche questo, ma per il momento non ci interessa, – perfino allora hai il senso che il filo non è ancora interrotto, che la persona amata non è morta e malgrado tutto speri che non le sia stato fatto del male».

Due mesi in una casa, nell'incubo di una notizia di morte, nel terrore, nella diffidenza, nel sospetto persino verso se stessi. Il tormento è di non riuscire a cancellare una realtà cosí atroce, ma il tormento è anche di non riuscire a capire: tutti gli sforzi dell'intelligenza sono vani perché i codici sono privi di modelli di confronto ed è esplicita soltanto l'ingiustizia subíta due volte, da parte della legge dello Stato che non tutela chi deve e da parte della legge iniqua dei rapitori che non rispetta neppure se stessa.

(E poi le memorie gelose e fragili della bambina Cristina, momenti di vita teneri strappati all'intimità familiare, sconciati da quelle bocche indecenti: come si chiama il cane del Giordano? Quale dolce preferisce il Toto? Dove si è rotta il braccio da piccola? Quando si è ammalata di tifo?)

La banda. È composta da un non piccolo numero di carcerieri, uomini e donne, staffette di collegamento, telefonisti, portatori di messaggi tra la prigione e la persona o le persone che amministrano il sequestro e poi è composta dai mandanti (o appaltatori), in questo caso i calabresi. Sopra possono esserci i grandi finanzieri del crimine, irraggiungibili se la ricerca prende l'avvio dalla base conosciuta della piramide criminale. La gestione del sequestro di Cristina è lombarda, il finanziamento e l'organizzazione sono calabresi, come è calabrese la sezione che si occupa del riciclaggio del denaro. Compartimenti stagni senza collegamenti con i manovali, con i rapitori, con i carcerieri.

Può darsi che Francis Turatello, erede, dopo l'arresto di Luciano Liggio nel 1974, della conduzione di certi sequestri di persona, sia intervenuto anche nel sequestro di Cristina Mazzotti. Ma persino la sua diventa una pallida figura perché il bandito, capo carismatico di malavita, per il suo ardore di violenza, la sua capacità di imporsi ai gregari e anche per certi suoi legami con personaggi della grande delinquenza confinante con la politica, è stato, fuori dalla mitologia criminale, un esecutore di ordini. Nel sequestro di Cristina venne chiamato in causa come mediatore di un conflitto scoppiato tra i calabresi e i lombardi in un momento delicato e drammatico del sequestro, quando i Mazzotti non pagavano perché non erano in grado di farlo e Cristina – «un assegno in bianco da riempire e da poter incassare», come scriverà uno dei suoi carcerieri in un libro incivile – si rivelerà un terribile ingombro?[2].

Il 14 luglio durante le telefonate che si susseguono tra il marsigliese, i Mazzotti e un avvocato, la polizia riesce a identificare la cabina di Varese da dove il sequestratore telefona. Lo fotografa, lo pedina, lo segue fino a un bar di via Porpora, a Milano, e identifica anche un suo accompagnatore. Ma non accade nulla. (Tutta la banda sarà poi «assicurata alla giustizia», ma Sebastiano Spadaro, il telefonista minaccioso, sarà l'unico a non venire arrestato e resterà latitante e morirà in modo misterioso

[2] Libero Ballinari, *Carceriere fuorilegge*, SugarCo edizioni, Milano 1978.

– d'infarto, secondo i certificati, malgrado la giovane età e i molti sospetti – poco dopo la sentenza del processo di primo grado).

Dal 14 al 20 luglio il telefono resta silenzioso. Il 17 luglio il «Corriere della Sera» pubblica in prima pagina un consapevole articolo di Elios Mazzotti: «Mai come in questo caso il denaro può dare il senso della disperazione per l'impotenza che genera l'impossibilità di raggiungere le vette imposte dai taglieggiatori... Contro questa sciagurata prospettiva chi vuole difendere le istituzioni democratiche e lo Stato di diritto, e con esse la propria sicurezza, deve saper prendere posizione perché il fenomeno dilagante della criminalità può trovare soltanto nella coscienza morale e nell'impegno democratico il deterrente piú distruttivo per una sua sconfitta totale e definitiva».

Circola la notizia che la polizia conosce il telefonista, si dice che sia un confidente. Si dice anche che la polizia ha identificato alcuni uomini della banda e che non interviene per non mettere a repentaglio la vita di Cristina.

È accaduto qualcosa, le notizie – gli appostamenti, le ispezioni nelle banche – sono arrivate anche ai rapitori e avviene probabilmente un cambiamento nella gestione del sequestro. Il 20 luglio i giornali diffondono un appello ai sequestratori perché riprendano i contatti con la famiglia.

La telefonata arriva quella mattina, cinque minuti prima delle dieci.

Marsigliese: – Io non ti ho telefonato per quattro o cinque giorni per non metterti cavilli in testa. Hai capito perché non ti ho telefonato? Non fare il furbo con me, con noi, non lo puoi fare! E tutti quelli che hanno fatto i furbi non sono mai tornati a casa... Se lo vuoi capire... Non mi fare lo scostumato... Non voglio illuderti di milioni. Se hai buona volontà domani ci metteremo d'accordo. Domani tu mi farai la tua proposta e io la mia.

Riprendono le trattative. Il marsigliese è meno aspro, meno duro.

Marsigliese: – Io ti verrò incontro parecchio. Se ti parlo quella è l'ultima cifra. Ci vogliono due miliardi, l'ultimo... Sto andando, sto rischiando io. Hai capito? Questa responsabilità me la sono presa io, hai capito? E non devi farmi fare la fine del gallo!

Elios: – Cioè?

Marsigliese: – Cioè che mi accoppano perché questa è una responsabilità che mi sono presa io, ti dico ancora!

Il 23 luglio nuova telefonata. Vittorio dice che la famiglia è in grado di pagare 467 milioni.

Marsigliese: – ... Allora non c'è niente da fare... cerca di arrivare alla cifra che ti ho detto, sennò altrimenti sono guai.

Marsigliese: – Può darsi che ti verrò ancora incontro per volere mio e non per volere degli altri... senti qua devi parlare di un miliardo in su.

Vittorio: – Ma io un miliardo non lo trovo.

Marsigliese: – Non uno. Di un miliardo in su perché io ti posso lasciare la parte mia. Hai capito che ti lascio la parte mia? Adesso dimmi quando ti debbo ritelefonare per l'ultima volta.

Quella sera, un amico di Elios, anche lui broker di cereali, porta a Galliano la notizia che un gruppo di clienti e di colleghi ha raccolto una somma cospicua, da aggiungere alla somma della famiglia.

Il 24 luglio, dopo sette telefonate, si conclude la trattativa: un miliardo e 50 milioni. È un giovedí, i rapitori promettono che entro domenica Cristina sarà a casa. Per la famiglia Mazzotti è un giorno di festa.

Ma prostrazione e angoscia riaffiorano subito perché i rapitori scompaiono di nuovo e per cinque giorni non si sa nulla di loro. Ritelefonano il 29 luglio, martedí, Vittorio Mazzotti vuole sapere se Cristina è viva e chiede che la sorella risponda a due domande. Il telefonista è cambiato e per la prima volta nel cammino tragico del sequestro replica ambiguamente che non è possibile, c'è troppo traffico sulle strade, occorre del tempo. Il dialogo continua per quattro, cinque telefonate. L'ultima telefonata è del 29 luglio:

Marsigliese: – Pronto, allora...

Vittorio: – Senta... noi siamo pronti e siamo a vostra disposizione ma abbiamo bisogno delle risposte alle due domande che le abbiamo fatto. Lei mi può richiamare fra due ore, fra tre ore, quando vuole...

Marsigliese: – Pronto, pronto, è l'ultima telefonata... se ne parlerà fra molti giorni.

Vittorio: – Noi siamo pronti.

Marsigliese: – Sí.

Vittorio: – Quando voi mi date le due risposte noi partiamo. Se voi volete anche per stasera, per stanotte, avete tutto il tempo che volete...

Marsigliese: – È impossibile.

Vittorio: – Va bene, mi dica lei allora quando?

Marsigliese: – Va bene, ne riparleremo fra pochi giorni.

Vittorio: – Mi... richiama lei?

Marsigliese: – Sii...

Vittorio: – Mi dica quando.

Marsigliese: – Eh, non lo so, fra quattro, cinque, sei giorni...

È morta Cristina? No, tre giorni dopo, venerdí 1° agosto, il telefonista richiama e risponde alle domande: come si chiama la moglie di John, che cosa ha comprato alla Rinascente, l'ultima volta, la mamma di Cristina. Conferma anche le istruzioni e le modalità del pagamento del riscatto con una busta per la famiglia lasciata sull'autostrada dei laghi.

Quella sera stessa, Eolo Mazzotti e un suo amico, dopo un lungo giro fissato dai rapitori, da un paese all'altro della Brianza – Erba, Alserio, Anzano del Parco, Lurago d'Erba, Cremnago, Arosio, Carugo, Mariano Comense, Paina, Seregno, Meda, Lentate sul Seveso, Lazzate, Rovellasca, Rovello Porro, Saronno, Caronno Pertusella, Garbagnate Milanese, Lainate, S. Ilario, Cantalupo, Cerro Maggiore, Legnano, Castellanza, Nizzolina, Gorla Maggiore, Cairate – due ore e mezzo scandite dal terrore di sbagliare anche un piccolo gesto, consegnano – in un bosco di acacie vicino a Castelseprio – i soldi del riscatto a un ossesso spuntato dagli alberi che agita brandelli di una stoffa bianca e rossa legati a un bastoncino e che grida la parola d'ordine: «marsigliese».

Di Cristina non si saprà mai piú nulla. Neppure i processi chiariranno quando è morta e perché. Il suo cadavere viene ritrovato il 1° settembre 1975, in seguito alla confessione di uno dei sequestratori, nella discarica di rifiuti di Varallino, tempio simbolo della società dei consumi[3].

Cristina è sepolta nel cimitero di Eupilio vicino al padre morto di crepacuore sette mesi dopo di lei: al posto della data della morte è inciso un punto interrogativo, come su certe tombe dei cimiteri di guerra.

[3] I sequestratori e gli assassini di Cristina Mazzotti sono stati arrestati, riconosciuti colpevoli e condannati. Il Tribunale di Novara, il 7 maggio 1977, ha condannato all'ergastolo per sequestro di persona e omicidio volontario aggravato otto dei componenti della banda: Giuliano Angelini, Libero Ballinari, Rosa Cristiano, Achille Gaetano, Francesco Gattini, Gianni Geroldi, Antonino Giacobbe, Loredana Petroncini. Ha condannato a 30 anni Abramo Bruno e Alberto Menzaghi; a 28 anni Sebastiano Spadaro; a 26 anni Giuseppe Milan; a 23 anni Vittorio Carpino e a pene minori altri quattro imputati. La Corte d'Appello di Torino, il 13 luglio 1979, ha confermato la pena all'ergastolo per Angelini, Ballinari, Geroldi, Gaetano. Ha ridotto la pena a Loredana Petroncini, 25 anni; a Rosa Cristiano, 18 anni; a Antonino Giacobbe e a Francesco Gattini, 30 anni, ad Alberto Menzaghi e ad Abramo Bruno, 28 anni; a Giuseppe Milan, 25 anni; a Vittorio Carpino, 20 anni. La Corte suprema di Cassazione, il 30 maggio 1980, ha confermato sostanzialmente la sentenza di secondo grado. La famiglia Mazzotti, l'1 ottobre 1975, ha dato vita a una fondazione per l'analisi, lo studio, la prevenzione della criminalità, dedicata a Cristina Mazzotti.

Eolo Mazzotti, lo zio di Cristina: «Nella tua vita c'è un rovesciamento totale, con un prima, un durante, un dopo. È come se tu fossi battezzato veramente nel fuoco, come se tu fossi cauterizzato, come se ti fosse passato un lanciafiamme addosso o come se, con la fiamma ossidrica, ti avessero disincarnato per darti un'altra pelle».

Vieni dolce morte

14 settembre 1988: «(...) Il clima è cambiato e fa freddo (per questo ho chiesto maglioni e stivali per il fango). (...) Come mai è morto il Lapo? Mi dispiace (...), gli ero affezionata anche se non lo vedevo da molto. (...) Spero con l'aiuto di Vincenzo di vincere questo mio carattere tormentato. Però statemi vicino (...)»

28 settembre 1988: «(...) Dentro poi sento di non aver niente, solo un gran vuoto. (...) Sono queste le volte che maledico il mio carattere rinunciatario, essermi drogata, non aver finito un qualche studio. Penso che da questo carattere abbattuto non guarirò mai. (...)»

8 novembre 1988: «Va tutto bene anche se è duro, a volte cerco di farmi forza, considero che non si può lasciarsi prendere dagli stati emotivi anche perché conviviamo in tanti, siamo nove ragazze in una stanza (...) se uno è nervoso influisce su tutti quanti gli altri. Inizia poi la brutta stagione ma la colpa è mia se non l'apprezzo perché la identifico con il gelo interiore che è anche una questione di volontà (...)»

Natalia Berla scrive cosí alla madre dalla comunità di San Patrignano: ha pochi mesi di vita. Non sappiamo che cosa le scriva la madre. Anche lei ha poco tempo da vivere. Le lettere, fragili e dolorose, spesso ingenue, inviate dalla giovane che cerca di liberarsi dalla droga alla madre, al fratello, ai cugini, a un'amica, raccontano una tragedia famigliare, tra distruzione e autodistruzione, e rappresentano con crudezza un intrico ottocentesco, e insieme dell'età tecnologica, attraversato dalla droga.

È anche un caso psicoanalitico, quello di Natalia e di sua madre, dove tutto sembra prevedibile, un cumulo di impotenze e disperazioni, una storia angosciante: per il destino delle due protagoniste che si sono entrambe uccise, simboli estremi di due generazioni e dei loro fallimenti, la madre neppure ventenne ai tempi della Liberazione, nel 1945, la figlia nata agli albori del boom economico; per la somma infelicità; per le speranze che affiorano e che via via svaniscono; per i piccoli desideri esauditi, quel poco che dalla vita ha avuto la giovane Natalia.

La madre, Vittoria Berla, è una donna inquieta e intelligente. Di famiglia benestante, originaria di un paese del Mantovano, Marmirolo. Il nonno è un chirurgo, primario dell'ospedale di Merate, nel Comasco. Il fratello gemello di Vittoria, Riccardo, lavora all'Olivetti, è stato anche direttore generale dell'azienda e poi all'estero, in Spagna, negli Stati Uniti, in Inghilterra.

Vittoria studia Filosofia all'Università statale di Milano e alla fine degli anni '40 frequenta come uditrice l'Istituto italiano di studi storici di Napoli, quando direttore dell'istituto crociano è Federico Chabod. Alda Croce, una delle figlie del filosofo, la ricorda, «bella, gli occhi azzurri, affascinante».

A Milano, Vittoria Berla sposa Roberto Olivetti, figlio di Adriano, uomo civile e generoso sovrastato dalla personalità del padre, dalla venerazione filiale e culturale nei confronti non solo del geniale industriale, ma anche dell'intellettuale creatore di utopia cosí diverso dagli uomini grigi della Confindustria dei tempi del centrismo degasperiano.

Il matrimonio dura poco, Vittoria si trasferisce a Roma, in una casa sull'Appia antica. Nel 1957 pubblica nelle Edizioni Avanti un libro sul controllo delle nascite. In quegli anni comincia a collaborare al «Mondo» di Pannunzio, scrive articoli sulla famiglia pianificata, resoconti di viaggi, in India, in Thailandia, a Singapore, in Tunisia. Scrive degli dèi, dei fachiri, dei santoni e dell'universo irrazionale, scrive anche delle profezie di Huxley, dello yoga, della psicoanalisi, di Freud e di Jung. È una protofemminista, tra le fondatrici, con Rinaldo De Benedetti, dell'Associazione per il controllo delle nascite alla quale aderiscono tra gli altri Guido Calogero, Ugo La Malfa, Enzo Paci, Ferruccio Parri, Ernesto Rossi, Gaetano Salvemini.

Conosce profondamente la storia dei movimenti di liberazione della donna, ha studiato la psicologia, le questioni morali, le questioni medico-legali, ha studiato soprattutto i problemi del controllo delle nascite in Italia e nel mondo e quando, alla fine degli anni '50, Vittoria Berla diventa madre di due gemelli, Natalia e Sebastiano, i moti ironici sono facili.

Nel 1963 pubblica dagli Editori Riuniti un altro libro sull'argomento che le sta a cuore, *Demografia e controllo delle nascite*, con una prefazione di Cesare Musatti:

> L'autrice, che da vari anni dedica la propria attività alla organizzazione del movimento per il controllo delle nascite nel nostro paese, parla con commozione di coloro che sono stati i pionieri del movimento, polemizza vigorosamente con chi, in nome di discutibili interpretazioni religiose o di una moralità formalistica, considera l'uso di mezzi anticoncezionali una azione peccaminosa, descrive in toni apocalittici il destino dell'umanità qualora non venga posto un freno all'attuale incremento demografico mediante una energica diffusione di pratiche precauzionali.

Musatti elogia l'accurata ricerca, la documentazione, l'intelligente distribuzione della materia che fanno del libro «un'opera di informazione seria e obiettiva».

Di Vittoria Berla, poi, non si sa quasi piú nulla. Negli anni '70, negli anni '80 non s'incontra come una volta negli ambienti intellettuali e mondani, non scrive sui giornali, ha perso interessi e curiosità. La sua nevrosi è sempre piú oppressiva, la paura trionfante, la depressione costante. Disturbata e infelice, si isola nella sua casa sull'Appia antica. Con i domestici indiani, il cocker Lapo, i due gemelli.

La biografia di Natalia è scarna, priva di notizie, con pochi testimoni. È nata a Mendrisio, in Svizzera, nel

Canton Ticino, poco piú in là della frontiera italiana, il 5 dicembre 1958. Il padre è un americano: darà il suo nome al gemello Sebastiano, non a Natalia che porterà infatti il nome della madre e questo sarà per lei ragione di profondissimo tormento, come in un romanzo d'appendice d'altri tempi. È alta, bella, bionda, intelligente, piena di fantasia e di sensibilità, racconta chi la conosceva bene. Studia in un liceo linguistico, impara a suonare il flauto. Oltre che amare la musica, va a cavallo, è attiva, vitale, sembra felice, quando – a quindici-sedici anni – comincia a drogarsi. Nel 1979, a ventun anni, riesce a prendere la maturità, ma è già un'altra persona, separata dal passato, sempre piú tesa, aspra, senza alcun senso del futuro.

L'itinerario della droga è privo di varianti, ossessivamente uguale, rigido, monotono, ripetitivo. I conflitti famigliari, le durezze, le tensioni che esplodono, l'angosciosa ricerca della salvezza da parte dei parenti, inebetiti spesso anche loro, e dei pochi amici che non si ritraggono. Nei primi anni '80, Natalia lascia Roma, è sua madre, anzi, a costringerla a partire perché la vita è diventata insopportabile, con quella ragazza che a ogni alba bussa rabbiosa alle persiane per farsi aprire. Natalia va ad abitare a Milano, in casa della nonna, nel quartiere Magenta. (Gli spacciatori feroci coi giubbotti di pelle nera che compaiono a tutte le ore a cercare Natalia. Ancora oggi ne appare qualcuno che non sa della sua morte).

Sono anni tenebrosi, dentro e fuori dagli ospedali e dalle cliniche, perennemente in fuga. Tenta di fare qualche lavoretto, commessa alla Libreria Einaudi, da Aldrovandi, «Al», dove la madre negli anni '50 passò tante volte prima di cena tra i banchi dei libri e chi a quell'ora si ritrovava a parlarne, Vittorini, Fortini, Albe Steiner, Silvio Leonardi, Erich Linder, Roberto Olivetti, e chi arrivava da fuori, Arpino, Guttuso. Un altro mondo scomparso.

Natalia fa la libraia per quasi un anno, è ancora bella, solo un po' sfiorita. Lavora correttamente, conosce i libri, le collane, fa la spunta ai Nuovi Coralli e ai Supercoralli, al Nuovo Politecnico e ai Reprints, è impaurita dalla solitudine, si aggrappa alle persone, è una ragazza dolcissima. Erminia dell'Oro, che lavora in libreria, le si affeziona, l'ascolta, gentile e attenta. Qualche volta compare la nonna Maria Teresa. Con altissima dignità s'informa. «Che cosa farà Natalia quando non ci sarò piú?», dice una volta come tra sé.

Natalia appare e scompare. Nel 1986, per un po' di mesi, lavora di nuovo in libreria. L'anno dopo muore la nonna. La sua dolce presenza, la sua casa rassicurante, la sua discrezione non sono servite a salvare Natalia.

Tutto diventa piú livido, Natalia è ancora piú sola. Nella droga cerca di annullare tutti i suoi problemi e le sue disperazioni, il padre inesistente, la madre precaria e spesso assente, l'affettività manchevole, le ferite provocate dalla fragilità. Nel 1987, Natalia va in coma per quattro volte.

Aiutano la ragazza come possono due cugini, Antonio ed Enrica, marito e moglie. Natalia è allo stremo, la sua fresca bellezza è svanita, resta solo l'ombra di una donna, disfatta.

Natalia ascolta i cugini, con loro si apre un poco: «Perché non mi adottate, come vorrei vivere con voi!», gli dice. La fanno parlare, la convincono a disintossicarsi. Sarà riconoscente. Grazie, grazie per il golf blu, scriverà da San Patrignano: «Anche se il regalo migliore che potevate farmi me l'avete fatto accompagnandomi qui».

Il 1987 tra una sirena e l'altra di ambulanze. I due cugini le parlano della comunità di don Picchi e della comunità di don Rigoldi. Natalia dice di no, con forza. Poi le parlano di San Patrignano, la comunità romagnola di Vincenzo Muccioli. Resiste, tergiversa, finisce con l'acconsentire. Perché è una comunità laica, perché nel mondo dei drogati è considerata «diversa», perché vi si impara un lavoro. Il cugino Antonio e la madre Vittoria Berla accompagnano cosí Natalia a San Patrignano. È la primavera del 1987.

Natalia scrive alla madre a intermittenze, con fatica. La prima lettera è del novembre 1988. Sono messaggi di un'adolescente consapevole di esserlo, con dentro squarci improvvisi, schegge mature, riflessioni che turbano. (Lettere illuminate dalla conclusione tragica. E dal destino parallelo di una madre e di una figlia).

È curiosa, Natalia. Racconta le giornate della comunità, il ritmo della vita collettiva, i mestieri dei tossici, i cavallari, gli stallari, gli idraulici, quelli che fabbricano le carte da parati, quelli che studiano Wittgenstein, quelli che si laureano su Benedetto Croce, i camerieri in giacca bianca, i cuochi. Saltano fuori i caratteri dei compagni, la Lola che ha letto due volte la *Recherche* proustiana, Alex, il marchesino milanese di San Babila, Ciccetto, figlio illegittimo di operai bolognesi, il ragazzo di Ferrara che sembra uscito dal *Giardino dei Finzi Contini*, Alessandra e Sabrina, Stefano e Daniele, la generazione di *Siddharta* che fatica a esprimersi e che sogna evasioni nell'Oriente.

Per un po' di mesi Natalia è stata chiusa, nel Bronx, come viene chiamato a San Patrignano il posto dove i drogati sulla strada del recupero vivono nei primi tempi. Poi ha lavorato in cucina, cuoca e cameriera, 1800 pasti al giorno, sa tutto degli intingoli, delle salse, degli arrosti, invia alla madre la ricetta dell'arista al latte. Poi cambia mestiere, diventa professoressa di lingue, inglese e francese: «Almeno mi ha fatto imparare bene le lingue», scrive della madre ai cugini Antonio ed Enrica.

Natalia è d'animo generoso, appena può fa dei regali alle nuove amiche. È attenta alle cose piccole, le dà gioia la Polo verde con l'omino che gioca a golf, le piace moltissimo il suo giubby beige che tutti le chiedono in prestito, la commuove un cane di stoffa, la rallegra anche la camicia rosa da portare coi pantaloni blu e gli orecchini celesti.

«Questa cultura della droga e dell'edonismo ci ha fregato tutti quanti», scrive alla madre. E al fratello Sebastiano con cui ha un rapporto netto, affettuoso: «Non voglio diventare una borghesuccia chiusa nella sua famiglia monocellulare, fare tendenza, diventare emergente, coltivare l'egotismo, chiudermi in un orizzonte dai cieli ristretti».

Vincenzo Muccioli è un mito: «Molto affettuoso e di una stima unica», «Sa già tutto, non c'è bisogno di chiedergli niente», «Muccioli è di una simpatia incredibile», «Quel magico uomo che è Vincenzo», «È una persona di saggezza ineguagliabile e di un'intelligenza lungimirante inesprimibile», «Vincenzo è un uomo di grande cultura, sagace umorismo, incredibile gentilezza d'animo», «Ci tratta tutti né piú né meno come i suoi due figli».

Vuol sapere, vuol capire, vuole rassicurazioni: «Cosa ne pensate che io sia qua?»

Scrive al fratello, elementare, infantile: «Cosa c'è nel tuo magico mondo? Nel mio tante cose, vorrei fartele vedere nelle persone che sono qua. Specie la tolleranza, la comprensione, la giustizia». E di nuovo al fratello: «Sei felice? Se sí perché? Spiega dettagliatamente. Se no perché?»

La droga è sullo sfondo, lontana. Ne parla qualche volta con un linguaggio che sembra di maniera, quasi un cliché: «La trappola della droga»; «L'eroina è una malattia sociale»; «Il tossico è votato al nulla»; «Vedo i ragazzi e le ragazze nuove che arrivano e mi chiedo come si è potuto vivere in quelle condizioni. Certamente la droga è un flagello dei piú temibili di quest'epoca e soprattutto la mente del tossico ne viene parassitata».

I nonni sono l'oasi della serenità, i pochi appigli certi che sente di avere avuto. Per il resto vale il verso del poeta, «Tu dormi alle mie grida disperate».

Con il padre è cruda. Le manda costosissimi cosmetici in regalo, le scrive cartoline convenzionali, non si fa mai vivo. E per Natalia è un tarlo roditore quel padre quasi sconosciuto: «Non mi aspetto niente da lui», scrive.

Con la madre è critica. A San Patrignano non riceve da lei una sola lettera, per mesi. Natalia ne è sconfortata. Poi i rapporti si ricompongono, la ragazza è affettuosa, preoccupata per la salute della madre. Quando finalmente viene a trovarla, la trova invecchiatissima, stanca. Lo scrive al fratello, materna.

La comunità è protettiva. Natalia sembra serena. Teme solo il momento in cui, guarita, dovrà staccarsi da

San Patrignano, Sampa. Si sente in un'isola di pace, un limbo, a rivivere una nuova piacevole infanzia. Almeno scrive cosí.

Poi tutto si incupisce. In autunno comincia un periodo inquieto, ricompare la depressione. Natalia diventa aggressiva, malinconica. Si considera una vecchia, finita. Al fratello chiede una confezione spray per i colpi di sole: «Ho i capelli bianchi». Tutto la spaventa, tutto le appare ostile.

Muccioli si accorge che la ragazza è in una crisi profonda, a un bivio pericoloso. Cerca, senza riuscirci, di fare intervenire il padre. Le affida un cavallo da addestrare. Natalia è eccitata, felice, ma dura poco tempo la sua felicità. Muccioli vuole che prenda la laurea in Pedagogia, Natalia si iscrive all'Università di Urbino. Ma i nodi restano irrisolti, lo si capisce dalle lettere. Natalia ha voglia di parlare, di esprimersi, di capire quel che le è successo. Dovrebbe forse raccontarlo a psicoanalisti esperti, a psichiatri colti.

Le restano il cavallo, la fatica quotidiana, la fisicità, i piccoli oggetti amorevoli di cui ha tanta cura nel suo armadietto. Le restano le lettere da spedire e da ricevere, come in tempo di guerra. Ha sempre l'incubo della solitudine, il miraggio della famiglia. «Sai, – scrive alla madre, – che qui ci sono dei ragazzi che hanno "finito" e potrebbero anche concedersi una vacanza ma invece non vanno perché hanno solo una vecchia zia chissà dove?»

E poi ha tutto quel gelo dentro.

Il 12 marzo 1989, un giovane di 22 anni, Gabriele Di Paola, di Palermo, si getta dalla finestra di San Patrignano e muore sul colpo.

Il 13 marzo 1989, Natalia Berla si uccide: «La finestra della sua cameretta ha le inferriate. Natalia lo sapeva bene. Ci stava da un anno. Ha fumato una sigaretta con le amiche. Poi è uscita nel corridoio. Pochi passi e un'improvvisa corsa per scavalcare un'altra finestra, questa senza sbarre» («Corriere della Sera», 14 marzo 1989).

Natalia ha 31 anni. Dagli esami che vengono fatti risulta esente da droga.

Nel novembre di quello stesso anno Vittoria Berla raccoglie le lettere della figlia; se le fa dare dai cugini Antonio ed Enrica, dal figlio Sebastiano, da un'amica e le spedisce all'Archivio nazionale dei diari di Pieve Santo Stefano. Nella scheda che accompagna l'epistolario lo descrive cosí: «Il recupero della vita di una ragazza tossicodipendente e il suo inspiegabile suicidio. Lettere alla madre, al fratello e altri della Comunità di San Patrignano. Le lettere inviate sono copie esatte degli originali. Ho ritenuto mandare questo epistolario per descrivere la rinascita di una tossicomane a nuova vita. Purtroppo questa vita si è improvvisamente stroncata. Amo pensare che Natalia rimanga viva nelle sue memorie».

All'Archivio nazionale dei diari è collegato il «Premio Pieve». Una giuria popolare legge durante l'inverno i diari, le memorie, gli epistolari arrivati da ogni parte, ne sceglie dieci che vengono poi valutati da una giuria di scrittori, letterati, studiosi e giornalisti presieduta da Saverio Tutino. La giuria, nel 1990, si divide sul giudizio e decide di premiare *ex aequo* Natalia Berla e Tommaso Bordonaro, che ha scritto un'autobiografia, il suo lavoro contadino in Sicilia, l'emigrazione negli Stati Uniti[1].

L'8 settembre 1990, sul palco nella piazza di Pieve Santo Stefano sono seduti i dieci finalisti del «Premio» o chi li rappresenta. Vittoria Berla si siede con un'infinita stanchezza. Si capisce che sta male, è un'ombra, un fantasma doloroso. L'essere su quel palco deve avere per lei il senso di un'espiazione. E quando, con grande delicatezza, Saverio Tutino le si avvicina, parla appena, sottovoce. La figlia morta, il tentativo fallito di rinascere, la sua gioia di vivere distrutta: «Vorrei – dice alla fine – che le sue lettere servissero di esempio agli altri per ritrovare la vita».

[1] Natalia Berla, *Il gelo dentro. Lettere da San Patrignano*, Rosellina Archinto editore, Milano 1991.

La sua vita è anch'essa segnata. Il 3 novembre 1990, Vittoria Berla si uccide nella sua casa di Roma.

Sulla tomba di Natalia sepolta nel cimitero di Baveno aveva voluto questa scritta: «Ciò che proviamo verso la persona che è appena morta è un sentimento di ammirazione. Come per chi abbia compiuto qualcosa di molto difficile».

Palermo felicissima

I cento giorni del generale

Arriva a Palermo subito dopo l'assassinio di Pio La Torre e compare in pubblico sul palco in piazza Politeama al termine dei funerali. È in borghese e la gente fatica a riconoscerlo tra Pertini, Spadolini, Nilde Jotti, Enrico Berlinguer, tra ministri, accompagnatori e guardie del corpo. Il corteo che segue le bare del deputato comunista e del suo compagno Rosario Di Salvo è venuto giú dal Palazzo dei Normanni fino ai Quattro Canti dove ha imboccato via Maqueda: è una domenica, il 2 maggio 1982, e non sono in molti sui marciapiedi e ai balconi. Le decine e decine di migliaia di persone arrivate con i pullman e con i treni da Enna, dal Nisseno, dalle Madonie, dal Belice, da Mazzarino, da Butera, da Comiso, la Sicilia contadina della lotta per la terra contro la vecchia mafia del feudo, la Sicilia dell'emigrazione, ma anche giovani, ragazzi, operai dei cantieri e delle poche zone industriali, passano tra palazzi sbarrati e slabbrati, tra case chiuse per il week-end, per il fastidio, per il dispetto, per la paura, passano tra pareti di manifesti bianchi listati di nero, con il volto del deputato nel mezzo, una sequenza ossessiva perché il sorriso di La Torre si ricompone a ogni passo, ingigantito di muro in muro, ironico e straziante.

Il nuovo prefetto segue dal palco il corteo che entra da via Ruggero Settimo e riempie la piazza. Il primo impatto di Carlo Alberto dalla Chiesa con la folla (e con la città) sono i fischi interminabili che accompagnano lungo tutto il discorso le parole del presidente del governo regionale, il democristiano Mario d'Acquisto e – meno virulenti – il saluto del presidente dell'Assemblea regionale, il socialista Salvatore Lauricella. Non sono gruppetti isolati a fischiare e neppure i resti dell'estrema sinistra, ma è tutta la piazza che dissente con asprezza. Uomini e donne gridano e levano i pugni chiusi e le bandiere rosse e fanno ondeggiare gli striscioni in una manifestazione di condanna gonfia d'ira e di dolore, ma anche di disperazione e d'impotenza.

Da quasi due anni la mafia è tornata a mostrarsi in tutta la sua crudezza sanguinaria: nel dicembre 1981, per la prima volta nella storia della Chiesa, il papa ha condannato la mafia – «quella mentalità o struttura cosiddetta mafiosa che crea, a vari livelli e con diverse manifestazioni, misfatti deleteri» –, in gennaio il presidente del Consiglio Spadolini e il ministro dell'Interno Rognoni sono venuti a Palermo e hanno promesso il loro impegno per affrontare il problema. Il 3 marzo una delegazione comunista guidata da Pio La Torre e da Ugo Pecchioli è andata da Spadolini con un documento di denuncia fitto di richieste: una lotta efficace contro il flagello della droga, una struttura di coordinamento nella lotta alla mafia, indagini sui patrimoni di persone arrivate a misteriose ricchezze, una banca dati sull'attività mafiosa e sulla produzione e sul traffico della droga, una legge che approvi il nuovo reato di «associazione mafiosa» parallelo a quello di associazione a delinquere, un rafforzamento della polizia, dei carabinieri, della Guardia di finanza.

Quando, il 26 marzo 1982, si diffonde la notizia che il generale dalla Chiesa, vicecomandante dell'arma dei carabinieri, sta per essere nominato prefetto di Palermo, si pensa subito che le sollecitazioni, le richieste, le denunce di Pio La Torre abbiano avuto un esito. Il suo cadavere viene gettato subito sui piedi del generale per farlo desistere, per sconfiggerlo, per costringerlo ad andarsene?

Carlo Alberto dalla Chiesa è il 58° prefetto di Palermo dall'Unità d'Italia. Il giorno prima della nomina, in una lettera al presidente del Consiglio Spadolini, scrive:

«(...) i messaggi già fatti pervenire a qualche organo di stampa da parte della "famiglia politica" piú inquinata del luogo ha fatto presa là dove si doveva. (...)» C'è già un clima di sospetti. Le reazioni dei notabili democristiani della città non nascondono l'ostilità. Rosario Nicoletti, segretario regionale della Dc, commenta lapidario: «Il generale dalla Chiesa è un egregio funzionario dello Stato». E il sindaco democristiano Nello Martellucci (in un'intervista al «Resto del Carlino», il 30 marzo), dice che parlare di mafia significa criminalizzare tutti i siciliani, dice che bisogna parlare invece di criminalità organizzata contro la quale lo Stato e i suoi rappresentanti nell'isola si impegnano quotidianamente a lottare: tra i tanti «morti ammazzati palermitani» vi sono anche «cadaveri eccellenti», il procuratore Scaglione, il procuratore Costa, il capo della Mobile Boris Giuliano, Cesare Terranova, Piersanti Mattarella, Michele Reina, Emanuele Basile.

Il generale dà all'intervista il significato di un avvertimento. Rimugina, annoda i fili. Il 5 aprile scrive sul suo diario – lettere immaginarie alla moglie Dora morta nel 1978 – dell'incontro, avvenuto il giorno prima, con Giulio Andreotti:

> (...) mi ha chiesto di andare e, naturalmente, date le sue presenze elettorali in Sicilia, si è manifestato per via indiretta interessato al problema, sono stato molto chiaro e gli ho dato però la certezza che non avrò riguardi per quella parte di elettorato alla quale attingono i suoi grandi elettori, sono convinto che la mancata conoscenza del fenomeno, anche se mi ha voluto ricordare il suo lontano intervento per chiarire la posizione di Messeri a Partinico, lo ha condotto e lo conduce a errori di valutazione di uomini e di circostanze, il fatto di raccontarmi che intorno al fatto Sindona un certo Inzerillo morto in America è giunto in una bara e con un biglietto da 10 dollari in bocca, depone nel senso: prevale ancora il folklore e non se ne comprendono i messaggi.

Dalla Chiesa è preoccupato della gelida accoglienza palermitana, è attento ai segnali, alla decrittazione dei codici. I notabili non parlano mai di mafia e il generale, invece, dichiara subito che lui è venuto per combattere la mafia. Alla Camera di Commercio, in occasione di una cerimonia per la consegna di sessanta stelle al merito del lavoro, definisce inquietante l'atmosfera. Dice anche: «Se è vero che esiste un potere, questo potere è solo quello dello Stato, delle sue istituzioni e delle sue leggi. Non possiamo delegare oltre questo potere né ai prevaricatori, né ai prepotenti, né ai disonesti».

Dalla Chiesa si installa a villa Withaker, la Prefettura, una costruzione fine secolo, rossastra, di stile vittoriano, con sale, salottini, dipinti, *consoles* e specchiere che evocano tempi morbidi, in un giardino di palme e di acacie, profumato di gelsomino: la villa fu di proprietà di una famiglia inglese, elegante e un po' snob, discendente dai Woodhouse, con un albero genealogico popolato di ornitologi, di collezionisti d'arte, di archeologi, oltre che dei mecenati che permisero la scoperta della necropoli punica di Mozia, e dei produttori del famoso marsala.

Il nuovo prefetto non si fida di niente e di nessuno o quasi. Soltanto dei carabinieri, in particolare di qualche ufficiale che ha lavorato con lui nel suo Nucleo speciale antiterrorismo. Appena prende possesso del suo ufficio, nella villa piena di civetterie, fa cambiare la disposizione del tavolo, non vuole essere ucciso da qualche tiratore scelto appostato da una finestra di via Cavour. Parla con un amico e senza ironia gli racconta che deve stare attento anche alle tazzine di caffè perché non vuole fare la fine di Pisciotta. Controlla il personale della Prefettura, elimina un paio di domestici assunti da una agenzia delle pulizie e, insospettito da parentele e amicizie, fa trasferire un economo e un impiegato di segreteria.

Fin dall'inizio è solo, ma pensa probabilmente che con la pazienza, l'esperienza degli anni del terrorismo, la conoscenza che ha della Sicilia e dei suoi umori, riuscirà in due-tre anni a raggiungere dei risultati. Vuole colpire l'alta mafia, i mandanti politici, gli intermediari, le connessioni finanziarie, sa benissimo che gli uomini di cui conosce i segreti – gli «omissis» della Commissione antimafia – non sono dei Robinson, ma hanno legami e autorevole udienza con potenti personaggi della Repubblica che li condizionano e ne sono condizionati attraverso il flusso del denaro, le clientele elettorali, gli affari. Sa che i suoi nemici sono agguerriti, non solo per l'acutezza della mente. Lui conosce certi segreti, ma loro sono in grado di controllarlo, di fiaccarlo, di neutralizzarlo.

Dalla Chiesa sa anche che il suo compito è mutato rispetto agli anni del terrorismo, per la diversità dei fenomeni e delle condizioni ambientali e politiche. Non vuole assomigliare a quel Mori sig. Cesare, il famoso «prefetto di ferro», il cui nome è inciso su una lastra di marmo nell'atrio di villa Withaker: 1-11-1925 – 15-7-1929.

Gli assassinati a Palermo dal 1° gennaio 1981 al suo arrivo sono 135, gli scomparsi 35. In un solo giorno, il 3 maggio, viene denunciata la scomparsa di sei persone a Brancaccio, alla Zisa, a San Lorenzo. Sull'assassinio di Pio La Torre e di Rosario Di Salvo le indagini sono a zero. La polizia sta facendo le cose che fa dopo ogni delitto di mafia: perquisizioni e fermi a Brancaccio, corso dei Mille, Ciaculli.

L'agguato in via Turba, dove sono stati assassinati La Torre e Di Salvo, è avvenuto all'altezza del numero 48, davanti a tre case povere, a un piano. Vicino al posto del delitto c'è un laboratorio di stucchi dove la gente va e viene. Sopra il laboratorio, i quattro piani di un palazzo color zafferano. Al numero 54 c'è una falegnameria, al numero 56 uno spaccio con un biliardino, al numero 58 una casa a tre piani. La muraglia dei magazzini di una caserma costeggia tutto un lato della stretta strada. Gli assassini sono calati dall'alto della via (nelle vicinanze di villa d'Orléans, dove ha sede la presidenza del governo regionale) contromano, in discesa, appena avvistata l'auto di La Torre che stava salendo. Nessuno ha visto e pochi ammettono di aver sentito i colpi della Colt 45, la pistola piú famosa della storia dei pionieri, e i colpi micidiali del moschetto automatico Thompson. Chi ha sentito ha chiuso subito serrande, porte, finestre e cosí non ha visto nulla, racconta. Qualcun altro, malgrado l'ora – le nove e mezzo del mattino – ha pensato che si trattasse di fuochi artificiali, di carburatori scoppiettanti o di sparatorie a salve dei soldati della caserma Sole.

Il Consiglio comunale, il lunedí pomeriggio dopo l'assassinio, commemora Pio La Torre. E per la prima volta nella storia, il sindaco Martellucci usa la parola mafia, definita finora «la malefica tabe, la presenza del male». Il consigliere socialdemocratico parla di «forze maligne», il consigliere liberale di «cancro sociale». Su un giornale esce un articolo del presidente della Regione, D'Acquisto: «Ciò che è accaduto in piazza Politeama domenica scorsa va sdrammatizzato... Era impossibile non attendersi una reazione puramente emotiva in un clima come quello venutosi a determinare, momento dopo momento nella grande piazza dove – non dimentichiamolo – accanto a migliaia di militanti comunisti si avvertiva la presenza di numerosi gruppuscoli». Non si accoda alla rivoluzione linguistica di Martellucci, non usa la parola mafia, preferisce parlare di «potere occulto dell'eversione»... dice che «dobbiamo rinunciare tutti alle nuove egemonie, rinunciare per sempre, ad esempio, all'ingiusta pretesa di coinvolgere la Dc siciliana in un giudizio storico inaccettabile. Certe accuse sono un'infamia senza ragione. Quando nella piazza ricordavo "i nostri morti", ricordavo in realtà i morti di tutti. Tutti i nostri caduti, sotto diverse bandiere, ma che ci obbligano a non dividerci, a non spezzare il nostro popolo e la sua unità morale».

Che cosa farà dalla Chiesa? La domanda rimbalza dalle banche alle esattorie, dai salotti dei notabili foderati di vetrine ai tavoli dei ristoranti e dei club della gente che conta, dal Charleston alle Terrazze, al Chamade, al Circoletto, all'Unione. Comincia subito una sottile opera di denigrazione: l'indifferenza, il dispetto, l'ostilità, il sospetto si mescolano con l'ironia, la sufficienza con il sarcasmo.

Qualcuno piú impudente dice che c'è solo da sperare che il generale non faccia guasti e far guasti significa combattere la mafia, distruggendo quindi l'economia della città, mettendo in difficoltà i manovali mafiosi i quali finiranno col rivalersi sui «galantuomini» che notoriamente (ma preferiscono non dirlo) hanno patti di ferro anche con gli uomini della bassa mafia, custodi delle loro ville a Mondello, marinai delle loro barche a Scopello, guardiani dei loro giardini sul golfo.

Dalla Chiesa è molto riservato, si sa poco di lui. Poi, il 4 maggio, compare di nuovo in pubblico, a Monreale, e in piazza Archimede assiste alla commemorazione del secondo anniversario dell'assassinio del capitano dei carabinieri Emanuele Basile. Nei suoi ultimi 127 giorni di vita, gli toccherà in sorte di ricordare, in pubblici appuntamenti sempre piú ossessionanti, le morti di altri quattro uomini ammazzati dalla mafia. Pio La Torre, Boris Giuliano, Gaetano Costa, Giuseppe Russo.

Al congresso della Democrazia cristiana che si sta svolgendo a Roma undici siciliani vengono eletti nel Consiglio nazionale del partito: sono, tra gli altri, Salvo Lima, capo della corrente andreottiana della Sicilia occidentale, Luigi Gioia, direttore sanitario del Policlinico di Palermo, fratello del deputato morto da poco, Giovanni, bollato da una sentenza del Tribunale di Torino al quale si era rivolto querelando lo scrittore Michele Pantaleone che in due libri pubblicati da Einaudi, *Mafia e politica* e *Antimafia occasione mancata*, lo aveva accusato di complicità con la mafia. E poi il presidente della Regione, Mario d'Acquisto, andreottiano anche lui, l'ex ministro della Difesa Ruffini, doroteo, Sergio Mattarella, fratello di Piersanti, professore all'Università di Palermo, legato invece alla corrente di Zaccagnini.

Nel pomeriggio del 12 maggio, il prefetto dalla Chiesa convoca i giornalisti. Gli inviati di Milano e di Roma sono ripartiti, sono presenti una trentina di cronisti e il generale si irrita perché è mancata ogni selezione tra loro. Sono state sbarrate le porte solo ai fotografi e alle televisioni. Dalla Chiesa, vestito di grigio, camicia azzurra, cravatta blu a righe beige e argento sorride cordiale. «E visto che gli piace aver sempre qualcosa alle spalle, si piazza dietro a un tavolo, sotto un gran quadro, una Natività» scrive il cronista dell'«Ora». Il prefetto chiede solidarietà, aiuto, silenzio. Dice che è venuto per combattere la mafia: è il suo mottetto, sembra un'ovvietà, ma è un'ovvietà che gli costerà la vita. Ha detto la stessa frase il giorno prima in due incontri informali con il presidente della Regione, D'Acquisto e con il presidente dell'Assemblea regionale, Lauricella. I suoi poteri sono i normali poteri di un prefetto della Repubblica, piú deboli anzi, perché lo Statuto speciale siciliano assegna, almeno formalmente, al presidente della Regione il comando delle forze di polizia. Ma con i giornalisti, il generale usa un linguaggio figurato, si paragona a un subacqueo che per andar veloce indossa le pinne. Dalla Chiesa fa una dichiarazione: «A Corleone, quando io comandavo il nucleo contro il banditismo, non c'era solo Pio La Torre a guidare i contadini per l'occupazione delle terre. C'era anche Placido Rizzotto. La Torre fu arrestato e Rizzotto non finí pure lui in galera solo perché era stato ammazzato dalla mafia. Peccato che nessuno di voi l'abbia ricordato in questi giorni».

L'interpretazione, nel clima sciroccato di Palermo, è che il generale dalla Chiesa pensa che i corleonesi possano essere gli assassini di Pio La Torre, pensa insomma agli uomini di Luciano Liggio che, dopo essere stato coperto da incredibili protezioni, è stato arrestato a Milano, in via Ripamonti 186, il 16 maggio 1974.

Il 12 maggio, la Guardia di finanza fa una perquisizione nell'esattoria dei cugini Salvo, uno degli imperi finanziari dell'isola, agricoltura, costruzioni, proprietà fondiarie, aziende vinicole, oltre alla Satris, la Società per azioni tributaria siciliana che ha goduto di straordinari benefici e privilegi concessi dalla Regione. Due magistrati studiano quintali di carte, la città borghese, che non sembra uscire mai da una sua torpida indifferenza, è invece a rumore alla notizia del santuario violato. C'è chi si scandalizza, chi spera che sia fatta luce su quel nome degli esattori di Salemi sempre pronunciato a mezza bocca con rispetto e con paura, c'è chi teme che l'operazione sia azzardata ed estremamente pericolosa. Si pensa subito allo zampino di dalla Chiesa: ha scelto la via predicata da La Torre, i controlli fiscali, gli accertamenti patrimoniali, le inchieste sugli arricchimenti? Dal bosco e dal sottobosco mafioso trapela preoccupazione.

Dalla Chiesa vuole combattere la mafia, ma deve fare anche il prefetto e svolgere un pesante lavoro amministrativo che non è di routine perché ogni problema lasciato irrisolto, in una città come Palermo, rischia di diventare drammatico. È costretto per le sue funzioni a incontrare persone che farebbe volentieri a meno di incontrare, uomini di spicco conosciuti e inquisiti in diversi momenti della vita e della carriera. Dalla Chiesa possiede un patrimonio di memoria e di informazioni sulla Sicilia dove arrivò per la prima volta nel 1947, ai tempi del bandito Giuliano, giovane tenente comandante del gruppo squadriglie antibanditismo di Corleone e dove tornò dal 1966 al 1973, comandante della Legione carabinieri di Palermo.

Il rapporto informativo richiestogli dall'Antimafia sul conto dell'ex sindaco di Palermo Vito Ciancimino, trasmesso alla Commissione il 15 gennaio 1971 (il documento 662) è suo. Epurato poi di «numerosi passi racchiudenti valutazioni soggettive dell'estensore del documento o notizie non suffragate da obiettivi dati di fatto», è stato trasmesso il 16 ottobre 1973 al Tribunale di Palermo. Suo è anche il rapporto del 13 gennaio 1972 sul costruttore edile Francesco Vassallo, cresciuto nella borgata Tommaso Natale di Palermo, un rapporto agghiacciante che racconta anche le relazioni d'affari di Vassallo con gli uomini della Dc palermitana che ora hanno incarichi di rilevanza nazionale, partecipano alle cerimonie, alle inaugurazioni accanto al prefetto di Palermo, sapendo che cosa l'allora colonnello scrisse negli «omissis», sapendo anche che cosa pensa di loro. Dalla Chiesa conosce di Palermo molti segreti e qualche mistero, ora si è aggiornato, ha letto le sentenze del giudice istruttore Giovanni Falcone, ha letto le relazioni dei giudici riuniti in maggio a Castelgandolfo dal Consiglio superiore della magistratura, conosce nei particolari la vicenda dell'ex ministro Ruffini, invitato d'onore, nella primavera 1979, a un banchetto elettorale organizzato dagli Spatola, gli uomini di Michele Sindona, presente anche Salvatore Inzerillo.

Il prefetto si muove tra i problemi della lotta alla mafia, le questioni quotidiane di una grande città e le pratiche dell'amministrazione. Deve occuparsi dell'acqua: la città è a secco, l'azienda municipalizzata affigge dei manifesti: «L'acqua è preziosa, non sciuparla». Deve occuparsi del traffico: la città, nella zona della Cala, ma anche nei quartieri nuovi, tutt'attorno a viale Lazio, è paralizzata ogni giorno per ore. Deve occuparsi delle patenti, in Prefettura ne giacciono a migliaia, fa sapere che il rilascio sarà piú celere, seguirà rigorosamente l'ordine cronologico: ogni raccomandazione sarà cestinata.

Dalla Chiesa vuole mostrare normalità, gira in taxi da solo, si fa vedere: al mercato della Vucciria, ad esempio, che è un po' il simbolo di una certa Palermo. È imprevedibile, i suoi segretari non conoscono mai i suoi programmi, al telefono parla il meno possibile. È diventato popolare, riceve centinaia di lettere, esprimono bisogni, denunciano sopraffazioni, chiedono aiuto.

Gli scrivono anche i ragazzi di una scuola. «L'Ora» pubblica la loro lettera aperta il 29 maggio:

> Signor prefetto dalla Chiesa, siamo gli alunni della terza scientifico A dell'Istituto Gonzaga di Palermo, abbiamo sentito la necessità di inviarle un messaggio di simpatia e di ammirazione... Intendiamo manifestarle i nostri sentimenti di stima e di rispetto, sicuri che lei continuerà a lavorare seriamente, tenendo sempre presenti gli ideali morali indispensabili per costruire una convivenza civile ordinata... La mafia e i suoi aspetti delinquenziali sono esistiti ed esistono perché non siamo ancora riusciti a creare una collaborazione fraterna a livello cittadino che superi l'omertà, le paure, le avidità, ed è appunto un messaggio di unione che noi vogliamo portare.

Il 2 giugno, dalla Chiesa risponde alla lettera andando al Gonzaga, parla con i ragazzi, li tratta da adulti, li ascolta, risponde alle loro domande, spiega. I ragazzi sono entusiasti dell'incontro. «Per la prima volta ci troviamo di fronte a un non siciliano che capisce i siciliani e riesce a coglierne gli aspetti fondamentali» commenta uno studente, Alberto D'Avenia. E un altro, Giorgio

Cambiano: «Penso di aver capito che ami la Sicilia e che voglia dimostrare come è possibile cambiare cose che nella nostra terra sono ritenute immutabili». Una ragazza, Marilú Orlando, manifesta invece i suoi timori: «Sappiamo che ha una grande esperienza, ma non so che cosa farebbe se gli impedissero di lavorare».

Anche il generale è soddisfatto, consapevole dell'importanza della Scuola, sa che quei discorsi rimbalzeranno e lui ha bisogno di un'opinione pubblica nuova, piú ampia di quella che sente già schierata dalla sua parte: i comunisti, una parte del sindacato, il cardinale Pappalardo, la Chiesa dei giovani preti e dei giovani fedeli, qualche nuovo strato sociale che vuole uscire dall'ipoteca dell'illegalità. Dopo il Gonzaga, dalla Chiesa va in un'altra scuola, il Liceo Garibaldi. Ricorda che in quelle aule hanno studiato due dei suoi figli, Nando e Simona, parla di sé come di «una fiammella che lo Stato ha voluto accendere in questa capitale bellissima che è Palermo».

«... Credo nei giovani e sono venuto qui per dare loro qualcosa: spero di riuscire a creare con questa mia attività per lo meno dei dubbi in coloro che vivono nel marcio, che prosperano sulla corruzione. Io credo ancora che esistano valori, soprattutto perché noi siamo uomini e non numeri. Bisogna respingere qualsiasi forma di corruzione perché è su questa che si alimenta la mafia e il vostro condizionamento. Bisogna fare affidamento esclusivamente sulla propria intelligenza». Si esprime in modo del tutto opposto rispetto agli arroganti notabili siciliani che discettano sulle diversità, negano le evidenze, sostengono che la mafia è un'invenzione, un complotto nordista, per screditare la nobilissima Sicilia. Parla di continuo della mafia, pare che abbia cambiato argomento e torna invece a parlarne, come se considerasse un insperato dono quella possibilità di farlo. Ai ragazzi del Liceo Garibaldi offre anche una sua definizione della mafia: «La mafia è un modo di essere, un modo di pensare che travolge chiunque; noi dobbiamo studiare il modo come combatterla. A me non interessano i prefetti costruiti sui vari metalli, il ferro, l'acciaio. Quello che a me interessa non sono gli episodi singoli, non mi interessa scoprire che cosa determina un omicidio: mi interessa il fenomeno».

I ragazzi gli fanno delle domande e dalla Chiesa risponde senza reticenze: «Che tipo di collaborazione ha avuto dalle altre autorità di Palermo?»

«È da poco che mi sono insediato e diciamo che stiamo studiandoci, cioè ognuno sta vagliando le proprie possibilità».

«Che cosa manca perché lo Stato ritrovi la sua forma di pieno rispetto del regime democratico?»

«Mentre possiamo vedere continuamente degli esempi di malgoverno, di corruzione e di mancata tutela dei diritti del cittadino, abbiamo però l'esempio di uomini che si comportano nel modo opposto, come il presidente Pertini».

«Non ha paura di quello che può succederle?»

«Non ho preventivato la paura. Nel momento in cui ho fatto certe scelte ho calcolato anche questo rischio. Quello che però cerco di fare è di limitare la paura solo a me stesso, senza trasmetterla ad altri».

Tra maggio e giugno, dalla Chiesa continua il suo lavoro di documentazione, di propaganda, di ricerca di alleanze negli strati democratici civili e religiosi della società palermitana. Incontra qualche uomo politico, fa molte domande, si fa spiegare che cosa è cambiato nella mafia dai primi anni Settanta. È cambiato quasi tutto, il mercato della droga ha provocato mutamenti generalizzati dando vigore alla dimensione internazionale del fenomeno, anche se le etichette dei gruppi politico-criminali sono piú o meno le stesse. C'è, ad esempio, la possibilità che i corleonesi di San Lorenzo abbiano avuto l'incarico dagli Stati Uniti di razionalizzare il mercato della droga. Razionalizzare, in questo caso, significa uccidere, massacrare.

Dalla Chiesa comincia a farsi qualche idea fondata sull'esperienza e sulle nuove informazioni. È convinto che Pio La Torre sia stato assassinato per tutto quanto è stata la sua vita, perché la mafia l'ha sempre odiato, lui e la sua cocciutaggine, e per la pericolosità della sua proposta di legge che prevede un nuovo reato, l'associazione mafiosa, da accomunare all'associazione a delinquere.

Qualcuno gli segnala un nuovo fatto che suscita il suo interesse perché rivela la centralità palermitana: la calata su Palermo di alcuni imprenditori catanesi. Evidentemente nel capoluogo della Regione esiste una notevole liquidità di denaro e c'è bisogno di strutture attrezzate per investimenti miliardari. Per questo i palermitani hanno invitato i catanesi che qui non hanno mai messo piede e non potrebbero metterlo senza l'avallo della mafia.

Il prefetto ritiene che per colpire al cuore la mafia occorra partire da Palermo, ma ritiene anche che sia necessario guardare lontano.

Comincia subito a costruire quello che chiama il suo organigramma della mafia. Aveva fatto lo stesso lavoro negli anni Settanta. Il 4 novembre 1970, quando era stato ascoltato dall'Antimafia, aveva spiegato con chiarezza il suo metodo ai deputati e ai senatori della Commissione: «Io adesso mostrerò loro una planimetria che ho chiesto al mio collaboratore di preparare per tutta la città di Palermo, nella quale sono dislocate le "famiglie" mafiose con le relative diramazioni. È interessante perché a noi serve sapere dove si trovano le ventotto "famiglie" mafiose che abbiamo catalogato... Io vorrei chiedere alla loro cortesia di osservare questa planimetria che ho organizzato con il mio collaboratore, capitano Russo, per avere una visione esatta dell'ubicazione attuale delle varie "famiglie"... Ogni cerchio rosso indica la presenza di una "famiglia". Dalle "famiglie", come loro vedono, si diramano determinati interessi, come questi per esempio: questa "famiglia", che è di Passo di Rigano, va a Borgo Nuovo e a Bellolampo per poi proseguire fino a Torretta. Un'altra va poi sotto (quella dell'Acquasanta) e ha un interesse verso l'Arenella e l'Addaura. Praticamente noi possiamo attualmente dividere la città in due zone: questa è quella interessante il gruppo La Barbera

– collocata al centro e che costituisce l'anello di congiunzione e quindi di lotta – quest'altra invece interessa i Greco di Ciaculli che sono dediti piú al contrabbando e al traffico degli stupefacenti. Questi cerchi, segnati con due strisce, indicano quelli che noi pensiamo dediti al contrabbando, gli altri al settore edilizio. Questa, invece, è la zona famosa, viale Lazio, dove si sono sviluppati negli ultimi anni interessi maggiori nelle costruzioni edilizie e nelle aree. Ora, con un esame di questo genere e con un riscontro, non so, degli appoggi anche elettorali, è facile desumere da che parte graviti una forza o l'altra... Non essendoci un'organizzazione verticale, ognuno, agendo nell'ambito giurisdizionale proprio, deve saper mantenere l'armonia con tutti gli altri. Il giorno in cui piú interessi vengono a scontrarsi con altri finitimi e con altri piú lontani – come possono essere quelli appunto di Sferracavallo, di Cinisi, di Capaci – possono essere non condivisi tra determinate "famiglie", le quali "fanno giustizia", perché non hanno avuto richiesto un placet e non hanno concesso nessuna autorizzazione "legale" e si scatenano le grandi lotte. In questa planimetria, non appena completata, a fianco di ciascun segno metterò i due, i tre, i dieci "capi famiglia" e sarà piú utile... È un lavoro lunghissimo, onorevole presidente».

È convinto di poter disegnare la nuova mappa studiando i sistemi di relazione parentale, i rapporti personali, ambientali, di clan, di padrinaggio, di interesse, i giri d'affari di certe società commerciali, le amicizie, le complicità. Una volta aveva l'abitudine di fare annotare tutti i nomi dei partecipanti ai matrimoni degli uomini di mafia e ai battesimi dei loro figli e nipoti ed è convinto che questo modo di procedere sia ancora oggi fruttuoso. I suoi rapporti informativi all'Antimafia sono romanzi-verità, storie di straccioni divenuti miliardari, storie di intrighi famigliari, di tragedie raccapriccianti, di faide durate generazioni, di fortune impossibili, storie di cognati, zii, cugini, fratelli, parenti, padrini, ognuno con un suo ruolo nel reticolo mafioso delle cosche, nel diagramma delle intermediazioni, sotto la protezione di uomini intoccabili che godono i benefici della mafia e dispensano le grazie della politica.

Ma quel che piú lo tormenta è scoprire chi tira i fili, è metter le mani sugli *insospettabili*. Ha ripetuto questa parola piú volte nel rapporto del 26 giugno 1973 intitolato *Interessi mafiosi nel contrabbando di tabacchi e nel traffico di stupefacenti*: «La mafia si è inserita con il suo piú tradizionale mimetismo, con il supporto di "centri di potere" anche insospettabili (ma comunque condizionati ed esposti al ricatto), con una pianificazione, infine, a lungo respiro, giustificata appunto dalla eccezionale portata degli utili e del lucro».

E ancora: «A monte della vera e propria organizzazione mafiosa si intuiscono o si intravedono interessi e capitali di terzi insospettabili. Finora ogni tentativo esperito per tradurli in nominativi e prove è stato vano».

È cambiata la Palermo degli anni Settanta o meglio è cambiato il genere della sua violenza? I giornali, il 7 giugno, danno notizia che un ricco costruttore della città, Francesco Bonura, è stato catturato con le armi in pugno dopo avere ucciso con un complice due giovani in un'officina. Il caldo supera i 40 gradi. Scoppia uno scandalo su un appalto di 100 milioni per la fornitura di anticrittogamici all'amministrazione provinciale: è considerato trascurabile. Scoppiano anche degli incendi. Muore la principessa di Lampedusa, la moglie del «Gattopardo», e i giornali scrivono che è finita un'epoca.

La Belle Époque? Sono morti tutti i principi e i baroni che i giornalisti, negli anni Sessanta, quando uscí il romanzo di Giuseppe Tomasi, vennero a intervistare. Corrado Fatta della Fratta, che aveva scritto un libro sullo snobismo e l'aveva pubblicato soltanto in francese; Lucio Piccolo, il poeta barone che a chi veniva da Milano chiedeva con ansia se Montale aveva parlato di lui; sua sorella Giovanna; suo fratello Casimiro, il barone di Calanovella, che fotografava gli spiriti e anche il fantasma del cane Puck sepolto nel cimitero dei cani e dei gatti in un angolo del giardino della villa di Capo d'Orlando. I nuovi Sedàra non sono diventati senatori del Regno, ma imprenditori selvaggi. Palermo è una città corrotta, nelle mani di una borghesia irresponsabile sulla quale non pesano solo il giudizio e la condanna di Gramsci e di Hobsbawm: incolta, parassitaria, avida, insensibile alla questione sociale, morale e civile, sensibile solo al denaro e alla sua ostentazione, una classe che ha perso negli ultimi decenni anche gli ultimi guizzi di finezza, di cultura, di capriccio ereditati da certi personaggi e da certe famiglie aristocratiche.

L'industria dell'illegalità finisce col condizionare tutto quanto (o quasi) avviene a Palermo ed è profondamente ramificata: dai piccoli traffici alle grandi tangenti sui lavori pubblici; dal controllo sui marciapiedi del centro alla protezione dei negozi, delle ville, dei cantieri; dalle frodi valutarie agli interessi privati in atti d'ufficio; dalle ruberie generalizzate alla speculazione sulle aree fabbricabili della periferia e del centro storico distrutto dai bombardamenti del 1943, alla gestione degli appalti pubblici, alla produzione e al traffico della droga.

Le banche sono imbottite di denaro, i costruttori non hanno bisogno di mutui, il giro di affari è immenso, le imposte sono sistematicamente evase: il procuratore generale della Corte d'Appello ha definito «sconcertanti e scandalose» le evasioni fiscali nel distretto giudiziario.

L'intelaiatura economica della città è costruita in parte sugli stipendi di 6 mila impiegati comunali e di 23 mila impiegati della Regione e degli enti: due, tre buste paga in una famiglia hanno mutato abitudini creando benessere e determinando quella tendenza allo spreco che compensa probabilmente secoli di astinenza. Gli stipendi impiegatizi hanno cambiato il costume creando nuovi consumatori disponibili a ogni lusinga, ma è necessario, per capire l'economia selvaggia di Palermo, guardar dentro quella giungla di capitali sporchi e neppure tanto misteriosi che possono anche generare attività lecite, e di capitali dello stesso tipo riassorbiti invece in investimenti loschi, con i guadagni altissimi di un sistema fuorilegge.

Al degrado fisico e all'irrespirabilità morale corrispondono la debolezza e il degrado istituzionale. La non diffusa coscienza civile, la forza minoritaria del Partito comunista che ha una base ristretta, l'esiguità di impegno della cultura e, soprattutto, l'assenza di un governo e di uno Stato democratico, rendono cruda e aleatoria la lotta contro la mafia. Tutti i tentativi fatti dall'interno delle istituzioni, forse perché privi di collegamenti e di unità d'azione e di intenti sono finora falliti e lo dimostrano gli assassinî di Boris Giuliano, di Cesare Terranova, di Gaetano Costa, del capitano Basile, commissari di polizia, magistrati, ufficiali dei carabinieri. Palermo è un porto franco dell'illegalità, la mafia giudica la città un suo feudo e non è ritenuto neppure immaginabile opporsi e rompere i giochi della malavita politica. La mafia ha necessità di silenzio, al contrario del terrorismo che ha sempre avuto bisogno di risonanza, e chi cerca di mutare il corso delle cose, chi si impegna per tentare di distruggere questo cancro che non è solo siciliano, ma nazionale e internazionale, viene eliminato, anche per il fatto di manifestare volontà e progetti di lotta.

Fin dall'inizio la mafia giudica intollerabile la presenza a Palermo del generale dalla Chiesa.

La strage della circonvallazione – cinque morti: tre carabinieri, l'autista e il boss catanese Alfio Ferlito che doveva essere tradotto al carcere di Trapani – segna il 16 giugno l'inizio della carneficina d'estate. Dalla Chiesa va sul posto, è come inerme, parla con i magistrati e con la polizia, ma non può molto. Non ha piú a disposizione il suo nucleo speciale dei tempi del terrorismo, non ha informazioni particolari, non ha quei poteri che gli sono stati promessi dal ministro al tempo della nomina. Poteri artigianali: quello che viene chiamato coordinamento nazionale per la lotta alla mafia dovrebbe fondarsi infatti sull'istituzione di nuovi uffici nelle prefetture dove il fenomeno ha rilevanza. Due-tre persone in ogni grande città e anche in alcune piccole città, nelle zone dei soggiorni obbligati, nelle regioni dove sono approdati gli imprenditori della mafia. I funzionari dovrebbero occuparsi della mafia a tempo pieno facendo capo al prefetto di Palermo messo nelle condizioni di adoperare quelle informazioni.

Dalla Chiesa comincia ad avere notizia delle lotte sotterranee che, a causa della sua presenza a Palermo, sono esplose dentro e fuori il mondo politico e, all'interno dell'amministrazione: le resistenze passive, i rifiuti burocratici, le gelosie, i puntigli d'onore delle competenze scavalcate e offese.

Negli ambienti democristiani c'è molta preoccupazione: gli andreottiani di Palermo, i detentori del potere, non la nascondono. Che cosa ha in mente il generale? La dirigenza politica della città gli fa il vuoto intorno: il sindaco Martellucci non perde occasioni per polemizzare, altri piú discreti tacciono, ma non mascherano la loro ostilità. Il generale incontra piú volte il cardinale, lo conosce dagli anni Settanta, ne ha grande stima: dalla Chiesa e Pappalardo hanno stabilito un rapporto organico, si scambiano biglietti e messaggi. Dalla Chiesa seguita a operare nella sua doppia veste, di rappresentante del governo e di generale antimafia e, appena gli è possibile, cerca di fare coincidere le due funzioni. Come quando riceve una lettera dagli amici di un giovane che è morto per una overdose di eroina, Antonio Mazzarella:

> A Palermo si muore ammazzati o perché si è all'interno del meccanismo mafioso o perché se ne è fuori e si vuole combatterlo. Com'è possibile, Generale, che i tuoi carabinieri ignorino che a 150 metri dalla caserma Carini si svolge il piú ricco mercato di eroina della città?... I partiti, i sindacati, i comitati di esperti, i magistrati tengono convegni sulla mafia. Intanto i nostri compagni muoiono, uccisi dalla siringa, dalla solitudine e dalla disperazione di una città senza speranza e senza amore. Non vogliamo che muoiano piú, Generale. Per questo abbiamo deciso di organizzarci: un movimento dal basso, di gente semplice, giovani e non, di tutti coloro che vogliono vivere e non vogliono piú essere governati dai gangster. Se a questo movimento si uniranno tutte le persone pulite, che non intendono arrendersi, allora potremo fare di piú di quanto non possa fare tu in questo momento.

Dalla Chiesa è attento al problema e il 29 giugno, rispondendo esplicitamente alla lettera di quei giovani, compare al Teatro Ranchibile dell'Istituto Don Bosco dove la Lega antidroga ha organizzato un'assemblea. Il prefetto è polemico, attacca il sindaco Martellucci: il centro medico e di assistenza sociale previsto nel 1975 dalla legge 685 non è ancora stato istituito e le giustificazioni non sono credibili: non è possibile, dice dalla Chiesa, che la difficoltà di trovare i locali per il centro blocchi per sette anni l'applicazione di una legge dello Stato. Attacca anche il Provveditorato agli studi. Il Comitato di ricerche e di studi non funziona affatto: «L'attività è limitata alla pubblicazione di alcuni libri e a pochissime riunioni di quelle in cui si finge di decidere. Quattro soli incontri in un anno che è fatto di 365 giorni. E non mi si dica che è un problema di fondi». Non nasconde la fretta di agire. Al Teatro Ranchibile pronuncia una frase che riletta dopo la sua morte assume un valore di amara predestinazione: «Si parli di fatti e si evitino le troppe parole. Non abbiamo molto tempo a disposizione e occorre imporre alla situazione un ritmo veloce».

Pronuncia un'altra frase che assume anche un valore di testamento: «Non dobbiamo genufletterci perché siamo tutti portatori di meningi e di valori spirituali. Rivalutare e difendere le une e gli altri vuol dire non privarci degli unici strumenti che ci possono consentire di rimanere i veri protagonisti del nostro destino. Io dico a questi giovani: non fatevi fagocitare dai ladri del sistema, da chi crea la sua ricchezza sulla vostra morte. Contestate questo sistema gestito da chi vi toglie ossigeno per trarne lucro e prestigio».

È il generale della repressione che si esprime cosí, non un sovversivo. E mentre parla dei ladri del sistema, di coloro che costruiscono la loro ricchezza e il loro potere sulla morte altrui deve avere davanti agli occhi volti e figure.

Appena arrivato, la società palermitana ha cercato di assorbirlo, di blandirlo, di metterlo in vetrina invitandolo a pranzi, cene e riunioni in case e palazzi. Ma il generale ha mostrato circospezione, non si è lasciato coinvolgere. Non gli garbava né la parte dell'ingenuo uomo del Nord, né quella del complice, in una città dove le frequentazioni sono l'anima della mafia. Vede poca gente, sua cognata Lidia che vive a Palermo, vecchi aristocratici, qualche professionista che conosce da tempo.

Continua il suo lavoro sotterraneo, non è ancora pessimista. Ma in luglio i fatti assumono un'accelerazione sinistra. 1° luglio, ore 9,20 in via Monte Pellegrino: ucciso il proprietario di un negozio, il Centro Baby. 2 luglio: eroina a chili sequestrata nella casa di una persona insospettabile. Ancora il 2 luglio: trovato in un sacco il cadavere di un barbiere dell'Olivuzza. 3 luglio: altri due cadaveri trovati in un sacco; uno sfasciacarrozze ucciso in viale Regione Siciliana.

Poi c'è una sosta. Il campionato mondiale di calcio ha la forza di placare persino gli assassinî di mafia? Anche il generale ha un intermezzo: sabato 10 luglio, san Marziale, si sposa in una cappella vicina a Levico, nel Trentino, con una giovane milanese, Emanuela Setti Carraro. Il lunedí è di nuovo a Palermo. Il giovedí partecipa ai festeggiamenti in onore di santa Rosalia: è il giorno in cui, in cattedrale, il cardinale Pappalardo annuncia la visita del Papa a Palermo per il 21 novembre. Va anche in processione alla Kalsa, con le congregazioni che indossano i paramenti antichi, il clero, il capitolo metropolitano, il cardinale, il sindaco. Alla Kalsa c'è festa. La trattoria di Zu Natale offre un pranzo ai soci dell'Associazione indigenti, un bambino, con in mano un accendino d'oro o dorato, canta la canzone *O scippo*. La gente di uno dei quartieri piú degradati e piú disperati d'Europa di cui Garibaldi nel 1860 aveva auspicato e forse avviato il risanamento, è ammirata per la bellezza delle «masculiate», gli spari dei mortaretti, i fuochi d'artificio: «Fuochi cosí grandi non li avevamo visti mai».

Altri fuochi non si fanno attendere. Carabinieri e polizia presentano un rapporto, il rapporto dei 162, che spiega la meccanica della guerra delle bande scoppiata il

23 aprile 1981 con l'assassinio di Stefano Bontate, boss di Villagrazia: protagonisti i Greco di Ciaculli, i Marchese di corso dei Mille, i corleonesi di Totò Riina, Bernardo Provenzano di Piana dei Colli. Molti dei 162 sono già in galera, 18 persone vengono arrestate. Poi altri cinquanta mafiosi della «mafia vincente» finiscono all'Ucciardone, pochi gli arresti della «mafia perdente». Sono stati assassinati.

Rispunta un nuovo scandalo – il porto rifugio alla Fossa del gallo – con l'incriminazione dell'ex assessore regionale repubblicano ai Lavori pubblici. L'Assemblea regionale siciliana, dopo una denuncia dei comunisti, decide di riesaminare anche i documenti di un'altra gara, una sessantina di miliardi, per il Palazzo dei congressi, appena vinta dalla ditta Costanzo di Catania.

I finanziamenti pubblici previsti a Palermo per i prossimi anni sono colossali: 5250 miliardi in tre anni, per opere pubbliche della Regione; 1000 miliardi del Comune per il risanamento del centro storico; altri 500 miliardi della Regione per case e irrigazione; 20 miliardi per quello chiamato risanamento della costa (una diga dal Foro Italico verso Acqua dei Corsari) e che è invece un equivoco progetto di cementificazione; 200 miliardi per la costruzione della base missilistica di Comiso. Quali sono le possibilità di controllo democratico su un simile flusso di denaro, non speso finora per intralci burocratici, o meglio perché è mancato un accordo di spartizione, e sul quale ovviamente la mafia ha posto la sua ipoteca?

Martedí 20 luglio. I giudici della seconda sezione del Tribunale di Palermo assolvono perché «il fatto non costituisce reato» i 100 imputati del processo per lo scandalo della diga García: sono gli amministratori della Cassa per il Mezzogiorno, i dirigenti del Consorzio per l'alto e il medio Belice e i proprietari dei terreni espropriati a peso d'oro. Invece dei due miliardi e mezzo stanziati sono stati spesi 21 miliardi.

Mercoledí 21 luglio. Terzo anniversario dell'assassinio del capo della squadra mobile Boris Giuliano, arriva per la commemorazione – una messa nella chiesa della

Madonna dei rimedi, lo scoprimento di una lapide – il ministro dell'Interno Rognoni: dice che Boris Giuliano non si deve ricordare solo sentimentalmente, ma con un'incisiva lotta alla mafia. «La mafia è ormai un problema nazionale. Ci sono tante operazioni antimafia in corso e siamo tutti impegnati a combattere il fenomeno». Il sindaco Nello Martellucci dice che la lotta alla criminalità organizzata non è soltanto un problema di polizia e insiste sulla necessità di guardare con attenzione alle aree depresse respingendo un indiscriminato contenimento della spesa pubblica che si tradurrebbe in una fonte di iniquità distributiva. Sono presenti le vedove Costa e Terranova. Dalla Chiesa sta zitto, saluta i familiari del commissario, abbraccia la piccola figlia. Comincia ad avere qualche presentimento, qualche terrore?

Sabato 24 luglio. Riprende la carneficina, un piccolo proprietario di terra viene ucciso alle 8 del mattino alla Borgata Ciaculli. È imparentato con l'alta mafia, i Greco, con Totò, «l'ingegnere» e con l'altro Totò «ciaschiteddu», il fiaschetto.

Quando il generale è tornato con la giovane moglie sono ricominciati gli inviti, le premure, le sollecitazioni. Coloro che contano o che pensano di contare nella società di Palermo sono incuriositi e vogliono vedere (prima di altri) la signora venuta da Milano. Dalla Chiesa accetta un invito al circolo canottieri Roggero di Lauria a Mondello che festeggia l'ottantesimo anniversario della sua fondazione. Gli ospiti sono piú di mille, è issato il gran pavese, il sindaco taglia le torte con le date ricamate di zucchero e con ottanta candeline accese. La borghesia palermitana si sente piú che mai erede dei Florio. I cronisti descrivono la coppia dalla Chiesa, lui vestito di scuro con una cravatta a circoletti, lei «in completo blu e argento, lunghe chiome sciolte e un sorriso per tutti al suo atteso esordio palermitano». I giornali pubblicano la fotografia del generale con la moglie: sorridono, ma – se non è una suggestione – il loro sorriso sembra piú immalinconito che allegro. Il generale è a disagio, quante sono tra gli ospiti le persone che non vorrebbe mai incontrare?

Ricomincia il conteggio dei morti. Il cantante Pino Marchese, strangolato, evirato, trovato nel bagagliaio di un'auto abbandonata di fronte a Villa d'Orléans; un vaccaro assassinato allo Sperone, in vicolo Sacramento, «vittima di piccole storie», come dice la polizia; due amici di Pino Marchese assassinati in via Colonna Rotta; un dipendente della nettezza urbana assassinato in via Campisi, alla Guadagna.

I morti, dall'inizio dell'anno, sono 76: «Questa Palermo città-scannatoio», titola «L'Ora».

Le immagini dei delitti sembrano uscire da una fotocopiatrice: i morti stesi sull'asfalto delle strade, coi piedi lievemente aperti che spuntano dalle lenzuola troppo corte stese sopra, il muro di folla punteggiata di bambini che guardano il sangue che scivola in rivoli e forma macchie e pozzanghere che nella gran calura seccano in fretta.

Il 4 agosto i morti sono 79, comincia la strage di Casteldaccia, un paese sulla strada di Bagheria, vicino ad Altavilla Milicia. Dalla Chiesa è seccato per le indiscrezioni e le dichiarazioni, che escono dal Palazzo delle Aquile, sul luogo dove il Papa parlerà ai fedeli il 21 novembre. Fa un comunicato polemico con Martellucci: la scelta sarà concordata con il cardinale, ora assente, i responsabili dell'incolumità del Papa sono il presidente della Regione e «gli organi della provincia chiamati dalla legge». Il sindaco non c'entra nulla.

Il 5 agosto le vittime sono 81, gli assassinati sono Cosimo Manzella, presidente dell'Ospedale Inail di Palermo e un cugino che era in macchina con lui. Il giorno dopo c'è un nuovo morto, un pastore di Casteldaccia.

Un altro anniversario: «Il 6 agosto 1980 la mano feroce della mafia stroncava la vita generosa di Gaetano Costa, procuratore capo della Repubblica di Palermo. Due anni sono passati e ancora nere nubi avvolgono il criminoso intrigo in cui fu ordito e deciso il delitto. Circolano liberi, innominati e insospettati, mandanti e sicari». Una messa viene celebrata nella piccola chiesa delle Sacramentine, in via Principe di Scordia: Carlo Alberto dalla Chiesa è nei primi banchi. Ha meno di un mese di vita.

Quel giorno parla con un giornalista dell'«Unità», Saverio Lodato, e dice alcune cose che gli stanno a cuore: «Gli organi di informazione hanno forse sottovalutato il rapporto dei 162. Eppure è il frutto di un lavoro svolto in piena sintonia fra gli investigatori e chiama in causa, tra gli altri, mandanti e killer di una trentina di omicidi. Non è poco». Il giornalista gli fa notare che non è stata mai fatta luce su nessuno dei grandi omicidi terroristico-mafiosi e il generale: «È vero. L'opinione pubblica piú sensibile ci chiede di svelare fino in fondo ciò che si nasconde dietro i delitti che hanno avuto come comun denominatore un disegno tendente a destabilizzare le stesse istituzioni. Uomini come Mattarella, Terranova, Costa, La Torre vollero imprimere una svolta alla vita pubblica siciliana. Ma si scontrarono con interessi consolidati e in fieri». E ancora: «C'è una sfida di faide, con sgarri e vendette contrapposte. Veri e propri gruppi di potere locale sui quali stiamo già intervenendo. E c'è poi una criminalità piú complessa, un connubio di mafia e di interessi che punta in alto. Anche se non sono venuto a Palermo per stravincere, è decisivo impedire al piú presto gravi inasprimenti della situazione che deriverebbero da nuovi salti di qualità dei singoli clan».

Non si sente dunque uno sconfitto. Ma la situazione sembra precipitare. Il 7 agosto i morti sono 86. Mentre i carabinieri pattugliano Casteldaccia, perquisiscono, fermano sospetti mafiosi, alcuni giovani sequestrano uno del paese. Gli assassinati, nel circondario di Casteldaccia, sono 11 in cinque giorni. È allora che dalla Chiesa comprende con lucidità di essere lui l'obiettivo mediato della strage? È solo, è isolato, che cosa temono? Quali sono e di chi, in quella torrida estate, le pressioni sul filo Palermo-Roma perché non gli vengano concessi i poteri promessi?

Il tentativo di distruggere il suo mito iniziato subito dopo l'arrivo a Palermo è all'apice. Eccolo, dicono i suoi nemici e detrattori mafiosi, il famoso generale dell'antiterrorismo ridotto a raccattare i cadaveri che gli vengono lasciati sull'uscio delle caserme. È accaduto a Casteldaccia: «Divertitevi a guardare dentro la 127 rossa», telefona una voce alla stazione dei carabinieri. La 127 è lí fuori con i cadaveri di due scomparsi, Cesare Manzella e Ignazio Pedone, il sequestrato del giorno precedente, «incaprettati», legati ai polsi e alle caviglie come capretti.

I morti sono 89, il generale si difende come può. Convoca il Comitato per l'ordine e la sicurezza, mette in pratica un piano operativo – retate, posti di blocco – fa un appello alla popolazione, incontra i sindaci dei paesi massacrati, continua a far politica, chiede aiuto, chiede collaborazione, indispensabile – dice una sua nota – perché «il bagno di sangue è opera di feroci criminali, espressione piú che di faida, di lotta di potere, di contrasti tra gruppi mafiosi, di autentica follia che lascia sgomenti anche per la tracotanza e, purtroppo, per l'efficienza».

Si difende, manda un urgente messaggio a chi può intervenire. Con la drammatica intervista a Giorgio Bocca, fa anche testamento. L'articolo esce il 10 agosto su «la Repubblica»: è già segnata la sua stella in quel giorno delle stelle cadenti di san Lorenzo? In che modo i misteriosi signori della direzione strategica della mafia avranno ordinato, dato in appalto il delitto del generale? Con una parola in codice, con un gesto, levando il viso, muovendo gli occhi?

A Giorgio Bocca dice due o tre cose: gli impegni presi dal governo non sono stati mantenuti; è venuto in Sicilia per combattere la mafia non per discutere di competenze e di precedenze; la mafia va combattuta non solo nel pascolo palermitano; chi viene lasciato solo, come il procuratore Costa quando decise di rinviare a giudizio gli Inzerillo e gli Spatola contro il parere della maggioranza della Procura, «può essere ucciso, isolato come un corpo estraneo». Parla poi di un invito in una casa di Palermo ricevuto attraverso un amico. «Se io non so che in quella casa l'eroina corre a fiumi ci vado e servo di copertura. Ma se ci vado sapendo, è il segno che potrei avallare con la sola presenza quanto accade». Il generale sa e rifiuta l'invito, il suo ospite legge evidentemente l'intervista e capisce che il generale sa che la sua casa o il suo ufficio sono una centrale del traffico della droga. Di chi è il nome illustre? Di uno di quelli che possono aver detto una parola in codice, o fatto un gesto al messo degli assassini? Di uno di quelli che si sono battuti a Roma perché il generale non avesse i poteri promessi?

Dalla Chiesa fa anche una precisa denuncia: «Oggi mi colpisce il policentrismo della mafia, anche in Sicilia, e questa è davvero una svolta storica. È finita la mafia geograficamente limitata alla Sicilia occidentale. Oggi la mafia è forte anche a Catania. Con il consenso della mafia palermitana, le quattro maggiori imprese edili catanesi oggi lavorano a Palermo. Lei crede che potrebbero farlo se dietro non ci fosse una nuova mappa del potere mafioso?»

«90, 91 nella città mattatoio», titola «L'Ora» il 10 agosto. Due assassinati in dieci minuti: alle 8,20 a Palermo il boss di Villabate; alle 8,25 a Villabate il nipote del boss. L'11 agosto i morti sono già 93: è stato assassinato Paolo Giaccone, docente universitario, medico legale. Il 12 agosto scompare Ignazio Lo Presti, ingegnere: è il cognato di Nino Salvo, il potente esattore. È legato da inquietanti rapporti, come scrive il giudice Giovanni Falcone nella sua sentenza istruttoria contro Spatola Rosario + 119, con il capomafia Salvatore Inzerillo. Si teme che dopo la sparizione, la morte bianca, di Lo Presti ci possa essere un nuovo incrudelire della già terribile guerra di mafia.

Il ministro dell'Interno, Rognoni, convoca a Roma il generale dalla Chiesa e il presidente della Regione D'Acquisto. Il ministro (il governo Spadolini è caduto il 7 agosto) presiede il Comitato interministeriale per le informazioni e la sicurezza, ma nonostante la drammaticità di quanto sta accadendo in Sicilia, a dalla Chiesa non viene concesso nessun potere di coordinamento nella lotta antimafia. Sarà inviato a Palermo solo un rinforzo di uomini e di mezzi.

«Noi insistiamo, – dice il comunista Michelangelo Russo, – per assicurare alla lotta contro la mafia una direzione centralizzata e un coordinamento nazionale delle indagini». «C'è un impegno serio – dice il presidente della Regione D'Acquisto – che richiederà spirito di sacrificio per condurre un'operazione che si annuncia lunga e difficile. Non sono previsti provvedimenti eccezionali». «Che il coordinamento avvenga attraverso il ministro o il prefetto non ha importanza, – dice il socialista Anselmo Guarraci, – l'importante è che avvenga e che ci sia una presenza effettiva, organica ed efficace dello Stato».

A Palermo si diffonde la notizia delle dimissioni di dalla Chiesa, il ministro dell'Interno smentisce. Il sindaco Martellucci dà anche lui un'intervista a «la Repubblica». È il 14 agosto: «Mafia, mafia... Quanto parla la gente! Voi create un'equazione: Palermo uguale mafia. Non è giusto. Come sindaco, come conoscitore dei costumi locali, come rappresentante di questa gente generosa, leale, laboriosa, io mi ribello. Non voglio dire che da noi il fenomeno non esiste, per carità; ma soltanto che nella sintomatologia del deperimento di Palermo esso corre parallelamente a un'altra e forse piú profonda piaga, il degrado sociale». E ancora: «... Ora hanno mandato dalla Chiesa... grandissimo ufficiale, uomo di ottimo spessore culturale, come Cappuzzo del resto. Ho avuto occasione di incontrare anche il generale Cappuzzo, un piacevolissimo incontro. Ho notato che il livello intellettuale dei militari si è enormemente elevato».

«Signor Sindaco – gli dice il giornalista Franco Recanatesi – parlavamo della mafia. Hanno mandato dalla Chiesa, stava dicendo. E proprio ieri il ministro Rognoni ha promesso un nuovo contingente di polizia».

«Dalla Chiesa non si discute, di forze dell'ordine piú ne circolano e meglio è. Ma cosa possono offrire cento, mille poliziotti in piú? Cosa può offrire a dalla Chiesa uno Stato di diritto?»

Il prefetto Mori, adempiendo a un ordine di Mussolini, disse al duce – parla ancora Martellucci – che la presenza dei mafiosi in Sicilia si poteva quantificare nel tre per cento della popolazione: «Se prendiamo per buona anche oggi quella percentuale ci accorgiamo come il fenomeno mafioso sia meno esteso di quanto si immagini. Mio caro amico, perché non proviamo la ricetta Martellucci? Un occhio alla mafia, certo, ma due occhi alla risoluzione del degrado sociale ed economico del Sud».

A Ferragosto gli assassinati sono 95. La domenica dell'Assunta i parroci del triangolo della morte leggono dai pulpiti una dura omelia: parlano del peccato sociale della mafia, denunciano le complicità degli amministratori pubblici, le collusioni, le omissioni: «Non possiamo assistere come cristiani a questa feroce carneficina mafiosa che insanguina le strade dei nostri paesi, né possiamo abituarci a questa logica di morte. Non si dovrà piú assistere allo scandalo di vedere uomini politici e amministratori comunali affollare i funerali di noti mafiosi. Sappiamo che la nostra voce non fermerà la mano degli assassini, ma non possiamo rimanere in silenzio senza pronunciare il giudizio del Vangelo di Cristo su questi fatti». Un discorso grave che mette in discussione la legittimità cristiana della Dc.

A metà agosto, dalla Chiesa e la giovane moglie vanno in vacanza per qualche giorno, a Prata, nell'Irpinia, dove il generale possiede una casa che era di proprietà della prima moglie. Ci sono i suoi figli, le nuore, i generi, i bambini. Carlo Alberto dalla Chiesa parla a lungo con Nando, fa delle passeggiate con lui, gli mostra la terra, gli mostra anche dei terreni che Nando non aveva mai visto.

«Se non ci sono piú vieni lo stesso» gli dice. Gli parla di Palermo, gli racconta che è stato lasciato solo dalla Dc. Gli confida anche cose delicate. A osteggiarlo sono soprattutto gli andreottiani. «Perché?», gli chiede il figlio.

«Perché ci sono dentro fino al collo». Gli racconta anche del colloquio con Andreotti: quando il generale gli aveva detto che non avrebbe avuto riguardo per nessuno, l'uomo politico «era sbiancato in faccia».

Il 20 agosto, il ministro Rognoni arriva in Sicilia e incontra dalla Chiesa. Il generale partecipa con il ministro all'ultima cerimonia, la commemorazione della morte del colonnello dei carabinieri Giuseppe Russo, ucciso a Ficuzza il 20 agosto 1977. Sembra una crudele prova del suo funerale. Il generale è commosso: «Quanti impegni notturni al mio fianco Russo ebbe con me, quanti impegni abbiamo adempiuto con la pistola in pugno». Ma è anche polemico: «Russo aveva tanti nemici tra quelli che gli amanti del diritto non vogliono sia definita cosí, la mafia». E attacca il sindaco Martellucci che in un'intervista ha dichiarato «di non aver mai visto collusioni tra la mafia e il Comune. E io ho occhi acuti».

«Russo – replica dalla Chiesa – aveva tutti i cinque sensi, non aveva soltanto la vista acuta, ma l'udito finissimo, l'argomentazione intelligente della parola, quel tatto di chi sapeva attendere per combattere meglio». E poi un'altra frase che ha, di nuovo, il senso di una cupa premonizione: «La mafia che sapeva Russo non garantito ha trovato il gusto della vigliaccheria per ucciderlo a Ficuzza».

Sono in corso patteggiamenti e compromessi per i poteri da concedere al generale. Rognoni nel suo discorso ha detto una frase non chiara, che però fa comprendere che qualcosa si sta muovendo: «Abbiamo optato per dalla Chiesa soprattutto in relazione ai livelli di coordinamento dell'azione di polizia che, per quanto riguarda la mafia, trova un teatro di intelligenza e di operatività che va ben oltre l'area siciliana». Il coordinamento della lotta antimafia sarà concesso al generale? Come funzionerà?

Il 23 agosto i morti ammazzati salgono a 98: gli ultimi assassinati sono un padre e un figlio, commercianti di via Perpignano. Lo stesso giorno, il ministro Rognoni, intervistato a Roma da Alberto Spampinato dell'«Ora», dice che non esistono piú polemiche tra lui e dalla Chiesa. «Abbiamo parlato, abbiamo chiarito, siamo d'accordo».

E ancora: «La qualità di prefetto attribuisce a dalla Chiesa tutte le prerogative necessarie. Al prefetto dalla Chiesa spetta il coordinamento dell'"Intelligence", egli cioè è il terminale di tutte le informazioni che si acquisiscono sulla mafia. È evidente che poi, sul piano dell'intervento, se è necessaria, ad esempio, un'operazione di polizia a Pordenone, non spetta a dalla Chiesa guidarla».

Dalla Chiesa pensa che il compromesso sia onorevole. Si comporterà empiricamente, come ha sempre fatto: questa soluzione dell'«Intelligence», in fondo, è un passo in avanti, anche se possedere le informazioni e non avere poi il potere di usarle è un controsenso. Ma confida nella sua determinazione: non è la qualità che piú temono in lui?

La carneficina continua; i giornali sembrano bollettini di guerra anche se lontano da Palermo le notizie di tutti quei cadaveri nel pieno dell'estate giungono smorzate e assurde. Il 26 agosto i morti ammazzati arrivano a 100, ma la polemica sul coordinamento scoppia di nuovo. La Criminalpol fa sapere che la recente legge di riforma affida proprio alla Criminalpol il compito di coordinare l'azione contro la criminalità organizzata. Dalla Chiesa ribadisce la funzione preminente «che spetta al prefetto di Palermo, di coordinamento, e nazionale per la parte informativa e di analisi che il ministro ha definito "intelligence"».

Replica il sottosegretario democristiano all'Interno delegato ai problemi della polizia, Angelo Sanza, in un'intervista al «Mondo»: «Non possono essere stati dati a dalla Chiesa poteri eccezionali senza travalicare gli ordinamenti vigenti. La lotta alla criminalità va condotta a livello centrale e non vi può essere un coordinamento che parta dalla periferia. Dalla Chiesa non può avere a Palermo compiti che sono propri degli organi centrali, quelli cioè esistenti al Viminale o presso la Criminalpol». Anche il capo della polizia Coronas ribadisce il concetto e il direttore della Criminalpol, Nicastro, lo accentua.

Dalla Chiesa non si preoccupa, crede in Rognoni: il Consiglio dei ministri prenderà la decisione ufficiale il 7 settembre.

Continua il suo lavoro e una sua iniziativa suscita altri allarmi. Il prefetto chiede ai sindaci della provincia, escluso per ora quello di Palermo, informazioni sugli appalti pubblici nei vari comuni.

Il 1° settembre arriva a Palermo il ministro delle Finanze Formica, incontra dalla Chiesa e fa una conferenza stampa alla caserma Cangialosi. La Guardia di finanza sta terminando un rapporto su 3192 mafiosi che sarà consegnato alla magistratura e dato in visione a dalla Chiesa. Il ministro parla di una radiografia sull'attività economica svolta da uomini e da imprese di mafia, parla di «santuari pagani» della mafia. «I nomi?», chiede un giornalista. «Quando avremo in mano certezze allora li faremo, ma alla magistratura», risponde Formica. Il ministro parla anche dei cugini Salvo: «Dagli accertamenti sono venute fuori irregolarità. Per il momento non sono di natura penale, se lo fossero avremmo già investito la magistratura».

«La mafia imprenditrice sotto il mirino», «L'azienda mafia nell'occhio del ciclone fisco», «Oltre tremila nomi nella mappa delle imprese legate ai gruppi mafiosi», «False fatture, contributi facili, ecco la mafia in doppiopetto», «Dietro le imprese della mafia evasioni fiscali da capogiro», dicono i titoli dei giornali.

È un venerdí, l'ultimo giorno di vita di Carlo Alberto dalla Chiesa e di sua moglie Emanuela. Una giornata tranquilla senza morti. La gente è tornata dalle vacanze, il traffico è di nuovo caotico, un cassiere della mafia, all'Ucciardone, fa il matto con il magistrato che lo interroga: «Tu sei Cristoforo Colombo, tu sei Cristoforo Colombo», gli grida.

Il prefetto telefona a un brigadiere e a un maresciallo del suo vecchio nucleo antiterrorismo, gli dice che è solo, che ha bisogno di loro. Vogliono venire a Palermo?

È una giornata di scirocco.

Che cosa ha fatto d'altro il prefetto, quel venerdí, prima che venga sera?

È quasi buio quando sente che è arrivata Emanuela. Alle nove meno cinque – ha ancora pochi minuti di vita – esce con lei.

Il palazzo dei veleni

Vado su e giú per via Isidoro Carini senza riuscire a trovare la lapide dedicata al generale dalla Chiesa. Riconosco l'incrocio con le strade che conducono in via Libertà e in via Ximenes, ricordo il fruttivendolo proprio davanti al posto della strage, e poi un fotografo, un negozio di articoli sportivi, una friggitoria. La mattina dopo il delitto, l'A112 in cui dalla Chiesa e sua moglie furono massacrati era già stata trasportata nel cortile della questura e cosí l'Alfa blu insanguinata, guidata dall'agente Domenico Russo che resterà in coma fino al 15 settembre, giorno della sua morte. C'era un gran silenzio. Sull'asfalto si trovavano dappertutto pezzi di vetro d'automobile, la poca gente che veniva a vedere o che passava sembrava soprattutto smarrita e si allontanava in fretta. Le telecamere della Guardia di finanza di piazza Sturzo erano puntate dalla parte di via Carini, ero andato in caserma a chiedere se il piantone, la sera prima, aveva visto qualcosa sui monitor ed ero stato guardato con sospetto, chiuso in una stanza e mandato via in malo modo.

Il 3 settembre era un venerdí, oggi – sono passati sei anni – è sabato, l'ora è la stessa, poco prima delle nove di sera. Fa caldo e molti sono sui balconi e alle finestre, ma anche dalle case buie, azzurrate dalle tv accese, si sentono arrivare delle voci mescolate a quelle degli speaker. Mi decido a chiedere della lapide a una ragazza affacciata. È murata sulla casa di fianco a un'altezza insolita, piú su del mezzanino. Si riesce a vedere con difficoltà perché la luce della strada è fioca e perché la lapide è di bronzo, coperta anche dalle ombre delle imposte che sbattono.

Quanti, nell'afosa sera d'estate, avranno visto e sentito le macchine, i motori delle moto, gli spari dei kalashnikov? In pochi, poi, sono andati a testimoniare, protetti dall'anonimato. In nome di chi, e di che cosa, con quali sicurezze e certezze, i «cittadini onesti» dovrebbero esporsi in una città e in un paese dove per molti la parola antimafia è una bestemmia, dove qualcuno ritiene – e altri sfruttano gioiosi la provvidenziale trovata intellettuale – che i giudici, i famosi professionisti dell'Antimafia, facciano carriera istruendo processi di mafia? Non l'ha scritto persino Leonardo Sciascia? («I lettori, comunque, prendano atto che nulla vale piú, in Sicilia, per far carriera nella magistratura, del prender parte a processi di stampo mafioso...»)[1].

Che carriera sono riusciti a fare! Borsellino, procuratore della Repubblica a Marsala, solo in un palazzo lunare, con due o tre ragazzi che sembrano suoi figli e sono invece i suoi sostituti ai quali deve far scuola e insegnare la pratica giudiziaria. E Falcone, il giudice ammirato dai piú famosi inquirenti degli Stati Uniti d'America, che carriera anche lui! E che vita, chiuso in quel terribile bunker!

A Palermo è piena estate, i palermitani sono ancora sulle spiagge, a Mondello, a Scopello, o dispersi nei villini sulla collina, a San Martino delle Scale, alla Portella della Creta. Il Palazzo di Giustizia sembra ancora piú mostruoso, semideserto, uno scatolone tra gli speroni di case fatiscenti, i mercatini di carabattole, i monoblocchi dei condomini cresciuti senza regola, piantato dentro la smisurata piazza dedicata a Vittorio Emanuele Orlando, negli Atti dell'Antimafia anche lui, il presidente della Vittoria, per via di alcuni gentilissimi bigliettini inviati a Frank Coppola negli anni Cinquanta, in ringraziamento per gli auguri e per «gli atti di cortesia» ricevuti.

Il bunker dell'ufficio istruzione è sulla sinistra del Pa-

[1] «Corriere della Sera», 10 gennaio 1987.

lazzo. Si entra dopo aver superato un doppio sbarramento di uomini e di metal detector. Com'è nato il conflitto tra i magistrati del pool antimafia, come si sono create le lacerazioni e le rotture?

Antonino Meli viene nominato consigliere istruttore dal Consiglio superiore della magistratura il 20 gennaio 1988, dopo la bocciatura di Giovanni Falcone che avrebbe rappresentato la continuità dell'ufficio.

L'esclusione è avvenuta per motivi formali – la minore anzianità – superabili nel rispetto della legge che l'avrebbe consentito. Quando, il 12 marzo, il nuovo consigliere arriva al bunker, i dissensi con Falcone e con gli altri giudici si rivelano subito insanabili.

I magistrati del pool ricevono dal capo dell'ufficio i primi richiami, sono accusati di lavorare poco. Ricevono anche circolari che li invitano a rispettare l'orario. Mutano subito le abitudini, i giudici non si incontrano piú come un tempo – con Rocco Chinnici, con Antonino Caponnetto – piú volte al giorno quando c'è bisogno. Non si incontrano affatto. Si scrivono, invece, si parlano attraverso le segretarie. Poi il consigliere istruttore, sempre chiuso nella sua stanza all'ammezzato con il consigliere aggiunto Motisi, comincia ad assegnare processi di mafia a magistrati che non fanno parte del pool, come l'inchiesta intestata a Tommaso Marsala, sospettato di avere ucciso il commissario Cassarà, o l'inchiesta per il sequestro dell'orefice Fiorentino, un sequestro misterioso che forse non è mai avvenuto e che è importante perché riguarda enormi riciclaggi di denaro. Il consigliere lo assegna a se stesso. Falcone chiede allora le copie degli atti e le informazioni, il consigliere Meli sostiene che si creerebbe una illegittima, indebita parallela sovrapposizione di indagini e nega le copie. E si riprende anche gli stralci del maxiprocesso al quale Falcone, con il suo iniziale consenso, stava lavorando.

Non si tratta solo di meschine beghe di ufficio, di screzi minuscoli, di incompatibilità caratteriali. Sono in discussione problemi di sostanza. Viene stravolta infatti l'esistenza del pool antimafia e la consolidata tecnica dell'accentramento e del lavoro di gruppo fatto per anni. I giudici del pool pensano che Cosa Nostra sia un mostro con una «sostanziale unicità», rigide giurisdizioni e il controllo totale delle attività economico-criminali nei territori in cui si considera sovrana, e per questo ritengono indispensabile ed efficace il loro modo di procedere unitario. Tutti i giudici del pool devono sapere quello che fanno gli altri. E invece, con l'arrivo di Meli, tutto viene sminuzzato, spappolato, diviso in infiniti rivoli, nascosto. Il processo per un importante omicidio di mafia, quello di Antonio Casella, viene addirittura polverizzato, affidato a otto magistrati. Nuovi giudici che non sanno di mafia sono coinvolti nel lavoro all'ufficio istruzione, mentre a Falcone vengono affidate inchieste su normali rapine.

Dopo l'assassinio Insalaco, ucciso nel gennaio 1988, è avvenuta una fuga di notizie ed è stato pubblicato (su «Repubblica» e sull'«Unità») il memoriale dell'ex sindaco di Palermo fatto trovare in un appartamento al Papireto, in gran disordine, ma in una busta ben visibile. Viene aperta un'inchiesta sulla violazione del segreto istruttorio – chi è la talpa? – e Falcone e altri giudici, interrogati come testimoni dal consigliere aggiunto Motivi, si sentono trattati come possibili imputati. Subiscono domande che di solito vengono fatte a un indiziato di reato.

Qual è, in quello che i cronisti chiamano «il palazzo dei veleni», la vera ragione del conflitto d'estate? L'inchiesta a carico di Ciancimino, il sindaco del sacco di Palermo, è finita. Gli atti, tonnellate di atti – solo la perizia contabile riempie un armadio – devono essere trasmessi al pubblico ministero per la requisitoria. Ma chi ordina di fare le fotocopie? C'è sempre il rischio che la mancanza di personale e di mezzi servano a mascherare le intenzioni paralizzanti, le scelte, le volontà politiche.

Falcone sta facendo fondamentali inchieste sugli omicidi politici, Mattarella, La Torre, Reina, Montana, Cassarà. Sono inchieste delicate, difficili, per le quali occorrono tempo, strumenti, collaborazione. Come si fa a mandare avanti un'indagine senza l'appoggio dell'ufficio e del suo capo? Quelle inchieste racchiudono i nodi per arrivare al cuore della mafia, sono lo strumento arduo, ma possibile, per identificare non i soliti killer, ma i mandanti. La chiave, non una pratica da evadere solo perché è passato molto tempo dal delitto, perché i registri vanno tenuti in ordine e i numeri delle pratiche devono progredire.

La piú importante, oggi, di tutte le inchieste, riguarda l'assassinio, nel gennaio 1988, di Giuseppe Insalaco, l'uomo che aveva fatto parte del comitato d'affari di Palermo. Aveva voltato le spalle ai suoi e possedeva un enorme potere ricattatorio. Il caso Insalaco seguita a far paura a tanti, a Palermo. Nel finale del memoriale dell'ex sindaco, dopo un elenco di personaggi della politica e delle istituzioni schierati, secondo Insalaco, dalla parte della mafia e contro la mafia, sembra fossero segnati anche appunti che potevano far pensare all'esistenza di altri memoriali, titoli di ulteriori capitoli esplosivi. Dove sono, chi li possiede, quando salteranno fuori?

Contro Insalaco era stato istruito un processo per corruzione e per falso: «Quando comparirò in giudizio, parlerò» aveva detto. Come testimone, poi, avrebbe dovuto esser chiamato a parlare al processo Ciancimino. Non gli è stato concesso il tempo per fare né l'imputato né il testimone. Un conto è un uomo che accusa in un'aula di tribunale, un conto sono le fredde dichiarazioni di un morto rese a verbale con l'asettico e sdrammatizzante linguaggio degli atti giudiziari. L'inchiesta è in procura e deve essere affidata al giudice istruttore. A chi?

La solidarietà del pool antimafia viene messa in discussione in un momento delicatissimo e pericoloso in cui è in atto una guerra di mafia (la terza, dopo la prima degli anni Sessanta e la seconda iniziata nell'81) per dimostrare che i Greco non contano piú nulla. Ma chi conta? Chi sono i delegati al tavolo del comitato d'affari? I giudici non lo sanno.

Le informazioni e le conoscenze sulla mafia cominciarono ad accumularsi solo nei primi anni Ottanta. Quando, alla fine del decennio precedente, i giudici chiedevano alla polizia chi fosse, ad esempio, Salvatore Inzerillo, la polizia non sapeva rispondere. E nella primavera dell'81, quando Stefano Bontate e Inzerillo furono assassinati, ci volle del tempo prima che i giudici capissero che lo scontro non era tra le due famiglie.

Ora si è fermato di nuovo tutto, le indagini di polizia sono bloccate dal 1985, l'estate in cui furono assassinati i commissari Cassarà e Montana e l'agente Antiochia e quando un giovane, Salvatore Marino, accusato di essere coinvolto nel delitto Montana, fu ucciso in questura, torturato durante gli interrogatori.

Non si conoscono i nuovi equilibri, i nuovi patti. I soliti corleonesi, si dice: Totò Riina, Bernardo Provenzano. Sono loro a muovere tutto, sono loro i nuovi capi. Con quali alleanze, con quali intenti?

È stata un'estate inquieta, questa del 1988, per Giovanni Falcone. Prima del conflitto esploso al Csm con l'intervista di Paolo Borsellino a «Repubblica» e all'«Unità», prima delle sue dimissioni e dell'invito fatto da Cossiga al Consiglio superiore di discutere il grave problema, il giudice istruttore ha parlato all'Hotel Villa Igiea, a un convegno sulle tossicodipendenze, e la sua relazione ha creato polemiche, equivoci, contrasti. Alcuni si sono domandati: che cosa c'è dietro, che cosa c'è sotto?

«Altro punto fermo da tener presente – ha detto Falcone – è che al di sopra dei vertici organizzativi non esistono "terzi livelli" di alcun genere, che influenzino e determinino gli indirizzi di Cosa Nostra».

L'affermazione è stata accolta festosamente dal «Giornale di Sicilia».

> C'era una volta il terzo livello, – ha subito scritto il condirettore Giovanni Pepi il 26 giugno... – ... Quando la mafia alzava il tiro e sotto i suoi colpi cadevano i corpi di eccellenti servitori dello Stato, si pensò al movente politico dei delitti e

si prefigurò un livello superiore della mafia. Si immaginò in sostanza che al di sopra dei boss (per intenderci, i Greco, gli Inzerillo, i Bontate, insomma i capi-mafia) ci fosse un comando piú alto, costituito da politici e imprenditori insospettabili che muovessero il livello inferiore cosí come i burattinai muovono i burattini (...) Un'ipotesi come un'altra. Ma questa teorizzazione elaborata e difesa da partiti politici (il Pci, gruppi della sinistra cattolica), da intellettuali di area e circoli giornalistici («la Repubblica» in testa) provocava conseguenze importanti (...) Con il risultato di indebolire ingiustamente il peso e l'immagine di parti significative del ceto politico e imprenditoriale dell'isola. Poi ha favorito quell'uso torbido delle lotte contro la mafia asservita all'interesse di parte, in ragione del quale l'accusa di mafiosità veniva usata per criminalizzare il partito avversario e l'avversario di partito. E il tutto si risolveva in un massacro generale che non penalizzava in alcun modo i colpevoli di mafia, ma rischiava di colpire e spesso colpiva gli innocenti.

L'ipotesi dell'esistenza di un terzo livello di mafia era stata fatta per la prima volta nella relazione tenuta da Giovanni Falcone e da un altro giudice, Giuliano Turone, durante un convegno organizzato dal Csm nel giugno 1982. I due giudici avevano differenziato allora in tre livelli i reati di mafia e le tecniche di indagine necessarie per accertarli.

Primo livello: i reati che rientrano in «attività criminali mafiose direttamente produttive di movimenti di denaro», il traffico della droga, i sequestri di persona. Secondo livello: «i delitti che si ricollegano comunque alla logica mafiosa del profitto e alle relative lotte tra cosche per il controllo dei campi di attività», gli omicidi per regolamenti di conti tra cosche mafiose. Terzo livello: «l'omicidio di un uomo politico o di altro rappresentante delle pubbliche istituzioni considerati pericolosi per l'assetto del potere mafioso».

Aveva cambiato idea, Falcone, dopo nuove riflessioni, aveva finito col ricredersi sulla giustezza della sua analisi di sei anni prima? Non valeva piú neppure quanto scritto nell'ordinanza-sentenza del maxiprocesso? «Qui si parla di omicidi politici, di omicidi, cioè, in cui si è realizzata una singolare convergenza di interessi mafiosi e oscuri interessi attinenti alla gestione della Cosa Pubblica; fatti che non possono non presupporre tutto un retroterra di segreti e inquietanti collegamenti, che vanno ben al di là della mera contiguità e che debbono essere individuati e colpiti, se si vuole davvero voltare pagina».

Che cosa aveva veramente voluto dire, Falcone al convegno di Villa Igiea? Che cosa vuol far sapere? Dove è arrivato nelle sue indagini e davanti a quale uomo politico, davanti a quale muro si è fermato? Perché ha la necessità di giocare rischiosamente d'azzardo per completare i tasselli mancanti e per difendersi? «Può accadere ed è accaduto che in determinati casi e a determinate condizioni – ha sostenuto il magistrato – l'organizzazione mafiosa abbia stretto alleanze con organizzazioni similari e abbia prestato ausilio ad altri per fini svariati e di certo non disinteressatamente: gli omicidi politici commessi in Sicilia, specie negli ultimi anni, sono la dimostrazione piú evidente di specifiche convergenze di interessi tra mafia e altri centri di potere. Cosa Nostra, però, nelle alleanze non accetta posizioni di subalternità; pertanto, è da escludere in radice che altri, chiunque esso sia, possa condizionarne o dirigerne dall'esterno».

«E in verità, in tanti anni di indagini specifiche sulle vicende di mafia, non è emerso alcun elemento che autorizzi nemmeno il sospetto dell'esistenza di una "direzione strategica" occulta di Cosa Nostra. Gli "uomini d'onore" che hanno collaborato con la giustizia, alcuni dei quali figure di primo piano dell'organizzazione, ne sconoscono l'esistenza. Lo stesso dimostrato coinvolgimento di personaggi di spicco di Cosa Nostra in vicende torbide e inquietanti come il golpe Borghese e il falso sequestro di Michele Sindona non costituiscono un argomento *a contrario*, perché hanno una propria specificità e una peculiare giustificazione in armonia con le finalità dell'organizzazione mafiosa. E se è vero che non pochi uomini politici siciliani sono stati, a tutti gli effetti, adepti di Cosa Nostra, è pur vero che in seno all'organizzazione mafiosa non hanno goduto di particolare prestigio in dipendenza della loro estrazione politica, insomma».

Rispetto all'ipotesi del terzo livello, Falcone non è arretrato, ma ha aggravato il giudizio, sostiene lui. Il potere dell'organizzazione non è subalterno; i rapporti della mafia con i politici, gruppi eversivi, personaggi esterni, centri di potere sono molto piú complessi e ambivalenti di quanto si possa pensare.

Cosa Nostra è assai forte e temibile, ha voluto dire Falcone. Non esiste un supervertice, contano i rapporti della Commissione e dei suoi uomini con i politici di cui hanno costante necessità per i loro affari illeciti e leciti. E poi: dentro Cosa Nostra ci sono stati uomini politici di professione. Importanti solo se posseggono le qualità essenziali per stare nell'organizzazione. Sono mafiosi e fanno i politici, dunque. Accusa ancora piú grave, se possibile, del famoso terzo livello. Non sono consulenti, non si servono talvolta dei servizi dell'agenzia della mafia in cambio di altri servizi, ma sono mafiosi a tempo pieno.

Chi sono questi uomini? Che cosa c'è di diverso nella mafia di oggi rispetto alla mafia che nella vicenda degli esattori di Salemi, i Salvo, si fonde con il sistema partitico-clientelare? (Fin dagli anni Sessanta, i due cugini Salvo hanno controllato in nome della Dc una larga fetta dell'elettorato trapanese, hanno avuto in cambio ciò che hanno voluto, hanno influito pesantemente sulle scelte della politica regionale, sono stati i beneficiari miliardari delle sovvenzioni della Cassa per il Mezzogiorno e di altri enti pubblici. Tra mafia, violenza, dissipazione del denaro pubblico, disprezzo per il cittadino e intoccabilità).

«Bisogna tener conto – mi ha detto una volta Falcone – del tessuto sociale sostanzialmente ambiguo di Palermo. Cosa Nostra non è un bubbone, è la degenerazione a livello criminale di uno stato d'animo diffuso in tutti i ceti e in tutte le classi».

«Il problema della lotta contro la mafia – mi ha detto un'altra volta Falcone – è cosí serio da non tollerare dilettantismi».

Un tempo, quando un giornalista arrivava a Palermo per scrivere di mafia, andava a parlare coi comunisti. Ricordo bene Pio La Torre nella sua ultima e furente giovinezza, dall'estate 1981, quando tornò in Sicilia, segretario regionale del partito, fino alla morte, il 29 aprile 1982. Non aveva in mente altro: la mafia, la mafia. Pareva quasi che azzannasse, quando pronunciava quella parola. È inutile discutere di questione meridionale se non si risolve prima la questione criminale-politica della mafia, diceva. L'uomo delle lotte contadine degli anni Cinquanta, della lotta contro la mafia dell'edilizia degli anni Sessanta, della lotta contro i missili di Comiso e per la legge che porta il suo nome degli anni Ottanta. Aveva capito bene che la mafia si era trasformata in una finanziaria della morte, con un fatturato di miliardi prodotti dalla droga, dagli appalti pubblici, dal mercato delle armi, con collegamenti con gli ambienti piú loschi, piú reazionari, piú neri del potere internazionale, che per lui non era una parola astratta, ma un coacervo di interessi bene identificabili.

Ricordo il suo funerale, il 2 maggio 1982, ricordo i manifesti listati a lutto con la fotografia del suo viso sorridente: «Avete visto – sembrava dire – che non era una fantasia quel mio insistere sulla mafia, che non era un'esagerazione denunciare ogni giorno quel cancro, agire, spingere ad agire?» Si era opposto alla mafia con una violenza e una durezza da contadino in lotta contro l'agrario assenteista o affamatore che non lasciavano dubbi e toglievano ogni margine, ogni possibilità di mediazione, di compromissione. E adesso? Dopo che è stato costituito un consorzio tra le cooperative rosse e un gruppo imprenditoriale assai discusso; dopo che un leader siciliano del partito ha detto, a chi faceva obiezioni, che a proposito di appalti e di affari «non si può certo fare l'analisi del sangue ai gruppi locali»; dopo che il memoriale Insalaco ha rivelato rapporti e comunanze di un altro dirigente con mondi inconciliabili, è meglio aspettare che arrivi anche qui un po' di perestrojka e intanto lasciar perdere.

La casa dei gesuiti è in uno dei quartieri piú insanguinati, nel cuore della città saccheggiata dagli uomini della mafia e della politica, tra il sinistro muraglione del Malaspina, il carcere minorile, e il viale Lazio, luogo di una terribile strage avvenuta negli uffici dell'impresa di costruzioni Moncada, il 10 dicembre 1969. È una continua geografia dell'orrore, Palermo.

L'Istituto di formazione politica «Pedro Arrupe» ha sede in un edificio nuovo circondato da un giardino profumato di gelsomino, colorato di hibiscus rossi dove giovani agenti vegliano con le mitragliette in pugno sui padri gesuiti, i tenutari di un tremendo potere palese e segreto, come si sono esercitati a scrivere e a dire per tutta l'estate i dirigenti grandi e piccoli del Partito socialista: «La locale Compagnia di Gesú che sin dall'origine ha tenuto saldamente in mano la direzione scientifica del laboratorio (la giunta comunale) non può che esserne inorgoglita. Ce ne ha parlato del resto con esaltata ispirazione il politologo politicante Pintacuda, padre gesuita» (Ghino di Tacco).

«Certi gesuiti ai quali non interessa il regno dei cieli, ma il potere in terra» (Claudio Martelli).

«Padre Pintacuda conti quanti caduti ci sono stati fra i gesuiti e quanti fra i socialisti» (l'«Avanti!»)

«Maestri di intrighi... convertiti alle crociate politicosociali, alla purificazione della città, imputridita dal peccato, dal delitto, dalla mafia» (Ghino di Tacco).

E, alla rinfusa: «Pintacuda, il papa nero di Palermo», «il distributore di patenti antimafia», «il gesuita che manda al rogo».

Sono soltanto due i famosi gesuiti di Palermo e lavorano a pianterreno a poca distanza l'uno dall'altro. In una stanza un po' piú grande e ordinata c'è padre Bartolomeo Sorge. Inappuntabile, elegante, porta un collarino bianco e indossa una camicetta leggera a mezze maniche color grigiofumo. Sembra persino divertito da tutta la bagarre che si è scatenata contro di lui e contro il suo compagno di sorveglianza. Profondamente legato a papa Montini, per dodici anni è stato direttore di «Civiltà cattolica». Papa Luciani stava per nominarlo Patriarca di Venezia, sembra. Nel 1985, ritenuto scomodo dal Vaticano, fu rimosso dalla direzione della rivista. Scelse di andare a Palermo, dove nel 1986 fondò il Centro studi sociali.

Poche porte piú in là c'è padre Pintacuda, in una piccola stanza riempita da un tavolo, da un televisore, da un divanetto Luigi Filippo carico come un portapacchi di pile di giornali ammucchiati secondo un ordine che deve essere soprattutto interiore, da una raccolta di campanelli da messa e da piccoli paramenti verdi e color del vino incorniciati a una parete. Padre Pintacuda, che ha studiato Legge alla Cattolica di Milano, Teologia alla Gregoriana e Sociologia alla New York University e ha pubblicato un libro *Breve corso di politica*, che è un po' il breviario dei movimenti e della società civile, ha gli occhi intelligenti e acuti di un topo in libertà.

È appena tornato dalla sua casa di campagna di Prizzi e parla volentieri. Ogni tanto ride di gusto, divertito e spiritoso rompendo gli schemi di un papa nero, vestito di nero com'è.

Mi racconta subito com'è lunga, nella storia, la collana delle dicerie sui gesuiti, visti come i manovratori e i consiglieri del potere. Quando lesse, a 17 anni, *Il segreto della potenza dei gesuiti* di Müller, ne fu esterrefatto e scioccato: era un novizio, immerso nelle quattro settimane di Sant'Ignazio, il peccato, l'inferno, e non riusciva a comporre le grandi motivazioni religiose della sua fede con quella potenza infernale raccontata nel libro; la presenza dei gesuiti in Cina, il rapporto col papa, i momenti epici della soppressione dell'Ordine.

«Quel che succede ora, le accuse che ci vengono fatte, mi riportano, in una specie di nuvola onirica, all'interno di tutti quei ricordi. Esiste una costante di valutazione negativa di quanti non capiscono il vero spirito della Compagnia di Gesú. Adesso tutto si ripete, a proposito della mafia e della Giunta di Palermo. Se esiste questa costante, nel Cinquecento, nel Seicento, nell'Ottocento, oggi, significa che siamo ancora vivi. Quello che è stato detto in queste settimane non è infatti diverso da quel che fu detto durante il Risorgimento. Basta leggere le pagine sui gesuiti nella storia della Sicilia nel 1848: furono tra coloro che promossero o furono coinvolti nei moti e nella rivoluzione, ci fu persino un gesuita eletto al Parlamento siciliano».

Padre Pintacuda è convinto che questo sia un momento rivoluzionario. Si è creata una spaccatura tra persone e gruppi sociali perché le cose sono cambiate moltissimo nella società e nella politica e non è facile percepire questi risvolti. A Palermo è in atto il tentativo di riportare la politica alla società civile, non piú alle istituzioni privilegiate, come i partiti e gli uomini dei partiti che si sentono quindi in difficoltà. L'aggressività nasce da chi vuole mantenere intatte le situazioni del passato, quelle di un conflitto che non rompe gli schemi, ma che resta all'interno del sistema politico o, meglio, del sistema partitico. Le ragioni dello scontro sono lontane, ma la rottura definitiva è avvenuta con i grandi delitti di mafia, soprattutto col delitto Mattarella: «Allora, in una parte del mondo cattolico, si è capito che non era piú possibile mediare tra il vecchio e il nuovo, che non si poteva piú dire, "cercheremo di avere la meglio dal di dentro". Il delitto Mattarella ha rappresentato una sorta di catarsi, ha coinvolto l'area cattolica in maniera determinante, anche perché era un delitto contro il vertice delle istituzioni. Mattarella aveva rotto col passato della Dc, aveva già operato determinate alleanze, voleva raggiungere certi obiettivi. Ma la sua morte imponeva ora un diverso coraggio. Che cosa bisognava fare? Sono nate allora, in embrione, quelle che poi sarebbero state le linee del movimento Città per l'uomo, fondato nel 1981».

Un tempo i gesuiti di Palermo, i padri della Casa Professa, la casa madre cinquecentesca, erano i precettori dei figli dei politici, Cianciamino, D'Acquisto, Nicoletti, Orlando; degli imprenditori, Cassina; dei mafiosi, Bontate. Plasmatori della classe dirigente, non si interessavano ai padri, facevano semplicemente i precettori dei figli all'Istituto Gonzaga. Adesso i gesuiti dell'Istituto

«Pedro Arrupe» sono considerati dei traditori di classe, di ceto, di appartenenza. Non si occupano piú dei figli, non sono piú pedagoghi di ragazzi, sono diventati gli avversari piú aspri dei padri, maestri dei nuovi modi di fare politica.

I gesuiti non negano la loro attenzione nei confronti di Orlando, la loro paternità. Per loro la giunta di Palermo – Dc, indipendenti di sinistra, verdi, socialdemocratici, Città per l'uomo – spacca la logica dei partiti, è il segno di una rottura qualitativa. Padre Pintacuda teme solo la provvisorietà, teme che succeda qualcosa che interrompa quella che lui chiama «la primavera di Palermo».

«Abbiamo delle carte in mano, – mi dice, – possono essere vincenti. Ma in queste condizioni, le teniamo con la punta delle dita e possono cadere da un momento all'altro. Il gran cambiamento, a Palermo, ha soprattutto il nome dell'amministrazione comunale. Per il resto ci sono vecchie incrostazioni, vecchie presenze, nelle strutture burocratiche, nelle municipalizzate».

Provo a dirgli se non c'è qualche illusione di troppo, a proposito del Palazzo delle Aquile. Orlando è Zaccagnini? Nella Dc i rappresentanti dei vecchi modi di far politica non sono certo scomparsi. Attendono il congresso? Lima è sempre nella direzione del partito e i suoi uomini e quelli di altri vecchi capicordata sono sempre al Comune, alla Provincia, alla Regione, negli enti, con una forza notevole.

È vero, mi risponde padre Pintacuda, questo vale per la Dc e si può dire che valga anche per gli altri partiti. La novità è però il consenso della società civile, la rappresentanza dei bisogni, l'apertura del palazzo al popolo, si potrebbe dire. C'è una diversa attenzione, a Palermo, nei confronti del governo della città, si è affermata l'importanza della città rispetto alla politica. Il sistema di potere era dominato dalla mafia. Il salto rivoluzionario è proprio questo: non è piú cosí. Il fossato che oggi divide il nuovo dal vecchio è il rifiuto dei fortissimi condizionamenti della mafia. Naturalmente non è tutto facile perché molti rappresentanti del vecchio sono rimasti ai loro posti. Le incertezze, e anche le speranze, riguardano il sistema in generale, quel che è avvenuto nell'ambito del Csm, l'intervento di Cossiga, lo scontro sulla Sicilia al vertice delle istituzioni e dei partiti.

Padre Pintacuda si difende dalle accuse attaccando: «Io non ho interessi di partito, io non ho interessi personali, io non ho quegli interessi politici immediati che hanno bisogno di un riscontro elettorale. Il mio compito è l'analisi e la ricerca, io sono soltanto dalla parte della società civile. Perché si stenta a capire che non siamo uomini di potere secondo l'accezione comune, anche nel significato piú benevolmente usato?»

Il gesuita si accalora, in un'intervista di quest'estate ha definito infelicemente il sospetto come l'anticamera della verità. «Il dubbio, che nella tradizione filosofica costituisce uno strumento della ricerca della verità, non è che una componente essenziale del sospetto. San Tommaso sostiene che il dubbio è lo sbattere della mente tra due posizioni opposte, il sospetto come dubbio, come ricerca, come tentativo di non fermarsi all'apparenza, al perbenismo esteriore, al formalismo, alle parole che possono coprire interessi inquietanti. Il sospetto non deve restare sospetto. Bisogna arrivare alla verità. Perché c'è una infinita lentezza nell'accertamento della verità? È possibile che, a proposito della mafia, non esistano mandanti in tutti gli omicidi politici che hanno insanguinato questa città? Vogliono che diciamo che non ci sono mandanti, vogliono che diciamo che tutti questi morti ammazzati dalla mafia si sono suicidati?»

Esco dalla casa dei gesuiti e vado a piedi nel quartiere di viale Lazio, tra i bubboni e le escrescenze della speculazione edilizia degli anni Sessanta, tra i condomini senza un respiro di verde, nel cemento della «Palermo felicissima» di questi anni e mi viene in mente quel che ha detto una volta Rita dalla Chiesa in una manifestazione pubblica: «Se il prefetto di Palermo fosse mio padre, se il presidente della Regione fosse Mattarella, il consigliere istruttore Chinnici, il procuratore della Repubblica Costa, il capo della mobile Cassarà o Montana, che città diversa sarebbe Palermo».

> Ne abbiamo viste tante (...) Il dolore non passa mai liscio, ma scava, esaspera, incattivisce, stanca, – ha scritto Giuliana Saladino sul numerto 93 della rivista «Segno». – E tutti questi rischi la città li ha corsi perché non si può nell'arco di pochi anni assistere indifferenti a come viene decapitata sistematicamente una città, l'intero *establishment* fatto fuori, dal presidente della Regione al capo dell'opposizione, dal procuratore della Repubblica ai magistrati che indagano, ai commissari di polizia, al medico legale, ai due capitani dei carabinieri e al generale dei carabinieri, moglie compresa, scorte comprese, mentre attorno continuano stragi o macelli di bande rivali. Per trovare qualcosa di simile bisogna documentarsi su qualche villaggio eritreo o forse su qualche tribú dell'Africa centrale dove la scorreria della tribú vicina passa per le armi il capo, lo stregone, il missionario.

Purtroppo ci si dimentica spesso che in questa città d'Italia e di Europa, dal 1979 a oggi, sono stati ammazzati tutti gli uomini delle istituzioni ed è in corso una carneficina – piú di 500 morti in pochi anni nei conflitti tra gli eterni perdenti e gli eterni vincenti – e nessuno dei mandanti dei delitti politici è stato mai svelato, scoperto, assicurato alla giustizia. È un giacobino chi lo ricorda, un «chierico dell'antimafia»?

I socialisti vogliono arrivare alle elezioni anticipate perché sentono debole e inadeguata quella che chiamano la loro «squadra» in Consiglio comunale. Alle elezioni dell'85 hanno avuto un notevole incremento di voti, anche nelle borgate di forte influenza mafiosa che da sempre votavano per la Dc. Alle elezioni politiche del 1987 si sa che la commissione di Cosa Nostra ha ordinato di votare per Claudio Martelli, capolista a Palermo del Partito socialista.

Sulla città stanno per arrivare sette-ottomila miliardi per opere pubbliche (il centro storico, la legge Sicilia, l'ex Casmez, le leggi regionali, il decreto per i mondiali, i contributi di edificabilità) e molti indicano in questa massa di denaro l'incrudelirsi della lotta politica. Ma non si spiega ugualmente la durezza e la violenza inusitate adoperate dal Psi contro la «malagiunta», la giunta «anomala» dalla quale, secondo Orlando, i socialisti si sono autoesclusi. «Questa nostra esperienza – dice il sindaco – costituisce non la nuova cultura politica, ma un esempio di una possibile nuova cultura politica. Può essere vincente, può essere perdente, può darsi che porti contagio – qualcuno ha detto "può darsi che infetti" – ma il tema non è questo, il tema è che qui si è cercato di prendere atto che le regole sono arcaiche, e di far consistere la politica non nella carenza delle regole arcaiche, ma nel tentativo di cambiarle per quanto è possibile. Abbiamo cercato di farlo».

La giustificazione è soltanto politica allora? Perché i socialisti sottolineano di continuo che la mafia è la droga, non altro, non gli appalti pubblici e le commesse, non il mercato delle armi? Perché i fautori della modernizzazione non sono saltati sul carro della nuova giunta? Solo perché hanno sentito che la personalità di Orlando era troppo forte?

Il sindaco è popolarissimo, a Palermo e fuori Palermo. In qualsiasi modo vada a finire, nei prossimi anni sarà un leader. È riuscito a cambiare davvero le logiche politiche anche in settori delicati, come l'attribuzione degli appalti e i lavori pubblici. E ha sprovincializzato i vecchi comportamenti particolari. Basta citare il caso del centro storico. In luglio, dopo decenni di stasi, la giunta comunale ha dato a tre illustri urbanisti, Leonardo Benevolo, Pier Luigi Cervellati, Italo Insolera, l'incarico di preparare, entro un anno, i piani particolareggiati per il risanamento dei vecchi quartieri bombardati nel 1943 e poi lasciati morire (250 ettari, di cui 80 già oggetto di intervento, 4000 miliardi di stanziamenti pubblici e privati).

Una decisione di questo genere e di questa importanza ha suscitato consensi, ma anche malumori, reazioni, contrasti, dissensi, opposizione, conflitto, ha provocato sicilianismi vittimistici.

Nella settimana che passo a Palermo, in settembre, parlo con magistrati, poliziotti, funzionari, professionisti e tutti mi chiedono di non fare il loro nome. C'è qualcosa di ossessionante nei discorsi, a proposito di mafia. I casi si incastrano nei casi e nessuno ha mai un esito.

Il mafioso «pentito» Contorno è stato liberato negli Stati Uniti e dice di voler tornare a Palermo. Era il guardiaspalle di Stefano Bontate. Il commissario Cassarà stabilí con lui un amichevole rapporto. Quando Contorno cominciò a parlare, Cassarà lo conduceva in giro per la città. Contorno che aveva fatto da autista a Bontate, gli indicò i posti, le sedi dei partiti, certi studi professionali, certi indirizzi riservati, dove, come un cieco aveva accompagnato Bontate.

Mi dice un magistrato: «I vincenti hanno interesse che i detenuti delle cosche perdenti non escano dal carcere dove ora si trovano. L'uccisione di un personaggio eccellente, un giudice, un politico, porta necessariamente a un comportamento piú duro e radicale dello Stato che incrudelirà le pene e impedirà che i perdenti vengano liberati».

Saverio Montalbano è un commissario di polizia di 37 anni, serissimo e triste, un certosino dell'investigazione, uno che non dà requie quando segue una sua pista. Ha lavorato a Trapani per sei anni, ha collaborato all'inchiesta sull'assassinio del giudice Ciaccio Montalto, all'inchiesta sull'attentato a Pizzolungo contro il giudice Carlo Palermo, ha scoperto una delle piú grosse raffinerie d'Europa, ad Alcamo – una produzione annua di una tonnellata e mezzo di eroina – e, nell'aprile 1986, ha scoperto che il Circolo Scontrino di Trapani ospitava la loggia massonica segreta Iside 2 (affiliata alla massoneria di piazza del Gesú), frequentata da uomini politici, burocrati, funzionari di questura e di prefettura, mafia e politica, mafia e droga, mafia e appalti, mafia e armi, la P2, persino certi possibili collegamenti col sequestro Moro.

Il commissario Montalbano, dieci giorni dopo l'irruzione nel circolo viene trasferito a Palermo, nominato capo della sezione investigativa della squadra mobile.

Nel luglio di quest'anno riceve un mandato di comparizione per falso ideologico e favoreggiamento. L'accusa:

ha inviato suoi uomini in casa dell'agente Mondo, nel quartiere Arenella, ad attingere notizia sulla mafia del quartiere e poi non l'ha scritto sui verbali facendo sí che non si arrivasse all'identificazione dei responsabili dell'assassinio dell'agente Mondo, ucciso nel gennaio '88.

Il commissario stava indagando per scoprire gli assassini dell'agente ed è stato incolpato di favoreggiamento nei loro confronti. «Una stupidaggine e una stranezza che non stanno in piedi, – mi dice Alfredo Galasso che ha preso la difesa di Montalbano. – L'agente Mondo andava e veniva dalla questura e non c'era nessun bisogno di andargli a chiedere le notizie a casa. Ma a quali risultati ha portato l'incriminazione? Il commissario, scrupoloso, onesto, con le carte in regola, dello stampo di Cassarà e Montana, è stato trasferito dalla squadra mobile, tolto di mezzo».

Quale miglior momento per uccidere Giovanni Falcone, quando il 3 agosto si seppe che il Csm era contro di lui, che il giudice piú odiato e temuto dalla mafia, per quello che ha scoperto nelle sue inchieste, per quello che sa, era uno sconfitto, solo e quindi piú vulnerabile? Chissà se hanno avuto qualche sospetto gli uomini del Csm – la maggioranza del comitato antimafia che ha votato contro di lui – mentre sillabavano il loro documento e discutevano se la «disarmonia» riscontrata nell'ufficio istruzione era fisiologica oppure no?

Quel mattino presto, il sindaco di Palermo Leoluca Orlando convoca in fretta i giornalisti e in una conferenza stampa nella sala della Giunta del Palazzo delle Aquile, proprio davanti al gigantesco ritratto di Umberto I, domandò aiuto, al presidente della Repubblica, al presidente del Consiglio, a tutti i cittadini onesti. Disse parole gravi, parole di allarme, chiese a Cossiga di leggere gli atti e di ascoltare anche le voci sussurrate per dire finalmente la verità al paese «perché ormai ci sono ragioni che fanno temere non solo per la nostra città, ma per le stesse istituzioni democratiche». Disse che la mafia ha il volto delle istituzioni, disse anche una frase apparentemente sibillina: «Chiediamo che il nostro appello venga raccolto *prima*, questo eviterà qualche altro morto». Prima dei funerali di Stato, prima delle commemorazioni e del cordoglio obbligato.

È sera tardi, quando incontro Leoluca Orlando nel suo studio al Palazzo delle Aquile. «Ho avuto la sensazione che dietro quella vicenda dell'ufficio istruzione ci fosse una sorta di segnale di sbandamento e di smobilitazione che normalmente costituisce il clima ideale in cui la mafia colpisce in maniera forte. Uno stato d'animo senza prove, ma io ho avuto questa precisa sensazione. Poi, nello specifico, avevo ricevuto... ero preoccupato anche perché avevo sentito che altri erano preoccupati, insomma. Allora ho detto quelle cose».

Quella volta, forse, il delitto chiamato eccellente, è stato evitato. Leoluca Orlando si tira su i capelli scesi sulla fronte. La sua faccia stanca e le parole atroci che dice con normalità contrastano con la sontuosità del salone rosso, il dipinto della Giustizia raffigurata sul soffitto, imprendibile, la statua di un Apollo che si riflette in uno specchio sullo sfondo insieme con la schiena curva del giovane sindaco.

La strage di primavera

«Dopo l'attentato fallito del giugno 1989 sul lungomare dell'Addaura – cinquantotto candelotti di gelatina lasciati a pochi passi dalla sua casa vicino a Mondello e scoperti in tempo dalla scorta – Giovanni non fu piú lo stesso uomo», mi racconta Giuseppe Di Lello, uno dei magistrati che hanno lavorato con Falcone nel famoso pool dei giudici istruttori di Palermo. Parliamo in una delle stanze sulla sinistra del Palazzo di Giustizia, una volta superprotette. Adesso, sia il corridoio a pianterreno, sia l'ammezzato sono deserti. Non c'è un solo carabiniere, un solo agente di polizia, in questa domenica di maggio, calda, accidiosa, piena di sole, a fare la guardia a quelle stanze – di Falcone, di Borsellino, degli altri – che furono cosí temute dalla mafia.

La gente è tutta dall'altra parte del Palazzo di Giustizia, in attesa delle bare di Giovanni Falcone, di sua moglie Francesca Morvillo e dei tre poliziotti assassinati.

Di Lello si muove inquieto tra un computer e una scrivania e sembra ancora piú spigoloso, quando cerca di spiegare, di spiegarmi, di spiegarsi quel che è successo. È uno dei giudici che nel novembre 1985 firmò con il consigliere istruttore Antonino Caponnetto, con Falcone, con Paolo Borsellino e Leonardo Guarnotta l'ordinanza-sentenza che rivelava tante verità sulla mafia e provava la «struttura unitaria a direzione rigidamente verticistica e piramidale» di Cosa Nostra.

Mi racconta dunque il giudice che Falcone, persona razionale, attenta e coraggiosa, si preoccupò molto di quell'attentato dell'89, parlò di «menti raffinatissime», fece capire che non doveva essere stata soltanto la mafia a metterci lo zampino. Che cosa voleva dire? Che ci si trovava di fronte al messaggio inequivocabile di una cosca mafiosa legata ad apparati dello Stato, a servizi segreti? Che si era creata una saldatura tra mafia e poteri inconfessabili?

Ma mentre Di Lello ricorda alcuni misteri che seguirono quell'attentato (la morte di due sommozzatori collegata ai candelotti di gelatina che avrebbero dovuto esplodere premendo il pulsante di un timer collocato su un canotto al largo dell'Addaura), si sente, dall'altra parte del Palazzo di Giustizia, un sinistro rombo di applausi.

«Povero Giovanni», dice soltanto Di Lello, che è stato vicino a Falcone per dieci anni, e sento di nuovo il contrasto tra il silenzio e l'abbandono di quelle stanze che furono luogo di speranza e quel cupo rumore di morte.

Vado a vedere, c'è una gran folla nell'atrio del tribunale – il palazzo dei veleni – e riempie di angoscia guardare le bare rivestite di tricolore scivolare, come se non fossero portate da nessuno, sulla siepe di teste delle persone che applaudono senza stancarsi. C'è qualcuno che piange, c'è qualcuno che grida, ma l'atmosfera non sembra di tragedia. È come se la gente assistesse a uno spettacolo cui sapeva da tempo di dovere assistere. Non l'avevano sempre temuto in tanti a Palermo di doversi ritrovare un giorno a dare l'ultimo saluto a Giovanni Falcone, morto assassinato dalla mafia e dalla cattiva politica?

E riempie ancor piú d'angoscia assistere al rito delle mani posate ad accarezzare la toga rossa sulla bara di Giovanni Falcone. C'è Giuseppe Ayala, pubblico ministero del primo maxiprocesso a Cosa Nostra, ora deputato repubblicano. C'è Paolo Borsellino, che adesso è procuratore aggiunto della Repubblica. Con il viso teso di stanchezza e di dolore guardano il cardinale Pappalardo che porta sul capo lo zucchetto dello stesso colore della toga del loro amico Giovanni.

Tra la folla che preme, bambini, ragazzi, sindaci con la fascia tricolore, avvocati, magistrati, uomini e donne dei movimenti di quella che fu la primavera di Palermo, torno nella stanza del giudice Di Lello. Fatica a parlare: è come se stesse snodando i fili della sua memoria e della sua amicizia, che, come tutte le vere amicizie, era nutrita anche di contrasti.

Accadde negli ultimi anni. Falcone, non molto tempo dopo il fallito attentato, diventò procuratore aggiunto alla Procura di Palermo e neppure due anni dopo se ne andò a Roma, direttore degli Affari penali del ministero della Giustizia, con Claudio Martelli, il ministro che piú l'aveva osteggiato ai tempi del pool antimafia. Come mai Falcone abbandonava Palermo? Come poteva diventare uomo-guida della Superprocura alla quale aspirava, come poteva pensare di non essere oggetto di critiche dopo essere diventato il piú influente consigliere, il piú ascoltato, del potere politico incarnato da Martelli?

Falcone, continua a spiegarmi Di Lello, aveva vissuto il progetto della Superprocura come un tentativo che la magistratura doveva fare per autogovernarsi, proprio per evitare che il potere politico approfittasse della rinuncia o del rifiuto dei giudici e imponesse le sue scelte.

«Era un uomo di mediazione, Giovanni. Si sentiva portatore di una strategia che avrebbe finito col prevalere. Era convinto, con la sua abilità, di poter strumentalizzare lui i politici».

Solo che adesso si sono rovesciate le parti, e coloro che per anni attaccarono e poi colpirono a morte il pool, lamentano che i giudici abbiano contestato il Falcone degli ultimi mesi e anni di vita, come se fossero i veri responsabili della sua morte.

Perché Falcone è stato colpito adesso, il 23 maggio 1992, in un momento di paralisi istituzionale, in uno Stato privo del suo vertice sommo che si sta eleggendo in Parlamento?

«Proprio per questo, – mi dice Di Lello. – Negli ultimi tempi i poteri politici hanno inferto duri colpi alla mafia militare. La sentenza della Corte di Cassazione che il 30 gennaio 1992 ha confermato le decisioni dei giudici dei maxiprocessi e la loro interpretazione sull'esistenza della Cupola è stata una sconfitta per il braccio armato della mafia. E la mafia deve aver reagito – lo insegna l'assassinio di Salvo Lima – : "Voi politici vi salvate sempre con i vostri marchingegni, e noi dobbiamo davvero sempre pagare. Chi ci garantisce?"»

Quanto a Falcone, continua Di Lello il suo ragionare ad alta voce, è rimasto l'uomo e il giudice che a quell'alto livello istituzionale cui era arrivato, non smetteva mai di pensare alla mafia. Pericoloso. La vendetta, la riaffermazione del potere politico-mafioso hanno tempi lunghi: la mafia non dimentica mai i torti subíti.

Lascio Di Lello con i suoi amari pensieri e scendo nella piazza dedicata a Vittorio Emanuele Orlando. La gente di Palermo stamattina è andata al mare, verso Mondello, in coda sulla strada per Punta Raisi, dalla stessa parte della strage di Capaci.

«Al peggio non c'è fine», è il sentimento comune della zona grigia e meno consapevole della città. «Non c'è che da aspettarsi altra violenza, dopo la morte di Libero Grassi, il 29 agosto del '91, dopo la morte di Lima, il 12 marzo, e dopo la morte di Falcone», dicono. Ci sono anche i rappresentanti piú ambigui di questa zona grigia che incolpano il vuoto di potere, quasi a dire: «Ecco che cosa può accadere se si tenta di cambiare il sistema politico secondo i risultati delle elezioni del 5 aprile. Avete capito il pericolo? Noi uomini del vecchio sistema corrotto siamo sempre in grado di garantire un pur precario gioco di equilibri».

Giú dalla piazza, attraverso la strada che conduce al Teatro Massimo e incontro le eterne minoranze disperate e sconfitte. «Siamo senza forza, – mi dice Letizia Battaglia, fotografa, deputato regionale della Rete. – Sa che cosa dice la gente? Che sono stati loro, loro».

«È come sentirsi carne da macello, – mi dice Tano Grasso, il leader dei commercianti di Capo d'Orlando. – Non è sufficiente la protezione militare, se in questo paese manca la protezione politica».

«Non vorrei che Falcone fosse caduto per l'appoggio dato ai giudici di Milano, – mi dice Pino Toro, dirigente di "Città per l'uomo", movimento cristiano di base. – Dopo quell'attentato fallito dell'89, Falcone disse subito che bisognava cercare un possibile movente nelle indagini per il riciclaggio del denaro sporco in Svizzera».

«Non so se ce la faremo, – mi dice Pietro Folena, deputato nazionale del Pds. – Falcone, in questi dieci anni, è stato isolato dall'opinione pubblica moderata e poi dall'opinione pubblica progressista. Questo è un delitto politico, come la strage di piazza Fontana, come l'assassinio di Aldo Moro».

Scendo ancora piú giú, verso via Cavour. Le grandi pizzerie sono piene di gruppi famigliari vocianti, coi bambini della prima comunione e della cresima, tutti vestiti di bianco. I palermitani stanno tornando a casa e strombazzano coi clacson in via Libertà. Gruppi di turisti, invece, si stanno già preparando negli alberghi per il «Grand tour dell'evasione», domenica, 24 maggio, ore 21, come dice il programma.

Sembra il palcoscenico macabro della Repubblica questo altare infiorato della chiesa di San Domenico, con la bara di Giovanni Falcone coperta da una toga rossa, con accanto le bare della moglie Francesca e degli agenti di polizia della scorta, Antonio, Rocco e Vito, avvolte nel tricolore.

In piedi, tutt'intorno, è schierata una fila nera di giudici con la toga. Ci sono i magistrati del pool, Paolo Borsellino, Giuseppe Di Lello, Leonardo Guarnotta, c'è con loro anche Antonino Caponnetto, il vecchio consigliere istruttore, che è venuto da Firenze e ha un viso trasparente e ferito come se fosse morto suo figlio. Ci sono anche altri magistrati e, sull'attenti, i giovani compagni dei poliziotti che guardano smarriti nel vuoto delle navate.

L'attesa della celebrazione del rito, con quei morti sul pavimento, la folla che preme, i gonfaloni delle città, le lampade delle televisioni, sembra irreale. Se non fosse invece troppo reale, una replica insopportabile. Qui dentro, il 5 settembre 1982, si celebrarono i funerali di Carlo Alberto dalla Chiesa e di sua moglie Emanuela, e molti dei personaggi presenti allora sono presenti anche oggi nei primi banchi della chiesa. Chissà che cosa pensano, quando risuonano sotto le volte parole che invocano giustizia e verità.

Se lo Stato sapesse manifestare la forza che appare da tutte queste divise e da questi abiti blu! Se gli uomini delle istituzioni sapessero usare, anche in piccola parte nell'azione pratica, il puntiglio con cui persino qui esercitano il loro logorante formalismo, nel distinguere, nel far valere le prerogative, le competenze, le funzioni, i gradi!

Sembra che sia in discussione la dignità e il punto d'onore nel fare accomodare le autorità in un quadrato di banchi, mentre i poveri famigliari delle vittime che poi esploderanno di rabbia, sono costretti in un piccolo spazio, ammassati, coi bambini tra le gambe.

Dalla piazza si cominciano a sentire scariche di fischi e boati di disapprovazione nei confronti dell'Italia ufficiale. I corazzieri sono entrati da una porta secondaria, Spadolini, presidente del Senato, capo provvisorio dello Stato, come un gran sacerdote è venuto giú dai gradini dell'altare.

Un frate domenicano grida: «Signore, abbi pietà di noi, misericordia, perdono! Che questi nostri figli strappati alla vita continuino a vivere felici e contenti!»

Il coro fuori è sempre piú cupo, come di tuono in attesa della tempesta. Accanto alle bare si sono seduti un poliziotto ferito alle braccia e una giovane donna in nero con una camicetta bianca che parla alla bara vicina e poi parla a se stessa.

Il domenicano continua a gridare: «Verrà l'ora in cui tutti coloro che sono nei sepolcri ne usciranno». La giovane donna ascolta e piange col capo reclinato sulla spalla.

Poi comincia a parlare il cardinale. È lo stesso di quella predica di Sagunto ai funerali del generale dalla Chiesa – «Dum Romae consulitur Saguntum expugnatur. E questa volta non è Sagunto ma Palermo! » – o è un principe della Chiesa in disarmo, addolorato per l'attentato fatto allo Stato e alla civile convivenza, ma non piú furibonda voce di giustizia?

Riesce ugualmente a dire qualcosa il cardinale Pappalardo: che questa non è una strage restringibile alla dimensione di Palermo, che il giudice Falcone si muoveva con mezzi che dovevano rimanere coperti dal piú sicuro riserbo: «Chi li conosceva, chi – mandanti ed esecutori – li ha rivelati ai nemici del giudice con tanta precisione?»

C'è un momento in cui pare che il cardinale abbia un moto di coraggio: «Possiamo annoverare fra i veri cristiani questi uomini? Fanno anche loro parte della comunità dei figli di Dio o della sinagoga di Satana?»

Il cardinale si esprime proprio cosí, la sinagoga di Satana, ma forse non vuole offendere, vuol solo dire che Satana è entrato nei palazzi del potere. Sta per dire che gli uomini della mafia non fanno parte della comunità dei figli di Dio?

No, dice soltanto che dovranno rendere conto a Dio dei loro peccati, del male che fanno.

Sembra la predica di un parroco rassegnato che si affida agli effetti della retorica. I malvagi non prevarranno, i malvagi finiranno all'inferno.

Il frastuono dei fischi che viene da fuori, l'impasto di grida e di protesta contro le autorità dello Stato è sempre piú forte. Ieri faceva caldo a Palermo e la città sembrava immota e assente, oggi piove a scrosci e la città dei giovani, soprattutto, è gonfia d'ira e di rabbia.

Devono essere a disagio le iene, i corvi, le upupe, i becchini che siedono in questa chiesa. I disonesti, gli ambigui, i complici, i ladri del sistema, come li chiamò il generale dalla Chiesa.

Poi avviene un fatto eccezionale e bellissimo. L'annuncio di una piccola Giovanna d'Arco dolce e innocente di furia cristiana. È la giovane donna in bianco e nero che parlava col suo uomo assassinato dalla mafia, chiuso nella bara. Si avvicina al microfono. Ha poco piú di vent'anni e una bambina di quattro mesi. Si chiama Rosaria, è la moglie dell'agente Vito Schifani. Parla con chiarezza: «A nome di tutti coloro che hanno dato la vita per lo Stato, lo Stato. Chiedo innanzi tutto che venga fatta giustizia, adesso. Rivolgendomi agli uomini della mafia, perché ci sono qua dentro, ma certamente non cristiani, sappiate che anche per voi c'è possibilità di perdono. Io vi perdono, però vi dovete mettere in ginocchio, se avete il coraggio di cambiare. Ma non cambiano, non cambiano...»

Ha una voce strana, calda e intensa, strozzata. A questo punto piange, si ferma, riesce a continuare, è trattenuta da un prete che le mette sotto gli occhi un foglietto, lei lo respinge, prosegue da sola: «Ma dovete cambiare radicalmente i vostri progetti mortali. Tornate a essere cristiani. Per questo preghiamo nel nome del Signore che ha detto sulla croce: – Padre, perdona loro perché loro non sanno quello che fanno –. Per questo vi preghiamo, per la nostra città di Palermo che avete reso città di sangue, troppo sangue, di operare per la pace, la giustizia, la speranza, l'amore per tutti».

Rosaria piange, piange irrefrenabile. È lei il cardinale, l'angelo vendicatore e liberatore. E la gente lo capisce, rabbrividisce, applaude frastornata e commossa. Poi i figli, i fratelli, le vedove, i nipoti delle vittime lasciano di colpo i banchi, si arrampicano sull'altare e levano le braccia, i pugni, gridano, baciano le bare, le accarezzano. E la folla in chiesa sembra accompagnarli urlando in un grande coro: «Assassini, assassini» e poi «Giustizia, giustizia».

Il ministro Mannino e altri uomini politici scappano sulla sinistra della chiesa, dalla parte della sagrestia, inseguiti da quelle grida sempre piú minacciose. Solo Spadolini dà prova di coraggio e di umiltà. Anche Martelli. Sostano sull'altare limaccioso e ascoltano chi gli vuol parlare. Spadolini è turbato e triste.

Il presidente Scalfaro arriva nel giardino di villa Withaker, la Prefettura, alle 4 del pomeriggio appena passate[1]. Si sa che all'aeroporto di Punta Raisi ha imboccato la strada che il giudice Falcone, sua moglie Francesca Morvillo e gli uomini della scorta, Rocco Di Cillo, Antonio Montinaro e Vito Schifani, hanno percorso sabato per l'ultima volta. Si sa anche che sul posto della strage di Capaci si è fermato per qualche minuto, come se pregasse. Il senso della sua visita a Palermo è tutto qui, tra preghiera, testimonianza, rassicurazione, riconciliazione con una città insanguinata.

C'è una gran confusione tra gli alberi e il verde, nel profumo intenso del gelsomino, nel rumore del mare che si intravede non lontano. La città è nervosa, elicotteri ronzano bassi sulla testa, si diffonde la notizia che sta girando per Palermo un'auto con un lampeggiatore sulla *capote* e partono alla sua ricerca una ventina di macchine della polizia. La visita di Scalfaro porta nuova preoccupazione. Da ministro dell'Interno, Scalfaro arrivò qui nell'infuocata estate del 1985, dopo l'assassinio del commissario Beppe Montana, dopo la morte negli uffici della Squadra mobile di un giovane sospettato, Salvatore Marino, torturato e ucciso dopo un lungo interrogatorio. Un cittadino era entrato vivo in una stanza di polizia ed era uscito morto, disse allora Scalfaro. Che il 5 agosto destituí il capo della Squadra mobile, il dirigente della Sezione antirapine e un capitano dei carabinieri. Ventiquattro ore dopo, gli assassini della mafia colpirono a morte il commissario Ninni Cassarà e l'agente Roberto Antiochia e Scalfaro, arrivato a Palermo, fu violentemente contestato dagli agenti davanti alla Cattedrale e davanti alla Questura, sputacchiato, coperto di monetine.

La tensione è dunque forte quando il nuovo presidente della Repubblica arriva, nel suo primo viaggio in una città italiana, in questo che sembra un giardino di fantasmi. È vestito di blu, col suo solito distintivo dell'Azione

[1] Oscar Luigi Scalfaro è stato eletto presidente della Repubblica il 25 maggio 1992, il giorno dei funerali di Falcone, alla sedicesima votazione quasi plebiscitaria. Non hanno votato a suo favore il Partito repubblicano, la Lega, Rifondazione comunista e il Movimento sociale italiano.

Cattolica all'occhiello della giacca, non si sente una voce quando scompare dentro la villa.

C'è subito una rottura delle consuetudini. Una delegazione degli uomini delle scorte, in borghese, scamiciati, molti portano scarpe di gomma, passa in fila indiana davanti al capo della polizia Parisi che stringe le mani, saluta, ciao brigadiere, ciao ispettore, ciao maresciallo, una cerimonia militaresca tra le *consoles* e le specchiere. Sembra una marcia della morte in punta di piedi. Un poliziotto saluta un collega cosí: «Ci rivediamo all'inferno». Nell'ufficio del prefetto entrano intanto i famigliari delle vittime e Scalfaro cerca per ognuno le parole giuste, come un nonno accorato. Ma che cosa può dire il presidente della Repubblica a uomini e donne coscienti che tra poco nessuno ricorderà piú nemmeno i loro nomi?

In giardino scende intanto Rosaria, la giovane donna che nella chiesa di San Domenico ha rappresentato ieri un'Italia diversa da quella ufficiale: «Quanti uomini, quanti uomini, – grida quasi. – Perché per Vito ce n'erano soltanto sei? Maledetti, maledetti tutti».

Scalfaro riappare in giardino e in pochi minuti, con un corteo di auto furibonde, cambia lo scenario, dalla villa delle talpe al palazzo dei veleni, il tribunale. Si chiude di nuovo in una stanza, quella del presidente della Corte d'Appello, s'intravede solo il lembo della bandiera e un dipinto secentesco di carni sfatte. Spunta il giudice Borsellino: «Abbiamo ricordato quando veniva qui ed esisteva ancora il pool antimafia».

Compare il capo della polizia: «Che senso ha, signor capo della polizia, la visita del presidente della Repubblica?»

«È un dono molto grande alla polizia di Palermo. Un ritorno a Palermo fatto di speranza, di emozione, di gioia».

«Di gioia? signor capo della polizia?»

«Sí, sí, la gioia. No, no, la gioia forse è di troppo».

Scalfaro esce dalla stanza muto come deve essersi riproposto di rimanere. Colpisce la sua cavalcata con un seguito di magistrati e di guardie lungo quei corridoi turbati dalle polemiche. Su ogni porta una targhetta e un nome. Spesso è il nome di un giudice che nulla fece per difendere Falcone ai tempi del pool, anzi lo accusò, lo mise in difficoltà, ma ora si sente in diritto di fustigare chi criticò la scelta di Falcone di diventare direttore degli Affari penali del ministero della Giustizia.

Nell'aula magna del palazzo ci saranno 500 magistrati. Scalfaro parla con semplici parole. Dice che lui seguita a sentirsi cucita addosso la toga che indossò dopo la Liberazione, dice parole di coraggio e di speranza.

Poi fa un'affermazione impegnativa. La gente, dice, non capisce come mai un condannato, magari all'ergastolo, seguiti a restare in libertà: «Va rivisto il principio costituzionale, in passato difeso anche da me, sulla presunzione di innocenza dopo il primo e il secondo grado di giudizio».

«Signor presidente, una parola su questa maledetta città di Palermo», riesce a dirgli un giornalista.

Oscar Luigi Scalfaro lo guarda con le labbra serrate, un po' intimidito.

La mala segnoria

Pare quasi che sui muri di Palermo trasudi il sangue mescolato della Storia. Dice una lapide in piazza Croce dei Vespri: «Fu qui la dimora di Giovanni di Saint Remy giustiziere del val di Mazara, in nome di Carlo d'Angiò e qui l'ira vendicatrice del popolo cadea sull'oppressore straniero il 31 marzo 1282».

Dice un'altra lapide, in piazza della Rivoluzione, poco lontano, un abisso di epoche, ma un'identica violenza di morte: «Qui dove la ristaurata tirannide dei Borboni nel dí 28 gennaio 1850 con assassinio larvato di militare sentenza uccideva N. Garzilli, R. Aiello, G. Caldara, P. De Luca, G. Garofalo...»

Tra mannaie, forche, plotoni di esecuzione, complotti, agguati, stragi e massacri, il sangue non si rapprende mai, non si stinge, non si dissecca. In piazza Giovanni Meli – soltanto due anni all'indietro –, si legge: «Qui Emanuele Requesens principe di Pantelleria, il 24 marzo 1848 morto per tracotanza di re spergiuro». E in piazza dei Santi Quaranta Martiri è sempre il boia al lavoro, il 31 gennaio 1832, quando «per la liberazione di Sicilia in questa chiesa sacra a Dio e ai suoi il primo cappellano di essa sacerdote Giuseppe La Villa e i suoi ferventi compagni suggellarono col sangue il santo amore di patria».

Chi, in piazza Marina, «allo squillo della Gancia rinnovando i Vespri sfidò la tirannide al grido di Italia libera»? Non si sa. Perché la vernice nera ha cancellato il nome dell'eroe e vandali ciechi hanno tagliato le teste delle statue, divelto le cancellate, scalzato le panchine del giardino fitto di ficus magnolioides, di palme, di cespugli in fiore e imbrattato i basamenti con croci uncinate e la minaccia, «Gli immigrati non avranno pietà da noi».

Un'americana osserva incredula l'abbandono e l'incuria. Sullo sfondo occhieggia lo Steri, il palazzo Chiaramonte della Santissima Inquisizione di Sicilia, intimidente, con la sua squadrata pietra massiccia e con la suggestione di quanti passarono in quelle stanze e in quelle celle, i grandi ammiragli, i capitani giustizieri, gli inquisitori del Sant'Uffizio dal 1605 al 1782, e le povere e infelici ombre dei dannati dall'ingiustizia, dalla tortura, dalla morte, là dentro.

Nel disastro di quelle che sembrano le macerie di una guerra appena passata, vado oltre la piazza, dalla parte del mare, e arrivo, dopo la chiesa della Catena, dopo i resti della Doganella, alla chiesa della Gancia dove, vicino alla buca della salvezza, monumento di patria carità, trovo il ricordo dell'eccidio commesso dai regi il 4 aprile 1860, coi nomi dimenticati di Gaspare Bivara e di Filippo Patti che «ricoverando fra i cadaveri dopo cinque giorni di inedia deluse dalla carità dei vicini le scelte presenti per sí angusto spiraglio da loro stessi a stento operato tratti da quei pii sanguinosi alla pratica e alla libertà come per prodigio tornarono».

Anche nel palazzo Abbatellis domina la morte, la morte giustiziera che su un cavallo ischeletrito semina disordine, colpisce senza misericordia donzelle e cavalieri gaudenti, vescovi e prelati, soldati e gentiluomini e risparmia invece i meschini e gli offesi. Con la morte trionfante, la morte violenta degli innocenti e le pene e le offese degli afflitti, san Giacomo che miracola un giovane ingiustamente impiccato, san Corrado divenuto anacoreta e povero per rimediare i guasti e le colpe della sua vita di signore.

Solo l'Annunziata di Antonello, mistero inarrivabile, riesce a sanare i dolori. Non guarda da nessuna parte, la Vergine. Perché tutto sa? Perché ha coscienza di non poter convivere con l'orrido mondo? Che cosa pensa, che cosa ha in animo di dire mentre con una mano chiude il manto e apre l'altra mano come per mettere in guardia. Contro chi? Perché?

Fuori da una finestra del palazzo Abbatellis si intravedono le distruzioni, cinquant'anni dopo, delle bombe del 1943 e le brutture di quella che fu una volta una meraviglia di cultura e di ricchezza, la via Alloro.

Si intravede anche un lenzuolo bianco appeso a un balcone, con una scritta che ricorda Falcone e Borsellino, l'ultimo sangue.

Il negozio di Giuseppina Grassi, telerie, tendaggi, tessuti per arredamento, è in via Cavour e sembra un angolo ovattato di mondo al riparo dalla violenza, dal frastuono, dal conflitto. Entrano con le madri le ragazze della borghesia alla vigilia delle nozze per scegliere le stoffe del corredo e della futura casa e Giuseppina Grassi, una donna minuta, dagli occhi grigi intelligenti, ascolta, illustra la qualità della stoffa, il voile, il Pekino, il rasatello, dà consigli, offre alle clienti indecise qualche campioncino.

Laureata in Architettura, impegnata in politica da anni, tra i radicali e gli ambientalisti, ha sempre diretto il negozio e aiutato il marito nel lavoro dell'azienda. Un anno fa, il 5 aprile 1992, è stata eletta al Senato nelle liste dei Verdi, su e giú da Roma, da allora, tra il Parlamento, il negozio, i figli, gli affari pubblici e quelli privati, con una scorta di polizia che non l'abbandona mai. Una vita sconvolta, in due anni.

«Sa, – mi dice, – quando in Sicilia un uomo pulito viene ucciso dalla mafia corre anche il rischio di apparire come uno sciocco che non ha capito gli usi del mondo».

(«Che cosa pensava di essere con quella sua arroganza, quell'alterigia», ha commentato qualcuno).

Libero Grassi, piccolo industriale di un'azienda di pigiami e di camicie – la Sigma, un centinaio di operaie – aveva avuto le prime richieste di soldi nel 1984, 60 milioni, e aveva detto il primo no. Accaddero allora alcuni fatti, il rapimento di un cane e un furto, guarda caso di 60 milioni, perché nella mafia tutto è minuziosamente simbolico. Nel gennaio 1992 aveva avuto un'altra richiesta, 50 milioni. Aveva risposto ancora di no e aveva denunciato tutto quanto sapeva. Ai giornali e a Samarcanda, senza reticenze. Aveva organizzato anche un convegno con un titolo che ora suona gelidamente ironico: «Tranquillità ambientale e sviluppo economico», 2000 inviti, 30 presenze.

Ci furono altri segnali, la comparsa di finti ispettori sanitari, vetri rotti, due sconosciuti sulle scale di casa. Quasi a dire: «Guarda che siamo qui, guarda che ti stiamo seguendo, che siamo attenti, che possiamo venire dove vogliamo».

Libero Grassi pensava che l'aver parlato fosse per lui un'assicurazione sulla vita. Tornato dalle ferie lunedí 26 agosto, è stato ammazzato il giovedí, 29 agosto 1992, alle 7,30 del mattino.

Provo a domandare a Giuseppina Grassi come si è comportata la città dopo il delitto. È amara: «Abbiamo avuto delle manifestazioni di solidarietà. Ma contiamoci, saranno mille persone su 800 mila. Partecipi, spesso con piccole parole che non compromettono, "L'abbiamo pensata, l'abbiamo vista alla tv, le siamo vicini". I palermitani, in verità, non vogliono mettere in discussione se stessi. Ci sono tanti modi di essere con la mafia: perché hanno degli interessi spiccioli, perché fanno parte di quella via lattea. Che cosa mi dicono le autorità? Sono affettuosissimi, mi abbracciano, mi baciano, mio figlio lo chiamano Davidino. Come si fa a combattere contro simili muri? L'altro giorno una nipotina mi ha fatto leggere la frase di un libro di Gianni Rodari: "Ricordati che l'uomo il cui nome è pronunciato resta in vita". Vorrei proprio che fosse cosí, che non si dimenticasse, che si continuasse a dire di lui quello che hanno detto subito dopo la sua morte le operaie della Sigma: "Era un operaio come noi"».

«Ne uccidono uno per educarne cento», ha detto invece un giudice. Che importanza può avere un morto in piú, in una città massacrata, uno che se l'è voluta, poi, rifiutando di pagare il pizzo... Tutti o quasi pagano il pizzo a Palermo. L'industria del racket è florida. Dagli atti del primo maxiprocesso, 1986, risultava quanti erano i negozianti, gli imprenditori che nell'impossibilità di pagare avevano dovuto cedere botteghe e aziende agli estorsori. Nel dicembre 1989 la polizia ha sequestrato ad Antonino Madonia, figlio di don Ciccio, capomafia della Cupola, sospettato dell'assassinio di Libero Grassi – nel suo territorio è stato assassinato anche Paolo Borsellino – un libro mastro dove erano diligentemente annotati i nomi e le cifre del racket di Palermo centro. Non grosse cifre, un milione al mese, tutt'al piú. Ma non si tratta solo di denaro, si tratta di controllare capillarmente, militarmente, piuttosto, la città. Nel novembre 1991 una nuova scoperta di documenti del racket, nella villa di Salvatore, un altro figlio di Ciccio Madonia, coi nomignoli degli esattori, gli stessi dell'89. La partita doppia dell'avere, la morte scritta sulla colonna rossa.

Ma Giuseppina Grassi oggi è «gasatissima», dice. Fa parte, al Senato, della Giunta delle elezioni e delle Immunità parlamentari. E domani, in commissione, si discuterà della domanda di autorizzazione a procedere contro il senatore Giulio Andreotti accusato dai «pentiti»: associazione a delinquere e associazione di tipo mafioso.

> Intendo parlare del sen. Giulio Andreotti. Il senatore Andreotti è esattamente la persona alla quale l'on. Salvo Lima si rivolgeva costantemente per le decisioni da adottare a Roma che coinvolgevano interessi di Cosa Nostra[1].

[1] Testimonianza di Gaspare Mutolo, in Senato della Repubblica, XI legislatura, Domanda di autorizzazione a procedere contro il senatore Giulio Andreotti, 27 marzo 1993, p. 72. Tra il 1992 e il 1993 sono successi fatti essenziali per la comprensione del fenomeno politico mafioso. Il 12 marzo 1992, in via delle Palme a Mondello è stato assassinato Salvo Lima, parlamentare europeo della Dc. Il 23 maggio è stato assassinato a Capaci il giudice Giovanni Falcone. Il 19 luglio è stato assassinato in via D'Amelio il giudice Paolo Borsellino. Il 24 dicembre è stato arrestato e incolpato di concorso in associazione mafiosa il questore Bruno Contrada, funzionario dei servizi segreti civili, il Sisde. Il 15 gennaio 1993 è stato arrestato in viale Regione Siciliana Totò Riina, capomafia latitante da 23 anni. Il 5 febbraio 1993 la Suprema Corte di Cassazione ha respin-

Lascio il negozio di tendaggi di via Cavour e in pochi minuti arrivo alle Palme, il Grand Hôtel et des Palmes, dal fascino oscuro, morbido e sinistro insieme, dove la memoria della Belle Époque convive con quella della mafia, boss crudeli con principesse smaglianti, il decadimento e la nequizia con il residuo splendore dei saloni e della grande sala da pranzo dove furono ospiti Wagner che qui finí il *Parsifal*, Raymond Roussel che nell'albergo fu trovato morto misteriosamente e anche Joe Bananas, Giuseppe Genco Russo, John Bonventre, Mimí La Fata, John Priziola, Calogero Vizzini e altri. E con loro, una volta almeno, in questo tempio della Palermo contigua, splendente e orripilante, le vestali del bar «che son lí a disposizione dei deputati delle province, degli industriali del Nord, di quei palermitani che fingendo una partenza in famiglia, hanno la loro avventura nel primo albergo della città». «E se sei proprio fortunata, – avevano aggiunto, – t'imbatterai nella Presidentessa, è la più formosa di tutte», scrisse ancora nel 1962 Camilla Cederna[2].

Nel 1981, in febbraio. Ero a Palermo per conto di «TG2 Spazio 7», settimanale televisivo della Rai, dovevo girare un documentario sul risanamento del centro storico. Un assessore democristiano del Comune, Giuseppe Insalaco, mi fece sapere che voleva parlarmi. Non sapevo chi fosse, mi informai. Non aveva una buona reputazione. Nato a San Giuseppe Jato, figlioccio politico di Franco Restivo, era stato segretario particolare dell'ex ministro di polizia e si diceva possedesse molte carte segrete. Nell'orbita di Fanfani e di Gioia, nemico giurato di Vito Ciancimino, era uno che conosceva i meandri piú oscuri del suo partito e conosceva anche i misteri dei rapporti tra istituzioni, potentati economici e mafia. Perché

to l'istanza di annullamento dell'ordine di custodia cautelare di Bruno Contrada. Il 27 marzo 1993 il procuratore della Repubblica di Palermo, Gian Carlo Caselli, ha chiesto al Senato della Repubblica l'autorizzazione a procedere contro il senatore Giulio Andreotti.

[2] Camilla Cederna, *Signore & Signori*, Longanesi, Milano 1966.

voleva parlarmi? Forse perché avevo pubblicato da non molto il libro *Africo* e Insalaco aveva preso il diploma di maestro nella scuola privata di quel paese sulla costa ionica della Calabria? O semplicemente perché voleva affidare a un giornalista clamorose rivelazioni confidando nel miraggio di uno scoop?

Gli feci sapere che lo aspettavo alle Palme, di pomeriggio. A Palermo non bisogna mai nascondersi. E se si viene a conoscere qualche notizia rischiosa, poi, non bisogna tenerla per sé, ma riferirla subito a qualcuno.

Mi sedetti nel bar dell'albergo, proprio dove erano solite aggirarsi le famose vestali, e dissi ai tecnici della troupe di non perdermi di vista. Insalaco non aveva una limpida fama, secondo l'opinione di persone impeccabili faceva parte della zona grigia, la terra di nessuno o di molti, che sta tra la mafia e la società onesta. Alle elezioni comunali del 1980 aveva avuto uno spropositato numero di voti, secondo degli eletti dopo Nello Martellucci, futuro sindaco della città, e si diceva che quei voti fossero stati propiziati dalla mafia.

Avrà quarant'anni, bruno, una faccia da arabo, gli occhi rotondi, attento come un barracuda a quel che gli si muove intorno. Parla senza bisogno di chiedermi nulla, crede probabilmente che un giornalista sia un imbuto di cui è naturale servirsi per versare l'acqua o il vino voluti. Non conta se il giornalista non ha alcun modo di documentarsi su affermazioni prive di ogni prova.

Mi fa una mappa dei poteri mafiosi, Giuseppe Insalaco, e io prendo nota su un libretto celeste con la costa rossa, *look for the name Denbrigh*, diligente come uno scolaro che non capisce o mostra di non capire, ma che asseconda il maestro all'ora del dettato.

È un momento di gravi decisioni, a Palermo, mi racconta. Sulla scena è tornato l'avvocato Vito Guarrasi, l'eminenza grigia di cui si sente parlare dai tempi dell'armistizio dell'8 settembre 1943, consulente sommo di personaggi influenti e dei maggiori gruppi finanziari siciliani, i Cassina, i Salvo. Insalaco dice «ritorno eminente», dice anche «Mr. Guarrasi». Poi per farmi intendere qual è la posta in gioco pronunzia disinvolto delle cifre: sono in cantiere progetti speciali per 2500 miliardi, dice, e lo scontro, come è sempre successo a Palermo, è sugli appalti, portatori di quella miniera di soldi.

Qual è la situazione politica? Mi spiega Insalaco che l'assassinio di Piersanti Mattarella, il 6 gennaio dell'anno precedente, ha dato spazio e vigore al gruppo di Salvo Lima. A Lima e ai Salvo, gli esattori. La Regione Siciliana è in grado di aprire sportelli bancari e Mattarella, presidente del governo regionale, si era opposto all'apertura di una banca dei Salvo e questo gli ha segnato la vita, gliel'ha tolta, anzi.

Gli deve venire il dubbio che non sappia chi sono i Salvo perché mi illustra la forza economica degli esattori di Salemi, dall'agricoltura alle costruzioni, dai terreni all'imbottigliamento dei vini, oltre alle famose esattorie per le quali lo Stato italiano gli ha concesso di prelevare sulle somme riscosse il 10 per cento, mentre la media nazionale è del 3,3 per cento.

Continuo a prender nota, i tecnici della tv vanno e vengono fintamente distratti, Insalaco parla del grande trafficare di cantieri edili nella realtà americaneggiante di Palermo. Si costruisce dappertutto e i costruttori non hanno bisogno di chiedere mutui alle banche tanto è il denaro che possiedono. Da dove può venire quel denaro?

L'assessore si avventura nel rappresentare come un sociologo la trasformazione della mafia. I nuovi soggetti mafiosi sono incensurati, le figlie studiano al Sacro Cuore, i figli studiano al Gonzaga.

Poi di colpo accenna a quel che gli preme. I gruppi siciliani politico-mafiosi hanno deciso di gestire in prima persona i rapporti romani di vertice e di affidare la piccola cassa alla manovalanza locale. Quali sono in Sicilia i rapporti tra mafia e potere politico? Insalaco fa le domande, aspetta che io abbia preso appunti e poi si dà le risposte.

Il capomafia Stefano Bontate, mi dice, ha un'assoluta dipendenza e subalternità da Lima. Michele Greco da

Gioia. Io lo guardo perplesso. Non arrivava alcuna voce, allora, dall'interno della zona grigia e tantomeno dalla mafia. Non si sapeva neppure che potessero esistere dei «pentiti» di mafia, come nel terrorismo. Ci vorranno tre anni per arrivare alla confessione di Buscetta e poi degli altri mafiosi, visto che nel 1973 non si era dato ascolto, colposamente o dolosamente, a Leonardo Vitale. Uomo d'onore della famiglia di Altarello di Baida, nessuno gli credette, fu preso per pazzo e aveva detto invece tante verità.

Stefano Bontate è figlio d'arte, suo padre è don Paolino, tra i protagonisti dell'operazione Milazzo. Si saprà tanto tempo dopo che era proprio Stefano la mente capace di collegare la mafia con la politica e con la massoneria mediatrice. Michele Greco, detto il papa, è un ricco agricoltore di sentire mafioso, frequenta i salotti di Palermo, amico di alcuni degli ultimi Gattopardi.

Mentre parliamo al bar delle Palme, è già scoppiata la guerra di mafia degli anni '80 che provocherà, proprio nel 1981, centinaia di morti. Stefano Bontate sarà ucciso dopo pochi mesi, come Salvatore Inzerillo. I corleonesi premono sanguinari, ma al Palazzo di Giustizia – me lo dirà Falcone – si discute ancora se la mafia esiste oppure no e gli avvocati dei boss discettano sulla medesima questione: «C'è la mafia o la mafia è soltanto un alibi per non usare il cervello e trovare cosí le vere cause e i veri responsabili del male?»

Giuseppe Insalaco si guarda intorno, anche all'indietro, verso il bancone del bar e per la prima volta abbassa la voce. Sta per rivelarmi l'organigramma della mafia, la piramide. Sopra tutto, mi racconta, c'è a Roma Giulio Andreotti. Franco Evangelisti fa da tramite tra il presidente e Salvo Lima che è un po' l'Evangelisti di Sicilia. Lima fonda il suo potere sui cugini Salvo. Sotto ci sono politici minori e poi i capifamiglia, i boss, i soldati, i gregari.

Mi osserva curioso, l'assessore. Lo guardo anch'io da sotto in su, ha fama di uomo furbo, sveglio, come mai scopre cosí animosamente il petto in un bar d'albergo di Palermo?

Me lo domanderò anche sette anni dopo quando sarà assassinato con cinque colpi di 357 Magnum. Quel pomeriggio sembrava un uomo ossessionato da qualcosa, non solo dal rovello della carriera politica e dal potere. Aveva un disegno, in quegli ultimi anni della vita, e lo manifestava scopertamente, lui che ingenuo non era? Voleva salvarsi dal suo battesimo, dalle sue compromissioni, dalle sue macchie? I memoriali, le testimonianze, le pagelle dei mafiosi e dei non mafiosi a futura memoria, le interviste vere e mancate erano i suoi modi per cercare, col clamore, una impossibile liberazione, nuotatore scomposto e affannoso?

Parla, parla per piú di un'ora, Insalaco nel bar dell'albergo. Parla della banca che è tutto, il potere, la politica, parla di nuovo di quei 2500 miliardi che non vengono spesi perché manca l'accordo tra classe politica e mafia, parla di come è articolato il potere politico locale, Giovanni Gioia e Salvo Lima addetti alle grandi intese romane, Vito Ciancimino addetto alle operazioni pratiche, Rosario Nicoletti agli accordi assembleari, parla delle responsabilità di Lima nella morte di Michele Reina, delle responsabilità dei Salvo nella morte di Vito Lipari, uomini della Dc, parla delle modalità di distribuzione del «bottino», come lui lo chiama.

E poi, prima di salutarmi – io non ho scritto mai nulla di quella finta intervista, soltanto oggi – mi dice serissimo, con tono notarile, una frase apparentemente banale che varrà anche per lui tra non molto, una specie di premonizione, e me la dice nella hall delle Palme, tra le statue, gli specchi che rimandano la sua immagine un po' cupa, i portaborse seduti su un divano ad aspettare gli onorevoli del Parlamentino: «Si sa che lo sgarro si paga col piombo»[3].

[3] Giuseppe Insalaco, sindaco di Palermo dal 13 aprile al 6 agosto 1984, è stato assassinato il 12 gennaio 1988.

La città sembra indifferente alle notizie che vengono da Roma. Andreotti? Quasi a dire, il tarlo è qui, il resto è contorno. Suscita piú curiosità l'arresto di Barbaccia, nome da fumetti, Francesco Barbaccia, medico dell'Ucciardone, deputato democristiano per due legislature, finito all'Ucciardone per associazione mafiosa. Il clima è disteso, «Prendetevi un periodo di latitanza», è la réclame di un'agenzia viaggi, «Non fateveli scappare», cerca di invogliare una libreria: una cartolina pubblicitaria mostra libri legati da catene e manette.

Palermo è una città di picchi e di cadute, passione e depressione, presenza e assenza, accensioni e spegnimenti. Questo è un momento di bonaccia o di finta bonaccia, pare che la città si sia chiusa di nuovo in se stessa, dopo l'estate furibonda del '92, tutti in piazza allora, tutti nelle strade a ritrovarsi dopo l'ossessione di quelle bombe.

Le catene umane, le donne del digiuno in piazza Castelnuovo, le marce, le lenzuola ai balconi: Palermo, disperata e impotente, sembrava un'altra città, lontana dalla sua apatia, dal suo cinismo, dal suo «nonsipuotismo».

> E se mettessimo dei lenzuoli con scritte di protesta ai nostri balconi? Se ognuno esponesse la propria indignazione? L'ho detto, nel silenzio, a bassa voce, tra me e me, mentre nella sala delle riunioni avevamo gli occhi bassi piú che sui giornali sul nostro comune dolore. Tiziana ha alzato lo sguardo su di me e ha detto, «si può fare...» Con questa frase in testa tornavo a casa. Mi sono fermata da Giuliana. C'erano Raffaele, Gabbi, Laura, Wanda. Anche loro si interrogavano: cosa possiamo fare? Ho proposto i lenzuoli e prima ancora di argomentarne il senso avevamo in mano i nostri lenzuoli e decidevamo cosa scriverci sopra. Poco dopo legavo il mio primo lenzuolo, «Palermo chiede giustizia», alla ringhiera del balcone, con cura, con emozione. Al di là della strada, sul balcone di fronte si sono affacciate due ragazze. Un cenno di intesa, un sorriso, e poco dopo esponevano un lenzuolo con la scritta «Insieme possiamo farcela»[4].

[4] Testimonianza di Marta Cimino, in Roberto Alajmo, *Un lenzuolo contro la mafia*, Gelka editori, Palermo 1993.

Di balcone in balcone si rincorrevano per la città dichiarazioni giurate, impegnative, pericolose, anche, a Palermo: «Via la mafia dalle istituzioni», «Chi ha protetto finora Riina?», «Palermo: lo Stato finalmente ha capito?», «Grazie carabinieri lo Stato finalmente funziona?», «Preso Riina prendete chi l'ha protetto per vent'anni», «Ora basta», «Insieme contro», «Per Falcone contro la mafia», «Per Borsellino contro la mafia».

Un'estate in piazza e anche un autunno, in piazza in una città gremita dai gruppi, dalle associazioni, dai comitati, il Comitato 23 maggio, il Pungolo, Giovani oltre ogni limite, Agesci, Giovani '88, Malgrado tutto, Arci, Ora basta, Coordinamento antimafia, Comitato dei 7100, Primavera '90, Koinè, Movimento '89, Associazione Diritto e Lavoro, Movi, Laboratorio Zen, Insieme, Segretariato assistenza carcerati, Salvare Palermo, Dipingi la Pace, Donne contro la mafia, Comitato 9 maggio. Un centinaio di movimenti vecchi e neonati. Quasi una liberazione.

Trovo i resti di quell'estate di Palermo nell'aula di una scuola, il VI Itic, un centinaio di persone è venuto ad ascoltare Luciano Violante, presidente della Commissione parlamentare antimafia. Parla brevemente, illustra la relazione sui rapporti mafia-politica pubblicata da poco, apre subito il dibattito. Attaccato a un muro c'è uno striscione che ormai si trova dappertutto, a Palermo: «Le loro idee camminano sulle nostre gambe», con quella fotografia dolorosa di Falcone e di Borsellino, l'uno chino sull'altro sorridenti e consapevoli.

Dice un professore che la relazione scrive finalmente parole chiare, è il documento terribile di uno Stato, al posto dei sussurri che ci hanno accompagnato e inquietato per tutta la vita.

Dice uno studente che sembra quasi una nemesi l'accusa di un complotto contro Andreotti che la Dc fa ora agli Stati Uniti e alla Cia. Non era una volta la Dc che perdeva i lumi quando veniva accusata di essere un partito subalterno, espressione di uno Stato subalterno agli Stati Uniti?

Dice un ragazzo che la mafia si può vincere.

Grida quasi un altro che l'indifferenza è una vergogna, il silenzio indegnità.

Dice un sindacalista che questo è un momento di gioia.

Replica una delle donne del digiuno di piazza Castelnuovo che è vero, questo è un momento di gioia, ma lo è anche di amarezza perché sapevamo tutto da sempre e avremmo potuto risparmiare tante vite, tante tragedie e impedire il sacco di Palermo.

I nostri inutili lenzuoli, dice un'altra donna, sono stati come lapidi, di morte, di protesta, di orgoglio. Sí, un sussulto di orgoglio. Ma adesso? Vogliamo davvero che Palermo torni a essere la palude che è stata per decenni?

Sembra quasi che le stragi che hanno insanguinato la città siano successe lontanissimo da qui. Che non c'entri nulla Palermo con l'Uditore, Capaci, Brancaccio, corso dei Mille, via Carini, via D'Amelio. La città frenetica di auto, di traffico, di sirene sembra abbia dimenticato di aver reagito. Basta andar sul tema della mafia, certi palermitani cominciano a parlare, come se avessero voglia di esprimersi anche con gli sconosciuti, ma si arrestano subito, insospettiti, meravigliati loro stessi da quello che stavano per dire.

Andreotti, alla tv, quell'assalto di macchine da presa, di fotografi, di giornalisti, di microfoni, di lampade, all'uscita della Giunta delle Immunità parlamentari, sembra un fondale di Paolo Uccello e della sua battaglia, non una scena che riguarda Palermo.

Si prova una singolare sensazione. Come se la gente fosse immobile dietro le persiane a spiare quel che succede nella strada. Ancora incerta se fare la rivoluzione o nascondersi sotto il letto. Accettare? Convivere, rompere?

Lima conta anche da morto, la mappa del potere siciliano non è mutata troppo, dal Tar alla Cassa di risparmio al Banco di Sicilia all'Agenzia del turismo alla Provincia al Comitato di controllo ai trasporti delle Municipalizzate, al «Giornale di Sicilia» ai teatri alla piú importante Ussl della città. Gli uomini sono gli stessi, hanno vissuto per tutta la vita nell'orbita di Lima e ora si sentono orfani, pesci fuor d'acqua. Come riciclarsi, dove appigliarsi?

Ascoltare Riina alla tv, col suo linguaggio cavernicolo, ha dato a molti qualche sospetto sull'universo che avvolge la mafia. Se i mafiosi, sul nascere della mafia del feudo, erano gabellotti, adesso altro che mafia imprenditrice in proprio! Chissà quanti gabellotti di nuovo conio, finanzieri, commercialisti, consulenti, mediatori, fiscalisti, avvocati, banchieri, manager deve avere Cosa Nostra ai suoi comandi!

La Chiesa è debole, compromessa, incerta, il suo motto, mi dice un prete, potrebbe essere «semper inhaerere mandatis», lo stesso delle SS, l'ubbidienza sopra tutto. Ma poi ci sono i piccoli padri a compensare, quelli che fanno scuola, che dicono messa nei garage, quelli che si trasformano in messaggeri, scala per scala, porta per porta, casa per casa e insegnano i diritti e spiegano che ribellarsi è giusto.

Il generale dalla Chiesa era uno venuto da fuori e la sua morte colpí a Palermo, ma soprattutto nel resto d'Italia. Falcone e Borsellino sono nati tutti e due alla Kalsa e questo li ha resi figli, fratelli piú che in vita.

Fuori dall'isola Leoluca Orlando viene considerato un estremista, un uomo dell'eccesso, a Palermo è un uomo del contesto, invece, un uomo del potere, uno che ha parlato, però, che ha avuto il coraggio di dire a voce alta quel che molti pensavano soltanto. E per questo suo coraggio viene premiato.

Ma non sarà facile condurre in porto una rivoluzione culturale nella città dell'ambiguo perenne, della contraddizione, dove, come mi dice Saverio Lodato, giornalista dell'«Unità», autore di un bellissimo libro, *Potenti*, che spiega certe anime segrete di Palermo, «qualsiasi cosa che ti viene detta è un segnale, un avvertimento, un messaggio, nulla di quel che accade è casuale».

Padre Pintacuda ammicca festoso, le carte nel suo studio, al Centro dei gesuiti, stanno ormai per sommergerlo come un'isola nata in un fiume. Sul corridoio, due porte prima della sua, c'è la stanza di padre Bartolomeo Sorge, ma i due, ora, si trattano come i capi di delegazioni nemiche a un congresso dell'Onu, con forbita gelida distanza.

«Palermo è sempre il palcoscenico d'Italia. Giulio Andreotti seguita a gridare al complotto mosso da Orlando, da me, dalla Rete. Non lo chiamerei neppure complotto, lo chiamerei marcia lunga, adesso che siamo al ponte levatoio».

> Al nostro arrivare, le persone presenti, che io riconobbi senza ombra di dubbio essere l'on. Andreotti Giulio e l'on. Lima Salvo, si alzarono e ci salutarono. In particolare io strinsi la mano ai due deputati e baciai Salvo Ignazio, che pure avevo già salutato al mio arrivo. Il Riina, invece, salutò con un bacio tutte e tre le persone (Andreotti, Lima e Salvo). Subito dopo, io andai, insieme a... (omissis) ... in un'altra stanza, alla quale si accedeva sempre tramite il corridoio. La stanza in cui io vidi l'on. Andreotti e l'on. Lima era in realtà un salone composto da almeno due vani, con un pavimento in parquet di legno, in parte coperto di tappeti; entrando, si vedeva sulla parete di sinistra una grande libreria in legno, e sempre sulla sinistra una scrivania in legno scuro[5].

> Come si è già rilevato in sede di analisi delle dichiarazioni di Tommaso Buscetta e delle risultanze emergenti dal processo per l'omicidio di Carlo Alberto dalla Chiesa, il complessivo sistema di relazioni che deve essere indagato si fonda su una logica di scambio e di alleanze, comportanti reciproci vantaggi per Cosa Nostra e il «referente romano» dell'on. Salvo Lima e della sua corrente politica. Per tale ragione, questo sistema comprende in sé quell'amplissimo ventaglio di interessi che, con linguaggio espressivo e sintetico, i collaboranti hanno definito «le necessità della mafia siciliana» (Messina) ovvero «tutte le esigenze di Cosa Nostra che comportano decisioni da adottare da Roma» (Mutolo)[6].

[5] Testimonianza di Baldassare Di Maggio, in Senato della Repubblica, XI Legislatura, Domanda di autorizzazione a procedere contro il senatore Giulio Andreotti, 2ª Integrazione, 20 aprile 1993, p. 8.

[6] Senato della Repubblica, XI Legislatura, Domanda di autorizzazione a procedere contro il senatore Giulio Andreotti, 27 marzo 1993, p. 244.

> Tutti gli uomini d'onore erano fiduciosi e tranquilli poiché si sapeva che il processo sarebbe stato trattato, alla fine, dalla I Sezione penale della Cassazione e, quindi, dal presidente Carnevale. Quest'ultimo aveva già annullato numerose sentenze di condanna nei confronti di appartenenti alla mafia, alla 'ndrangheta, alla camorra, e aveva trovato perfino la «formula» per annullare, «cercando il pelo nell'uovo», la sentenza di condanna di Puccio Vincenzo, Bonanno Armando e Madonia Giuseppe per l'omicidio del capitano dei carabinieri Emanuele Basile, nonostante l'esistenza di prove giudicate schiaccianti perfino dagli uomini d'onore di Cosa Nostra[7].

Gian Carlo Caselli arriva di sera tardi nel ristorante dalle parti dello stadio. Gli avventori del locale elegante, chini sugli involtini di cernia o sui filetti di pesce spada, fingono di non accorgersi dell'andirivieni degli uomini della scorta e di non vedere neppure quel signore in grigio dai capelli candidi, il procuratore capo della Repubblica di Palermo che in questi giorni, per molti, sembra l'arcangelo arrivato da Torino per spezzare la mala segnoria, che sempre accora li popoli suggetti.

Non deve essere stato facile per lui approdare in questo magma assurdo e vivere il conflitto tra la società della passione e dell'eccesso e quella della razionalità, nel famoso palazzo dei veleni, tra alcuni dei magistrati che crocifissero Falcone e Borsellino e che adesso, divenuti buoni cittadini e forse buoni giudici, pare abbiano capito i segni e l'andare dei tempi e com'è mostruosa la cappa della mafia.

Il cavaliere Aimone Chevalley di Monterzuolo arrivò a Donnafugata per offrire al Gattopardo di diventare, a nome del re, senatore del Regno. Caselli è arrivato qui a togliere prerogative, privilegi, impunità antiche e a tentare di verificare i sospetti che da decenni inquinano e paralizzano la Sicilia e l'intero Paese.

È turbato, non stanco, «io non faccio che raccogliere quello che Falcone e Borsellino hanno fatto in vita e in morte», mi dice. Ma non parla dell'inchiesta, né io gli chiedo dell'inchiesta.

[7] Testimonianza di Gaspare Mutolo cit, p. 64.

Mi viene in mente Caselli nel suo ufficio di via Tasso a Torino negli anni del terrorismo, con quadernetti al posto dei computer che sarebbero stati necessari, costretto, lui e gli altri giudici istruttori e sostituti procuratori, a fare non solo l'investigatore, ma a diventare anche psicologo, storico, esperto di diritto comparato e, insieme, coscienza critica, politica e giuridica del fenomeno che alla fine degli anni Settanta incendiò l'Italia, soprattutto le sue metropoli.

Conobbe allora l'universo del terrorismo, dal generale dalla Chiesa ai killer delle Brigate rosse, da Patrizio Peci a Marco Donat Cattin. Partirono proprio dall'Ufficio Istruzione di Torino, e dalla Procura della Repubblica, il 16 maggio 1980, gli atti che mettevano sotto accusa davanti al Parlamento il presidente del Consiglio Francesco Cossiga incolpato di avere favorito il figlio terrorista del senatore Carlo Donat Cattin. Era la prima volta, nella storia della Repubblica, che un presidente del Consiglio veniva sospettato di avere tradito la Costituzione.

Sembra una vicenda lontanissima nel tempo e nelle modalità. È cosí diverso in Sicilia il costume, la storia, sono cosí diversi gli universi criminali e politici, cosí diversi tra loro i «pentiti» e il loro animo, quelli del terrorismo, Peci, Sandalo e i mafiosi, Buscetta, Antonino Calderone, Francesco Marino Mannoia, Leonardo Messina, Gaspare Mutolo, Giuseppe Marchese, Baldassare Di Maggio! Ma quella storia di ieri e questa di oggi si possono purtroppo integrare l'una nell'altra, simboli di una società ugualmente malata, corrotta.

Adesso sento gli sguardi degli avventori che fissano con finta indifferenza il nostro tavolo. Chissà chi sono. Mi torna in mente *Il Gattopardo*, «Tutto questo non dovrebbe poter durare; però durerà, sempre; il sempre umano, beninteso, un secolo, due secoli...; e dopo sarà diverso, ma peggiore. Noi fummo i Gattopardi, i leoni; chi ci sostituirà saranno gli sciacalletti, le iene; e tutti quanti, gattopardi, sciacalli e pecore, continueremo a crederci il sale della terra».

Prima del Muro

La borsa della canonica

Per il giudice istruttore di Padova Giovanni Tamburino sarà difficile dimenticare quel che è accaduto e che gli è accaduto nell'anno 1974. Aveva compiuto da poco trent'anni: di padre siciliano, un funzionario dello Stato, di madre veneziana, era nato a Montebelluna durante i 45 giorni di governo del maresciallo Badoglio. Vinto nel 1970 il concorso di uditore giudiziario, era stato assegnato nel 1971 al Tribunale di Padova dove aveva fatto pratica all'ufficio istruzione. E certo non avrebbe mai immaginato, con il sacro rispetto delle istituzioni respirato fin da bambino nell'ambiente famigliare, di dover diventare il giudice di una cospirazione contro la Repubblica, l'esterrefatto testimone di inconfessabili segreti dello Stato, la vittima sacrificale (ma ben consapevole) del potere inquinato e della giustizia imbavagliata.

L'aveva chiamato una mattina il capo dell'ufficio, il dottor Aliprandi, e gli aveva affidato un'inchiesta chiamata Rosa dei venti. Non gli aveva nascosto la complessità e la difficoltà del procedimento, gli aveva anzi prospettato la possibilità che diventasse un caso assai intricato.

Il giudice si era messo subito al lavoro e non aveva tardato a rendersi conto che non si trattava di una delle solite istruttorie formalizzate perché era necessario approfondire qualche fatto. La Rosa dei venti non riguardava soltanto una catena di rapine commesse in Versilia da padovani, e traffici di armi, ma una organizzazione eversiva, Gersi-Rosa dei venti, e la sigla significava Giunta esecutiva riscossa sociale italiana, con una Rsi finale che rammentava la mussoliniana repubblica di Salò. C'erano già degli arresti, sei o sette, e non si trattava di persone uscite da un ambiente omogeneo: tra di loro, infatti, spiccavano un avvocato di Genova, Giancarlo De Marchi, un veronese, Roberto Cavallaro, che si era spacciato per magistrato militare, un vecchio gerarca della repubblica sociale, Eugenio Rizzato, e poi personaggi ambigui, Sandro Rampazzo, Sandro Sedona e delinquenti comuni che non si sapeva perché fossero coinvolti in traffici d'armi, di denaro e in attività illecite, con quell'avvocato e con quello strano (finto) magistrato militare che, con il permesso delle autorità, era entrato di frequente nelle caserme di Verona a tener conferenze agli ufficiali dell'esercito.

L'inchiesta era nata dal racconto-confessione di un medico di La Spezia, Giampaolo Porta Casucci, che un bel giorno, punto dal rimorso o dalla paura, aveva, come si dice, vuotato il sacco con un commissario di polizia raccontando di essere in contatto con un gruppo di persone che gli sembravano pericolose non solo perché si dedicavano a furti e a rapine, ma perché perseguivano un programma di tipo insurrezionale, provocare disordini, compiere attentati terroristici, eliminare fisicamente personalità politiche e sindacali, suscitare un intervento militare. Un vero e proprio golpe.

L'organizzazione era una temibile e ramificata organizzazione paramilitare che disponeva di molte armi, riceveva dei finanziatori e contava sull'appoggio consistente di ufficiali dell'esercito. Coinvolto anche lui nel complotto, il medico diceva che le prove di quanto denunciava erano conservate in una borsa piena di documenti. Gli era stata affidata da Sandro Rampazzo: «Consegnò a me la borsa dicendomi di custodirla, avvertendomi che di quella custodia avrei risposto con la vita e non solo con la mia».

Il medico aveva nascosto la borsa in una canonica dove era stata trovata dalla polizia: i documenti dimostravano la fondatezza della denuncia. L'organizzazione sembrava preoccupante, dotata di molto denaro. I rapporti con le forze armate e anche il traffico delle armi non erano per nulla inventati. Il gruppo compiva attività eversive, oltre che reati comuni, dal '68-'69. Esisteva un comando generale, esisteva anche un piano operativo insurrezionale: la presa del potere sarebbe avvenuta con l'eliminazione degli avversari politici. In quella borsa c'era di tutto: liste di proscrizione, proclami, moduli di sentenze di condanna a morte in bianco, sigle convenzionali, appunti su finanziamenti fatti e ricevuti. L'ideologia del gruppo era nazifascista.

Giampaolo Porta Casucci, dirigente della Sezione italiana della Stahlhelm, gli elmi d'acciaio, ispirata al Terzo Reich e al militarismo nazista, amava le uniformi, le indossava volentieri, con le decorazioni del Führer appiccicate sul petto. Si faceva vedere spesso alla Piccola Caprera, un sacrario fascista vicino a Valeggio sul Mincio, e tra le tombe del cimitero di guerra tedesco di Costermano, sulla sponda veronese del lago di Garda dove i nazisti tedeschi e i nazifascisti nostrani si ritrovavano a festeggiare la bella morte. Erano stati i veneti Rampazzo e Rizzato a prendere contatto con il medico e si erano subito intesi tanto che la sua casa in Garfagnana era diventata la base delle loro azioni. Questo aveva finito col preoccupare Porta Casucci che in quei soggiorni camerateschi doveva aver visto troppe cose. Il suo timore di essere coinvolto in attività criminali aveva finito col prevalere sulle sue predilezioni di estremista nazifascista. E cosí aveva deciso di parlare con un commissario della Spezia e di raccontargli tutto, fascista pentito della prima ora. L'inchiesta, poi, era stata trasmessa per competenza alla Procura della Repubblica di Padova e infine all'ufficio istruzione.

La prima persona che il giudice Tamburino aveva interrogato era stato un tale di Cervarese Santa Croce, paese padovano, che aveva il nome in comune, Menocchio, con il mugnaio friulano rivisitato da Carlo Ginzburg nel suo libro *Il formaggio e i vermi*.

I vermi avevano cominciato a uscire quasi subito dalla

soffitta di Menocchio dove il giudice aveva ordinato una perquisizione e i vermi, in quel caso, erano documenti, note informative, veline, spiate ai danni della sinistra nel Veneto e nell'Emilia Romagna e anche a vantaggio del Movimento sociale italiano tutelato da possibili infiltrazioni della sinistra. Di chi erano tutte quelle carte divise in fascicoli bene ordinati? Menocchio per un po' aveva fatto muro con la sua rozzezza non mascherata, poi aveva parlato. Quei documenti erano di Dario Zagolin, suo amico, ma anche suo principale; gli faceva da autista e da guardaspalle. Zagolin dirigeva una rete di spionaggio, in Italia, ma anche a Losanna e a Ginevra: commissionava le informazioni a certi suoi scagnozzi e poi le smistava ai suoi clienti: carabinieri e agenti di un ufficio della Nato di Vicenza. Altre carte erano di un certo Gianfranco Belloni che aveva fatto parte di un'organizzazione nazista, la Gehelen, confluita poi nei servizi segreti della Repubblica federale.

Zagolin era noto a Padova, soprattutto nel quartiere del tribunale, lo si vedeva di continuo nei bar attorno a via Altinate, dava nell'occhio anche perché era un tipo inconfondibile, alto, massiccio, piú di un quintale di peso.

Il giudice istruttore aveva capito di avere messo le mani, appunto, su un verminaio popolato di piccoli personaggi che però erano in relazione con personaggi altolocati di mondi apparentemente inconciliabili. Nella soffitta di Menocchio era nascosto un vero e proprio archivio costruito secondo i criteri dei servizi segreti e bisognava saperne un po' di piú. Che connessione c'era tra quella soffitta e la Nato, tra quella soffitta e le rapine della Versilia, tra quella soffitta e la borsa piena di documenti che parlavano dell'esistenza di un progetto di colpo di stato?

Il pomeriggio di un giorno di gennaio, freddo, buio, nebbioso, quando le facciate e le torri delle chiese di Padova spuntano come ombre in spiazzi metafisici, nel suo ufficio al secondo piano del tribunale, Giovanni Tamburino firmava un mandato di cattura nei confronti di Dario

Zagolin. Lo scriveva a mano e lo affidava ai carabinieri.

I carabinieri avevano già detto al giudice che il mandato era facilmente eseguibile, bastava andare al bar dell'angolo. E invece Zagolin non era già piú, come sempre, al bar dell'angolo e i carabinieri, il giorno dopo, avevano telefonato al giudice per dirgli che erano andati sul posto di lavoro dello Zagolin Dario – il bar dell'angolo? – e non l'avevano trovato, ma che l'avrebbero di certo rintracciato entro sera, che stesse tranquillo. Il giudice non si era insospettito per quella strana telefonata, non erano ancora arrivati i tempi dell'amaro stupore. Ma quando i carabinieri si erano rifatti vivi per dirgli che Zagolin non era stato trovato, che il ricercato si doveva considerare latitante, aveva capito che qualcosa non funzionava. Perché erano state date notizie devianti? Era cosí malizioso il sospetto che si fosse dovuto guadagnar tempo? Da quel momento in avanti il giudice, salvo nel caso dell'arresto di militari, si sarebbe servito della polizia.

Che rapporto poteva esistere tra rapinatori e liberi professionisti, tra nazifascisti che progettavano un golpe e una rete informativa di una certa ampiezza, mimetizzata, collegata con certi apparati istituzionali? Che cos'era la Rosa dei venti, lo stendardo della Nato o qualcosa di piú nostrano?

Tamburino ricominciava da capo e ripartiva dai documenti della famosa borsa della canonica, una miniera di carte: ricevute per decine di milioni, prove di rapporti con ambienti delle forze armate, documenti militari classificati segreti. Il giudice aveva scelto la strada del riscontro continuo, indispensabile in una materia cosí scivolosa e soggetta a infinite provocazioni. Procedeva a fatica.

Punto di partenza era stato un documento militare di qualche anno prima, segreto, numerato – l'Universale «Farilc 59» – trovato nella famosa borsa. Se si fosse riusciti a risalire dal reparto in cui quel documento era stato elaborato all'ufficiale che invece di restituirlo o di distruggerlo l'aveva trasmesso alla Rosa dei venti, si sarebbe potuto sapere quali erano i militari coinvolti nel complotto. Il documento, un codice di decrittazione per tiro di artiglieria – dava le informazioni tecniche e descriveva le modalità di decifrazione – era divenuto il codice segreto di comportamento del gruppo eversivo, lo strumento di comunicazione interna per crittare e decrittare i messaggi e gli ordini dell'organizzazione.

Il reparto militare al quale si riferiva l'Universale «Farilc 59» era la divisione Legnano e il giudice era andato a Bergamo al comando divisionale. Ma il documento riguardava un gruppo di artiglieria della divisione e il giudice, da Bergamo, era stato dirottato a Cremona sede dell'11° reggimento artiglieria. La caserma Manfredini si trovava nella parte bassa della città, dalla parte del Po e al giudice, giunto a chiedere informazioni, erano state date poche speranze. Il colonnello comandante del reggimento si era mostrato perplesso, non era cosí facile ricostruire gli itinerari di un documento sia pure segreto, vecchio di anni. Ma con un po' di fortuna e con buona volontà, il colonnello era riuscito o quasi: risultava infatti che l'unico reparto che non aveva restituito quel documento e non aveva neppure inviato al comando il verbale di distruzione o di restituzione, come previsto dal regolamento, era un gruppo di artiglieria di stanza a Verona, comandato da un tenente colonnello, Amos Spiazzi, nato a Trieste il 4 gennaio 1933. Quel reparto era un reparto Nato.

Il tenente colonnello era l'ufficiale «I», informazioni, del suo reparto ed era munito del «Nulla osta sicurezza» di massimo livello, il Cosmic. Era un ufficiale con buone note caratteristiche, comandante di un gruppo operativo, dalla brillante e rapida carriera. La caserma era la stessa dove il falso magistrato militare veronese Roberto Cavallaro aveva libero accesso per tenere le sue conferenze agli ufficiali del presidio. Ma tutti questi erano indizi, non esisteva nessuna prova che Spiazzi e Cavallaro si conoscessero, non era matematicamente certo neppure che il documento fosse passato dalle mani di Spiazzi in quelle di Rizzato.

Spiazzi era legato al gruppo neonazista Ordine nuovo, frequentava la palestra di karatè dove si riunivano gli ordinovisti, era in contatto con Elio Massagrande e Clemente Graziani, figurava come dirigente del Centro tradizionale Carlo Magno, una copertura di Ordine nuovo che predicava «l'impero d'Europa», «l'elitismo spirituale e fisico», la necessità di «distruggere, demolire, estirpare».

Nella sua casa erano state trovate armi da guerra in quantità – il tenente colonnello si definiva un collezionista – erano stati trovati gagliardetti nazisti e bandiere con le svastiche appesi alle pareti e una biblioteca aggiornata sull'estremismo di destra. Spiazzi non nascondeva le sue simpatie per l'oltranzismo nazifascista: Hitler – era solito dire – aveva solo sbagliato per eccesso di morbidezza. Sui fatti che gli venivano attribuiti – il possesso del codice segreto, soprattutto, – negava ogni responsabilità, negava anche ogni evidenza. Alla fine dell'interrogatorio, il 13 gennaio 1974, Tamburino l'aveva arrestato.

Era cominciata allora la crociata veneta contro il giudice Giovanni Tamburino: lettere minatorie, insulti, minacce, attacchi della stampa locale. Come osava quel giovane magistrato ordinario mettere sotto accusa le forze armate e la nazione stessa arrivando ad arrestare un ufficiale superiore di non comuni qualità?

Tamburino era solo, legittimato in quel che faceva dal procuratore della Repubblica Aldo Fais, con al fianco il pubblico ministero Luigi Nunziante, partecipe e attento. Il governo, un governo di centrosinistra, era presieduto da Rumor, ministro della Difesa era Tanassi, ministro dell'Interno Taviani, segretario della Dc Fanfani. Il clima politico era inquieto in vista del referendum sul divorzio fissato per il 12 maggio.

Nella ragnatela della Rosa dei venti, il giudice istruttore doveva ogni volta trovare nuovi fili e riannodarli: Amos Spiazzi e Roberto Cavallaro si sentivano infatti ben protetti e negavano tutto e inventavano false piste. Erano indispensabili altre prove.

Il giudice istruttore affrontava cosí la pista finanziaria

e cominciava a spulciare con metodo gli appunti della borsa della canonica. Su un foglio, Eugenio Rizzato aveva annotato che erano stati distribuiti ventidue milioni a persone indicate con nomi di battesimo o nomi di battaglia: Amos, Dario, Pippo, Robert, Virg, Cip.

Chi era Cip, per esempio? Un balordo di paese, un generale, un ammiraglio, un gerarca? Con l'aiuto di Menocchio e di altri del sottobosco, annoiati di quella storia piú grande di loro, dannosa per i loro piccoli traffici, Tamburino riusciva a identificarlo: era un padovano, si chiamava Cipriano Zannoni, aveva versato in banca due milioni proprio il giorno segnato da Rizzato. Perché aveva avuto quei soldi? Cip non si faceva pregare e raccontava quel che sapeva: la consistenza del gruppo di Padova, le sue finalità, la funzione di Cavallaro. Da quell'assegno di Cip, il giudice risaliva a una banca di Genova: un certo giorno erano stati negoziati titoli per venti milioni acquistati con un assegno di conto corrente, trasformati poi in assegni circolari intestati a nomi di fantasia. L'operazione era stata condotta da Attilio Lercari, amministratore della Gaiana, una società del gruppo Piaggio.

Il 13 febbraio, Tamburino firmava un mandato di cattura a carico di Lercari per associazione sovversiva, sovvenzione di banda armata, falso in titolo di credito. Lercari, avvertito da qualcuno, aveva fatto in tempo a fuggire all'estero. Ma, prima di andarsene dalla sua casa di Genova, aveva lasciato bene in vista una borsa con le ricevute degli assegni versati da società zuccheriere ai segretari amministrativi della Democrazia cristiana e del Partito socialista. I soldi – diceva un messaggio – erano stati dati a quei due partiti politici in cambio dell'approvazione di un decreto che aveva aumentato il prezzo dello zucchero. Pensaci, giudice, prima di inquisire come eversore chi vorrebbe soltanto cancellare questa Repubblica infangata e corrotta.

Le conoscenze del giudice, a questo punto, si erano arricchite. Non era solo Porta Casucci ad accusare Cavallaro, ma anche Cip e nell'inchiesta affioravano responsabilità di militari, di estremisti politici, di industriali e la trama cominciava ad avere una sua minacciosa consistenza. Cavallaro, sottotiro del giudice, aveva perso la sua antica sicurezza o strafottenza e si era deciso a parlare, una confessione durata otto ore. Sí, era tutto vero, esisteva un progetto golpista per un cambiamento istituzionale, autoritario, presidenzialista. Il golpe avrebbe dovuto scattare nell'ottobre 1973; il progetto non era fallito o cancellato, ma solo rinviato. L'organizzazione era ramificata, potente, comprendeva generali italiani e americani della Nato, i servizi segreti del Sid, uomini politici, finanzieri. Andreotti doveva essere l'ultimo beneficiario del complotto. Sindona, invece, era già considerato il ministro delle Finanze; da tempo dava supporto al progetto e aveva colloqui con Andreotti e con i capi militari che il tenente colonnello Spiazzi ben conosceva. Il complotto era radicato su una mappa di gruppi e ne faceva parte anche «una massoneria», rappresentata dal principe Giovanni Alliata di Montereale. L'organizzazione era di vastità impressionante ed era guidata da un gruppo dirigente ristretto, il gruppo nobile, secondo la concezione castale, sublimemente razzistica, dell'ideologia di destra. Lui, Cavallaro, faceva parte della struttura informativa. Un provocatore? Un uomo mandato allo scoperto dai servizi segreti per depistare il giudice allargando talmente la rosa del complotto da renderlo incontrollabile e difficile da perseguire? Dalla borsa della canonica e dalla soffitta di Menocchio ai vertici dello Stato? Ma il giudice istruttore Giovanni Tamburino, se era quello il gioco inventato per perderlo, non abboccava, rifiutava di entrare nel labirinto, sospettoso di fronte a una confessione che rasentava la fantapolitica, e seguitava nel suo metodo di riscontri che allungava necessariamente i tempi dell'inchiesta e dava però modo agli uomini coinvolti nel complotto e ai loro protettori di parare i colpi, di inventare nuove mosse per confondere tutto in un inestricabile marasma.

L'istruttoria si era allargata, punteggiata di nuovi interrogatori e di nuovi confronti. Come quello, pieno di tensione, che aveva visto di fronte il tenente colonnello Amos Spiazzi e il finto magistrato militare Roberto Cavallaro. Nel carcere di Padova, dopo ore e ore di dinieghi e di resistenze, l'ufficiale confessava anche lui: l'organizzazione esisteva veramente, era un'organizzazione di sicurezza in funzione anticomunista, con il compito di evitare la caduta dell'Italia nel baratro del marxismo, evento di inimmaginabili conseguenze internazionali. Si trattava di impedire una guerra civile e per impedire una guerra civile non erano accettabili anche le illegalità e persino il delitto? Che paragone si poteva fare tra qualche vita perduta e una devastante guerra civile? Non era, questa, una giustificazione morale oltre che politica? L'organizzazione esisteva, era composta da militari e da civili, in sicura, ma non totale, corrispondenza con la linea delle forze armate e in sicura, ma non totale, corrispondenza anche con la linea del Sid. Il colonnello parlava della fedeltà dei carabinieri e dell'infedeltà della polizia, confidava che persino l'Ovra non era stata del tutto smantellata dopo la guerra: anche di quell'organizzazione restavano ancora alcune linee portanti.

Che cos'era la Rosa dei venti? Un'organizzazione di gruppi con diversa denominazione collegati tra loro in un'attività in certo modo istituzionale: un servizio di copertura parallela, una fascia di protezione esterna alle forze armate, un apparato di fiancheggiamento clandestino che in caso di allarme sarebbe divenuto ufficiale. Il tenente colonnello confessava di avere ricevuto un ordine e di avere controllato la sua legittimità. In che modo? Chi gliel'aveva dato aveva usato la parola d'ordine, il codice militare «Stanag» e il numero segreto di allertamento conosciuto dai comandi: un numero adoperato in occasione di attività riservate e un po' ai margini del servizio. Che cosa gli era stato comandato? Di mettersi in contatto e di proteggere certi gruppi, quei gruppi di estrema destra: l'ordine specifico era stato quello di sostenere un finanziamento di duecento milioni dati come prima rata a quell'organizzazione da tutelare e da potenziare. L'ufficiale, ricevuto l'ordine, aveva incaricato Cavallaro di fare da mallevadore, insieme con il generale Francesco Nardella, del presidio militare di Verona. Il generale e un altro ufficiale, il colonnello Rolando Dominioni (di un reparto Nato addetto alla guerra psicologica), entrambi in uniforme, e Cavallaro erano andati a Piadena, un paese affogato nella pianura tra Cremona e Mantova, dove si erano incontrati, durante una cena, con Lercari, Rampazzo, con l'avvocato De Marchi e con Edgardo Massa, un dirigente industriale. Il generale, in quell'occasione, aveva detto in modo esplicito che esistevano gruppi di militari da lui controllati e pronti a tutto. Gli industriali avevano versato duecento milioni promettendone altrettanti e ancora di piú, tratti da una speculazione edilizia che stavano facendo a Palamos, con l'appoggio di Junio Valerio Borghese: un villaggio turistico finanziato da una banca di Bilbao a ottime condizioni. I soldi venivano dati per pagare gruppi di guerriglia di pronto intervento. Bisognava operare per giungere a uno stravolgimento della situazione istituzionale, ma nel frattempo bisognava favorire quelle azioni di provocazione e di eversione capaci di affrettare i tempi del golpe. Tra i militari e i finanziatori c'erano state altre riunioni, a Peschiera sul Garda, al Motel Esso di Firenze e, ogni volta, il disegno del complotto era stato approfondito. Andreotti? Di lui, il tenente colonnello non era in grado di riferire nulla.

Un ingenuo, Tamburino, un candido angelo della giustizia? O solo un uomo profondamente turbato davanti ai fatti che gli scorrevano davanti agli occhi, sia che fossero veri, sia che fossero inventati?

La trama appariva estesa, popolata di generali, colonnelli, industriali, picchiatori fascisti e agenti del Sid in stretta comunione di intenti. Il giudice aveva smascherato un servizio segreto parallelo mettendo a nudo il nervo delle attività vergognose di uno Stato dove il lecito e l'illecito si fondono in una palude priva di ogni linea di demarcazione?

Il mandato di cattura firmato per il generale Nardella aveva avuto la stessa fortuna del mandato di cattura firmato per il padovano Zagolin. Indisturbato e tranquillo, il generale si faceva vedere nelle strade di Verona. Tamburino comprendeva l'infittirsi delle difficoltà, ma non rinunciava. Il principe Alliata, per esempio, era al centro di un gomitolo di interessi, di gruppi, di organizzazioni nazionali e internazionali. Tamburino l'aveva interrogato piú volte, una cerniera delicata tra politici e militari. Le carte del principe svelavano un progetto che meno di dieci anni dopo sarebbe stato definito omogeneo alla Loggia massonica P2, il progetto di un blocco nazionale d'ordine che da alcuni affidabili uomini del Partito socialista arrivava ai missini attraverso democristiani e socialdemocratici.

La situazione politica, confusa, un po' cupa, rendeva credibili tutte le voci e tutti i sospetti. Il 14 marzo, Rumor aveva formato il suo quinto ministero, un centrosinistra senza i repubblicani, con Andreotti alla Difesa, Taviani all'Interno, Tanassi alle Finanze, Moro agli Esteri, e con Bisaglia, Preti, Gioia, Mancini, Colombo, Gullotti in altri dicasteri. La campagna per il referendum sul divorzio aveva incattivito ancora di piú lo scontro politico. Poi a incendiare non metaforicamente le piazze, sarebbero arrivate le stragi.

Il giudice, dopo l'arresto del tenente colonnello Spiazzi, aveva chiesto al ministro della Difesa, e quindi ai servizi segreti, notizie sull'ufficiale: alcuni imputati della sua inchiesta avevano parlato infatti di propaganda politica di destra all'interno delle forze armate. La risposta era stata negativa, non esisteva nessun progetto di destra, la democraticità degli uomini delle forze armate era al di sopra di ogni sospetto. Ma Tamburino testardamente insisteva: esistono gruppi esterni che hanno potere sulle forze armate? Che notizie possiedono i servizi di sicurezza su finanziamenti di decine o di centinaia di milioni di lire destinati a scopi eversivi e, soprattutto, che notizie hanno di un progetto maturato nell'estate del 1973? La risposta dei servizi di sicurezza, questa volta, era piú articolata e circospetta, anche perché, nel frattempo, non doveva essere sfuggito che il giudice stava indagando su un altro ufficiale, il generale Ugo Ricci, comandante di una brigata corazzata tra le piú moderne ed efficienti, coinvolto anche lui nel complotto. E che erano state scoperte connessioni tra la Rosa dei venti e Giancarlo Rognoni, leader del gruppo neofascista «La Fenice», e Nico Azzi che il 7 aprile 1973 si era fatto esplodere tra le gambe la bomba destinata al rapido Genova-Roma.

I servizi di sicurezza rispondevano dunque ammettendo l'esistenza di enti, gruppi, associazioni operanti dall'esterno sulle forze armate: la polizia e la magistratura erano state informate. Non c'erano notizie, invece, su finanziamenti di attività propagandistiche. E non c'erano notizie su complotti di ufficiali in servizio o in congedo.

Ma chi era mai questo giudice Tamburino? Forse era meglio indagare un po' su di lui, fabbricare un bel dossier, cucirgli addosso uno scandalo, cercare di squalificarlo. Oppure toglierlo di mezzo, visto che risultava difficile trovare delle macchie nella sua limpida vita. Tamburino sapeva anche questo. Che cosa deve fare il giudice di uno Stato di diritto, quando è insidiato dagli uomini dello Stato che dovrebbero tutelarlo?

I giornali del moderatismo veneto, intanto, attaccavano Tamburino: il tenente colonnello era un perseguitato; il giudice era un Savonarola, un Robespierre, un uomo inutilmente rigido, un bulldozer, un rinoceronte, uno che non si rendeva conto, uno che non capiva qual era la posta in gioco.

Ma subito dopo la confessione del tenente colonnello, la musica, per quanto riguardava l'ufficiale, mutava. Spiazzi non era piú un perseguitato, ma un pazzo, naturalmente a causa delle durezze del giudice istruttore di Padova. Il tenente colonnello Amos Spiazzi aveva perso di colpo la sua credibilità. I servizi segreti avevano scaricato l'ufficiale e ora facevano sapere che il suo era un caso isolato, non esisteva nessuna organizzazione, il tenente colonnello non aveva ricevuto ordini da nessuno.

Come reagiva all'isolamento, alle insinuazioni, agli attacchi e al voltafaccia del Sid l'ufficiale che giudicava Hitler troppo morbido e che voleva distruggere, demolire, estirpare il mondo perverso? Il giudice istruttore seguitava a interrogarlo, ma le posizioni si erano radicalizzate: l'ufficiale sosteneva di avere ubbidito a un ordine, i servizi segreti sostenevano che l'ordine era un'invenzione. Qual era la verità? L'ufficiale, poco alla volta, si ammorbidiva e diceva al magistrato che la questione era delicatissima, che confessare quanto era accaduto poteva compromettere la sicurezza nazionale e internazionale della nazione: ma nell'interesse della giustizia chiedeva un incontro con un ufficiale dei carabinieri di grado superiore al suo. Se l'avesse liberato dal segreto, autorizzato a parlare, avrebbe ubbidito.

Il giudice Tamburino e il pubblico ministero Nunziante, allora, andavano a Roma a bussare alla sede del Sid dove, introdotti dal generale Antonio Alemanno, si facevano ricevere dal generale Vito Miceli: chi mandare? Alemanno faceva il nome del colonnello Marzollo. Tamburino, che l'aveva sentito nominare da Spiazzi, acconsentiva, ma Miceli brusco: «No, no, Alemanno vai tu», diceva. E i giudici, allora, annunciavano con finto candore che Spiazzi era già a Roma, in questura e gli altri, che lo sapevano benissimo, mostravano un finto stupore.

Una scena elitaria, aristocratica, degna del militarismo prussiano, malgrado lo squallore di una stanza di questura? Un ufficiale superiore irrigidito, in dubbio tra desiderio di libertà e senso del dovere, un generale combattuto tra coscienza civile e militare e ragion di stato?

Amos Spiazzi spiegava al suo superiore che i giudici volevano sapere da chi aveva avuto quell'ordine. E il generale, casalingo, «figlio mio, figlio mio», diceva al tenente colonnello e rammaricato gli spiegava che nei suoi panni non avrebbe neanche detto quello che lui aveva detto. Doveva dire piuttosto che erano cose sue, personali; cose che faceva lui, cose che facevano loro. E poi, davanti ai giudici che si stropicciavano gli occhi, il generale, fulmineo, si stringeva il naso con due dita, si passava un altro dito sotto le narici e poi, con il taglio orizzontale della mano si toccava la gola. Una scena di pochi secondi che forse non era esattamente avvenuta con quei gesti, quegli ammicchi e in quella sequenza. I giudici si guardavano allibiti: avevano condotto in questura il generale di divisione Antonio Alemanno o un mimo da destare l'invidia di Dario Fo e di Jango Edwards?

Ma il confronto era finito e forse era finita anche l'inchiesta della Rosa dei venti. L'uomo dei servizi segreti aveva portato il suo messaggio, in una lingua che sembrava fanciullesca, ma che era invece inequivocabile.

Riavutosi dallo stupore, il giudice istruttore Giovanni Tamburino non voleva darsi per vinto. Erano troppo gravi i fatti che stavano accadendo in Italia per seppellire un'inchiesta che rivelava un disegno eversivo in grado di spiegare anche quei fatti. Il 28 maggio 1974, in piazza della Loggia a Brescia era esplosa una bomba durante una manifestazione sindacale: una strage. Due giorni dopo, a Pian del Rascino, vicino a Rieti, la polizia e i carabinieri avevano scoperto un campeggio di neofascisti e in un conflitto a fuoco era stato ucciso Giancarlo Esposti, capo delle Squadre d'azione Mussolini, collegato con il Mar, il movimento di azione rivoluzionaria e con il Fronte nazionale. Che cosa stava succedendo?

Il giudice istruttore, in giugno, decideva di scrivere al presidente della Repubblica Giovanni Leone, nella sua funzione di capo delle forze armate e di raccontargli con chiarezza i fatti accaduti: un'inchiesta giudiziaria aveva rivelato l'esistenza di un'organizzazione segreta alla quale appartenevano ufficiali dell'esercito; un membro dell'organizzazione, il tenente colonnello Amos Spiazzi, sosteneva di avere ricevuto l'ordine di prendere contatto con una banda di estremisti di destra e di finanziarla; l'ufficiale, per rivelare il nome di chi gli aveva dato quell'ordine, aveva chiesto il consenso di un superiore; era avvenuto un regolare confronto tra il tenente colonnello e un generale, il generale Alemanno, delegato dal capo del Sid generale Miceli: il generale Alemanno, presenti due magistrati e l'avvocato difensore, aveva ordinato al tenente colonnello Spiazzi, anche con cenni convenzionali, di non rivelare il nome del militare che gli aveva dato quell'ordine. Che cosa chiedeva ora il giudice Tamburino al presidente della Repubblica? Che fosse designato un generale di grado superiore a quello di Alemanno e che fosse messo nelle condizioni di offrire una effettiva collaborazione alla giustizia liberando il tenente colonnello Spiazzi dal vincolo del segreto.

Ineffabile, aveva risposto al giudice il ministro della Difesa Giulio Andreotti: ma è una cosa inaudita se è successo davvero quanto è stato denunciato e bisogna andare a fondo assolutamente, anche se il Sid è tranquillizzante e dice che nulla, proprio nulla, è accaduto!

Consigliava a Tamburino di rivolgersi al procuratore generale militare. Ma il procuratore generale militare non voleva neppure sentir parlare della questione: se il segreto non esisteva che cosa c'entrava lui? E se il segreto esisteva veramente quale autorità aveva per liberarne il tenente colonnello Spiazzi? Neppure se gliel'avesse ordinato Iddio, neppure se gliel'avesse ordinato Iddio...

Era successo intanto un altro fatto che aveva insospettito il giudice istruttore di Padova per la sua evidente stranezza. Dai cassetti della Procura della Repubblica di Roma era riemersa infatti l'inchiesta sul tentato golpe Borghese del dicembre 1970. Ai vertici della magistratura si era deciso di togliere l'inchiesta dalle mani dello scomodo giudice istruttore di Padova e per far questo si tentava di collegare il Fronte nazionale di Junio Valerio Borghese con la Rosa dei venti? I giudici Achille Gallucci, Filippo Fiore e Claudio Vitalone lavoravano ora con lena a quel processo dimenticato. Si era messo in moto il meccanismo delle avocazioni e dei conflitti di competenza?

Anche il Sid era diventato prodigo, persino con il giudice di Padova, di quelle informative, rapporti, notizie che fino a poco tempo prima aveva sempre smentito di avere raccolto: quei rapporti negati ora riempivano volumi.

Il giudice istruttore di Padova si sentiva sul collo il fiato degli uffici giudiziari romani ma non demordeva. Interrogava due o tre volte Giulio Andreotti, ma il ministro della Difesa non sapeva nulla di nulla e non conosceva nessuno, a eccezione di Andrea Piaggio, diceva. Il 27 giugno, il giudice inviava una comunicazione giudiziaria al generale Ugo Ricci e cominciava a indagare sul generale Vito Miceli che nel frattempo era stato destituito dalla carica di capo del Sid per le sue collusioni con Julio Valerio Borghese. Poi Tamburino era andato a Nizza dove, presente il pubblico ministero Nunziante e il difensore, aveva interrogato Attilio Lercari. E al ritorno aveva arrestato l'industriale Andrea Piaggio.

Una torbida estate di sangue e di inquietudini culminava il 4 agosto con la strage del treno Italicus, a San Benedetto Val di Sambro, mentre si facevano sempre piú insistenti le voci di un colpo di mano da parte di certi settori delle forze armate, mentre le tre divisioni dei carabinieri erano in stato d'allarme e gli stati maggiori di alcuni corpi d'armata venivano trasferiti dal ministro della Difesa Andreotti.

Era nell'aria – lo si sarebbe saputo due anni dopo – il golpe bianco di Edgardo Sogno e di Luigi Cavallo, non troppo differente, nel progetto, dalla Rosa dei venti: una *blitzkrieg* alla maniera indonesiana, greca, cilena, peruviana, brasiliana, per la formazione di un governo di tecnici e di militari, il sindacato unico, l'abolizione dell'immunità parlamentare, il tribunale straordinario per le personalità politiche[1].

Il giudice Giovanni Tamburino non desisteva, non

[1] Il giudice del Tribunale di Roma, il 12 settembre 1978, ha prosciolto Edgardo Sogno e gli altri imputati – Luigi Cavallo, Ugo Ricci, Remo Orlandini, Randolfo Pacciardi, Salvatore Drago – dal reato di cospirazione politica mediante associazione perché il fatto non sussiste.

desisteva neppure il mondo impuro che voleva smascherare. Non si contavano piú gli intrighi, le fughe di notizie, le rivelazioni di segreti d'ufficio fatte attraverso compiacenti giornali per annullare l'inchiesta, demotivarla, chiuderla. Non si contavano neppure piú, in un clima d'incubo, le pressioni, i consigli, i suggerimenti, anche di persone insospettabili, di lasciar perdere ricevuti dal magistrato e le minacce di morte.

Roma e l'Italia dovevano essere popolate in quei mesi da manzoniani conti zii a colloquio con padri provinciali dei cappuccini, a proposito di quel Giovanni Tamburino da Padova: «Veda, vostra paternità, son cose, che io le dicevo, da finirsi tra di noi, da seppellirsi qui, cose che a rimestarle troppo... si fa peggio. Lei sa cosa segue: quest'urti, queste picche, principiano talvolta da una bagatella, e vanno avanti, vanno avanti... A voler trovarne il fondo, o non se ne viene a capo, o vengon fuori cent'altri imbrogli. Sopire, troncare, padre molto reverendo: troncare, sopire». E ancora: «Allontanare il fuoco dalla paglia. Alle volte un soggetto che, in un luogo, non fa bene, o che può esser causa di qualche inconveniente, riesce a maraviglia in un altro. Vostra paternità saprà ben trovare la nicchia conveniente a questo religioso. C'è giusto anche l'altra circostanza, che possa esser caduto in sospetto di chi... potrebbe desiderare che fosse rimosso: e collocandolo in qualche posto un po' lontanetto, facciamo un viaggio e due servizi, tutto s'accomoda da sé, o per dir meglio non c'è nulla di guasto».

Come arrivare all'uomo che per telefono aveva dato quell'ordine al tenente colonnello Spiazzi? Poteva essere il colonnello Marzollo del Sid, poteva essere il suo braccio destro maggiore Venturi. A chi apparteneva quella voce che avrebbe fatto camminare l'inchiesta? Tutto appariva paludoso, ambiguo. Certi fatti erano sufficientemente accertati: l'esistenza di un'organizzazione parallela al Sid, l'esistenza di gruppi attrezzati che operavano al di fuori di ogni controllo istituzionale e che in caso d'allarme o di mobilitazione dovevano essere pronti ad agire. Ma per fare che cosa? Dove finiva l'attività legale segreta e dove cominciava quella illegale? Il filo della separazione era impossibile da verificare, se il cuore del complotto si trovava – e questo sembrava ormai palese, dimostrato dai fatti e dal loro procedere durante l'inchiesta – proprio all'interno dell'organismo che aveva il compito di vigilare sulla sicurezza democratica della Repubblica, il Sid. Come era chiara la spaccatura, la divisione in gruppi e in frazioni, all'interno dei servizi di sicurezza. Secondo il generale Gian Adelio Maletti, capo dell'ufficio «D» del Sid, un gruppo di persone, fuori dalla linea gerarchica, faceva riferimento al generale Miceli e alla destra piú estrema. Il generale Miceli lo smentiva, l'aveva informato, per esempio, su Lercari, sulla sua società, la Gaiana, sul generale Ricci. Il generale Miceli mostrava uno smisurato stupore. Il generale Maletti ribadiva di avere sempre informato il suo superiore di tutto quanto accadeva. Il generale Miceli ribadiva accusando allora i sottoposti di Maletti di averlo tenuto all'oscuro. Il generale Maletti ripeteva ancora una volta le accuse. Il generale Miceli negava di nuovo.

I confronti tra Miceli, indiziato di reato e Maletti, testimone, continuavano per tutto il mese di ottobre, poi, il 31 ottobre, il giudice Tamburino faceva arrestare, per concorso in cospirazione politica, il generale Miceli, all'uscita da un interrogatorio del giudice istruttore Gallucci al Palazzo di Giustizia di Roma. Miceli, secondo il mandato di cattura, era responsabile dell'«organizzazione di sicurezza che di fatto si pone come ostacolo rispetto a determinate modificazioni della politica interna e internazionale; ostacolo che, limitando la sovranità popolare, e realizzandosi con modalità di azione anormali, illegali, segrete e violente, conferisce carattere eversivo alla organizzazione che ha il compito di mantenerlo. Tale organizzazione parzialmente coincide con la struttura "I" di forza armata e con il Sid».

Nuovo scandalo, nuove proteste contro il giudice istruttore Giovanni Tamburino. Ma appena in macchina per essere condotto a Padova, il generale si sentiva male e veniva dirottato all'Ospedale militare del Celio. Tamburino interrogava il colonnello dei carabinieri Antonio Varisco che aveva eseguito l'ordine, voleva accertare che non ci fosse stata qualche condiscendenza. Varisco si era comportato correttamente: il generale ha perso la pipa, testimoniava ironico, era questo il suo malore. E i tre medici di Padova inviati dal giudice al Celio sentenziavano che, sí, il generale non aveva altro che un po' di cerume negli orecchi.

Che cosa si scatenava in Italia con l'arresto del generale Vito Miceli, capo del Sid dal 1970 al 1974, futuro deputato del Movimento sociale italiano, un uomo che non difettava certo delle possibilità di ricatto per uscire indenne da quell'incresciosa situazione?

Nel momento in cui il giudice istruttore di Padova aveva toccato il punto piú alto della sua ricerca, colpendo al cuore uno dei simboli del potere reale, mettendo a nudo i rapporti illegali tra le istituzioni e i gruppi eversivi, l'inchiesta della Rosa dei venti terminava, come per morte naturale.

Nel modo piú consueto e oliato. Mentre l'istruttoria, malgrado gli ostacoli, i macigni, le irraccontabili difficoltà, malgrado la fatica e la solitudine di un giudice che rischiava ogni giorno la vita, procedeva e Miceli poteva anche decidere di parlare e un qualsiasi evento poteva ancora capitare a spiegare l'accaduto, trasformando in prove una catena di indizi, l'Ufficio istruzione del tribunale di Roma sollevava conflitto di competenza davanti alla Suprema Corte di Cassazione: l'episodio della Rosa dei venti doveva essere giudicato dai giudici che stavano indagando sul golpe Borghese. Le ragioni delle connessioni erano labili: la speculazione di Palamos favorita da Borghese, l'avvocato De Marchi che faceva parte del Fronte nazionale del comandante della Decima Mas. La Rosa dei venti non aveva alcun nesso con il tentato golpe del 1970, ma il problema non era certo giuridico, bisognava soltanto togliere l'inchiesta dalle mani di quell'incontrollabile giudice giacobino.

E cosí, il 30 dicembre 1974, la suprema Corte di Cassazione dava ragione ai giudici romani e comunicava che l'inchiesta della Rosa dei venti era stata assegnata per competenza all'Ufficio istruzione del Tribunale di Roma che in tutti quei mesi non aveva neppure chiesto di conoscere gli atti del Tribunale di Padova[2].

L'anno era terminato. La parola Gladio che era poi la chiave per capire la Rosa dei venti, non uscí mai dalle carte accumulate nei palazzi di giustizia. Il giudice istruttore Giovanni Tamburino era sereno. Decideva di farsi un regalo, un giradischi stereofonico. Aveva tempo, adesso, per ascoltare l'amato Mozart.

Ogni tanto lo disturbava una frase non musicale. Non riusciva a togliersela dalla memoria. Gliel'aveva detta il generale Miceli: «Vedrà, giudice, che per alcuni anni non sentiremo piú parlare di eversione nera».

[2] La Corte d'Assise di Roma, il 14 luglio 1978, ha assolto il generale Miceli dall'accusa di favoreggiamento perché «il fatto non sussiste». Ha condannato invece per cospirazione politica e per altri reati specifici (armi, documenti falsi) Attilio Lercari a 5 anni e 6 mesi; Giancarlo De Marchi, Roberto Cavallaro, Amos Spiazzi e Sandro Rampazzo a 5 anni, Francesco Nardella e Ugo Ricci a 4 anni; Giuseppe Menocchio a 3 anni; Giampaolo Porta Casucci a 1 anno e 6 mesi. Il reato di «cospirazione politica» non ha coinvolto il Sid; l'originaria imputazione per il generale Miceli fu infatti ridimensionata durante l'istruttoria romana. Dal processo della Rosa dei venti fu fatto uno stralcio, un'inchiesta separata che aveva come oggetto specifico l'esistenza di una struttura «parallela» interna al Sid, quale risultava dalle dichiarazioni di Maletti, Spiazzi, Cavallaro e dallo stesso Miceli. Di questo stralcio deciso dalla Procura della Repubblica di Roma non si è piú avuta notizia. L'accusa di «cospirazione politica» non ha coinvolto dunque il Sid perché lo stralcio fatto ha impedito a questa parte, la piú delicata dell'istruttoria, di arrivare a un dibattimento. Gli imputati padovani e genovesi sono stati considerati componenti di una banda neofascista con collegamenti nelle forze armate, ma non pilotata dal Sid.

Il professore delle Brigate rosse

Ha in testa una calottina di lana celeste, indossa un maglione blu e pantaloni di velluto e sembra capitato, nervoso ma anche rassegnato, nella sala d'aspetto di una stazione ferroviaria dove non avrebbe pensato mai di dover sostare. Il professor Enrico Fenzi, dell'Università di Genova, docente di letteratura italiana, è entrato incatenato nella gabbia del Tribunale di Milano al seguito di un ometto triste, con la barba nera, i baffi, i capelli alla nazarena, le occhiaie fonde, uno sguardo intelligente e disperato, Mario Moretti capo delle Brigate rosse. Tolte le catene, il professore gli siede accanto sulla panca, costretto a vedere, anche se con un'apparenza di astrazione, i movimenti eccitati dell'aula, il mucchio dei fotografi, i giornalisti, i carabinieri in allarme, con i cani poliziotto, le radio, le armi puntate e, sullo sfondo, le figure dei parenti e delle amiche che agitano le braccia e sembrano un molo di fantasmi. Incuranti di quegli occhi, i due carcerati cominciano subito a parlare fittamente tra loro, come in un confessionale, usando le mani come grate discrete. È la mattina del 13 maggio 1981. Che cosa si stanno dicendo il professore di italiano, che ha scritto sulle rime dantesche per la donna Pietra, sull'*Aminta* del Tasso, su Boezio e Jean De Meun, sul Petrarca, sul Ruzante, sul Manzoni, e il capo delle Brigate rosse?

«Il pomeriggio precedente il processo ebbi la visita degli avvocati, Sorrentino e Cavaliere, che mi consigliarono di farmi difendere, dal momento che c'era una probabilità di far rinviare il processo e di unificarlo a quello futuro per banda armata, sí da avere una condanna invece di due... Il mattino seguente, quando ci trovammo in gabbia, informai Moretti della cosa, ed egli mi scongiurò di non farlo, con argomenti che mi convinsero. In sostanza, secondo lui, sarebbe stato politicamente disastroso se io mi fossi difeso e lui no (questo punto non era nemmeno in discussione, naturalmente), perché sul nostro processo – la prima uscita dopo l'arresto – era indubbiamente concentrata l'attenzione dei militanti, i quali non sarebbero riusciti a capire un comportamento così anomalo rispetto alle regole dell'organizzazione, e non si poteva prevedere cosa avrebbero potuto dedurne. Non usò alcuna minaccia, al contrario si mostrò molto ragionevole, e aggiunse che in futuro avrei potuto difendermi, quando fossi riuscito a farlo senza ingenerare equivoci»[1].

Il professor Fenzi è stato arrestato a Milano, il 4 aprile 1981, in via Guido Cavalcanti, ironico topos. L'appuntamento con Moretti e con altri era per le due del pomeriggio: un brigatista neofita doveva ospitare la riunione in un appartamento di cui aveva le chiavi. Il professore, da lontano, aveva visto Moretti già in attesa e, a pochi passi, dei giovani in attesa anche loro, che l'avevano insospettito e allora aveva girato al largo svoltando in una via laterale. Ma Moretti l'aveva raggiunto e rassicurato. Erano entrati in un bar, Moretti aveva con sé due borse, il nécessaire del viaggiatore e l'archivio. Arrivava dal Sud dove aveva incontrato Giovanni Senzani e altri della colonna delle Br napoletane: era scoppiato un litigio aspro – raccontò Moretti – l'avevano quasi messo alla porta. Il brigatista neofita, con le chiavi dell'appartamento, non si faceva vivo e Moretti non nascondeva un'irritata preoccupazione. Fuori dal bar si notavano

[1] Memoriale di Enrico Fenzi, 27 settembre 1982, trasmesso all'autorità giudiziaria in occasione del processo davanti alla Corte d'Assise di Genova che il 27 ottobre 1982 l'ha condannato a 3 anni, applicando la legge sui «pentiti», per partecipazione e organizzazione di banda armata. La Corte d'Assise d'Appello di Genova il 20 aprile 1983 ha confermato la sentenza.

strani movimenti, «Non sarà che ci ha venduti?» disse un po' scherzoso e un po' cupo il professore. «Uscimmo e prendemmo un'altra traversa, per prudenza, visto che anche Moretti si era messo in allarme, ma appena voltato l'angolo fummo bloccati». Il «brigatista» neofita aveva consegnato alla polizia il capo delle Br[2].

Attraverso quale cammino Enrico Fenzi, professore universitario, autore, oltre che di saggi di Filologia romanza, di accademici studi in onore dei maestri invecchiati, autore anche di relazioni, comunicazioni e interventi ai convegni disseminati nei paesi e nelle città, consulente editoriale e redattore e collaboratore di riviste di studi sofisticati, diventa terrorista e arriva, con una Mauser 7,65 in tasca, all'ultimo appuntamento con il capo delle Brigate rosse?

Lo racconta in un memoriale scritto nel carcere di Alessandria, con la data del 27 settembre 1982, 75 cartelle a spazio uno, non elegante e neppure corrosivo come i saggi pubblicati, per esempio sulla rivista «L'immagine riflessa», quadrimestrale di sociologia dei testi dell'Istituto di Filologia romanza dell'Università di Genova, dove il professore pubblicò, sul numero 1 del 1977, *Gli strumenti della finzione. Appunti per la storia della letteratura italiana da Petrarca a Manzoni* e, sul numero 1-2 del 1979, *Il potere, la morte, l'amore. Note sull'«Aminta» di Torquato Tasso*. (Gli articoli degli altri collaboratori erano dedicati a Guido Cavalcanti, alla *Lisistrata* e alle regole del gioco, alle letture pericolose, a Juntacadaveres e alla conquista dell'autentico, alle «Maschere della maschera», alla maschera del boia, che sembrano, ora, i titoli di un gioco dell'allusione.)

Il memoriale del professor Fenzi, terrorista ora «pentito», non ha né la baldanza né l'aggressività estremizzante dei suoi scritti accademico-radicali: è rispettoso, giustificazionista, avvocatesco, attento a schivare imputazioni e accuse e, quindi, povero, reticente, con qualche

[2] *Ibid.*

liberatoria eccezione: a pagina 62, per esempio, quando parla del sequestro e dell'omicidio di Roberto Peci:

> Non ero il solo a essere sconvolto dal modo crudele e ipocrita con il quale il sequestro era gestito... Quando poi uscí sul giornale la fotografia che ritraeva il momento dell'esecuzione, ricordo che altri erano come me allibiti. Nel cortile (del carcere) ne parlammo a lungo e arrivammo a una decisione che rende, credo, perfettamente l'idea del nostro stato d'animo: quella foto era un falso costruito dalla polizia e dai carabinieri, perché era impossibile che dei compagni avessero fatto una cosa simile. Invece era possibile: cosí alcuni assassini, con una singolare combinazione di stupidità e di ferocia, avevano creduto di poter tradurre in pratica i discorsi della «comunicazione sociale» che uscivano da Palmi. Quella foto, l'esaltazione del puro fatto, del puro potere di uccidere, era il vero obiettivo... Torno a quel giudizio sulla *impossibilità* che Senzani o chi per lui avesse fatto le fotografie dell'uccisione di Roberto Peci. Fu un giudizio importante, per me, perché fissò chiaramente una sorta di muro, una barriera oltre la quale non potevo andare (certo resta il problema di come fossi arrivato a ridosso di quel muro)[3].

È Rocco Micaletto il primo uomo delle Br che Fenzi incontra. Glielo fa conoscere un altro professore, Gianfranco Faina. Si vedono a Rivarolo, poi a Bogliasco: «Ci furono molte cautele e limiti da entrambe le parti. Si parlava molto delle Brigate rosse, specie dopo il rapimento Sossi, e Faina mi chiese se io fossi interessato a incontri e a scambi di idee». Il sequestro Sossi è di due anni prima, adesso siamo nella primavera del 1976; il procuratore della Repubblica di Genova, Francesco Coco, non è ancora stato assassinato sulla salita Santa Brigida, a due passi dalla stazione Principe e dall'università; le Br sono ridotte al lumicino; manca qualche mese al 20 giugno; la sinistra è euforica, i gruppi extraparlamentari sono certi del «sorpasso» elettorale: il 51 per cento dei voti.

[3] *Ibid.* Patrizio Peci, capo della colonna torinese delle Br, fu arrestato il 18 febbraio 1980 a Torino. Fece una dettagliata confessione al generale dalla Chiesa e ai giudici torinesi su tutto quanto era a conoscenza. Il 10 giugno 1980, le Br sequestrarono per rappresaglia il fratello di Peci, Roberto, lo fucilarono, incatenato e bendato tra le macerie e i rifiuti, e diffusero una fotografia dell'esecuzione.

Passa qualche mese. Faina è in disaccordo con le Br e scompare, Micaletto si rifà vivo telefonando all'Istituto di Filologia come uno studente qualsiasi. Fenzi e Micaletto cominciano a vedersi sulla riviera di Levante, a Recco, a Camogli, a Sori: che cos'hanno in comune il professore di italiano e il brigatista che si macchierà di tanti delitti? Come si manifesta, all'intellettuale sottile, il fascino di Micaletto? Gli incontri «duravano a lungo, di solito un intero pomeriggio, ed erano sempre molto rilassati e discorsivi, senza l'urgenza di impegni d'altro genere».

È il periodo dell'iniziazione, più che dell'adescamento. Al professore, Micaletto spiega allora che cos'è e come funziona l'organizzazione delle Brigate rosse, l'esecutivo, le colonne, le brigate, i fronti. E poi gli mostra i volantini, i documenti, le risoluzioni. Il cultore della sociologia dei testi legge incantato? Ha scoperto i nuovi livelli della scrittura? Ha trovato l'eroe di quella rivolta che lui, finora, ha cercato di esprimere nei suoi saggi applicando alla letteratura, storia e sociologia, umori, rabbia e psicologia?

«I contadini di Petrarca non sono piú contadini: la bellezza e la dignità del lavoro, già esaltate da Virgilio, sono scomparse, ed essi sono diventati gli esemplari di un'umanità stolta e colpevole. La schiavitú che li incatena a uno sfruttamento bestiale non deve esistere perché è ormai impossibile ricomporre l'unità dell'universo sociale, e il compito del cosiddetto sapiente è ormai quello di ricostruire una falsa totalità cancellando ogni contraddizione nello specchio deformante d'una coscienza alienata... Torniamo ai pescatori. Questi poveracci che pescano perché hanno fame sono dei pazzi ostinati che dovrebbero imparare a occupare in altro modo il tempo; Petrarca, che pesca per divertimento, *non* perché ha fame, fa benissimo, perché ciò corrisponde a un certo ideale di vita. Come a dire che a questo mondo conta solo l'avere alcune "idee", e che per averle val bene la pena di pagare il prezzo che ormai è richiesto, di voltare le spalle alla realtà. Sí che la logica di Petrarca è la logica di un mondo capovolto, in nome della quale diventa addirittura normale che chi non ne ha bisogno prenda molti pesci, e chi muore di fame non ne prenda neppure uno: è giusto, infatti, che i pesci vadano da chi ha dei buoni motivi contro di loro, e non da chi motivi non ne ha...»[4].

Fenzi fa il suo praticantato con Micaletto e si rende utile come può. Ma che cosa sa fare un professore di italiano che decide di passare all'azione in un gruppo terroristico? L'addetto stampa e l'informatore, in attesa di diventare romanziere di vita vissuta. «Mi preoccupavo di leggere attentamente i giornali locali, di seguire nell'ambito dell'università l'attività politica dei vari gruppi che vi si radunavano, di partecipare là dove potevo alle assemblee cittadine del movimento e di riportare quanto avevo raccolto, anche in termini di piccoli fatti, di minime indicazioni, a Micaletto»[5].

Gli incontri, nella memoria del professore, sono fervidi. Fenzi ha capito che Micaletto è il capo colonna delle Brigate rosse. Quanto a lui non si capisce ancora che cosa sia: un brigatista effettivo, un brigatista di complemento o solo un pescatore non petrarchesco di pesci per il sostegno della lotta armata? È una notizia difficile da controllare. Le Br, con il maniacale culto della conservazione – il loro museo dell'eroismo e dell'orrore – non hanno però lasciato scritta la data dell'arruolamento di Enrico Fenzi. Ma nell'assenza dei ruolini di un ufficio leva, si sa che il professore è tenuto subito a una rigida compartimentazione; si sa che tenta di costruire un archivio di ritagli di giornale sulla situazione politico-economica genovese; si sa che accompagna un suo amico, l'avvocato Arnaldi, da Micaletto a Bogliasco, si sa anche che organizza un altro incontro con il brigatista Livio Baistrocchi: ha abbandonato le Br, ma ora vuole rientrarvi.

[4] Enrico Fenzi, *Gli strumenti della finzione. Appunti per la storia della letteratura italiana da Petrarca a Manzoni*, in «L'immagine riflessa», I (1977), n. 1.
[5] Memoriale cit.

Fenzi non è mai stato organicamente dentro un gruppo della sinistra extraparlamentare – Lotta continua, Avanguardia operaia, Potere operaio – ma inserito, piuttosto, nell'area dell'Autonomia. Frequenta le assemblee di un Collettivo autonomo, in via San Lorenzo, dove, sempre a nome di Micaletto, aggancia con facilità Francesco Lo Bianco che diventerà anche lui un capo delle Brigate rosse.

«Ricordo che quando in quella sede mi avvicinai a Lo Bianco, non ci fu bisogno di molte parole, né fu il caso di nominare le Br. Anche se non ci conoscevamo quasi, quando gli accennai che c'era una persona che voleva incontrarlo, parve capire tutto al volo, e senza alcun problema aderí all'invito»[6].

Fenzi, persona conosciuta per le sue idee, anche nei suoi rapporti con le Br è pur sempre un privilegiato senza obbligo di orario, un consulente del principe e non ha importanza che il principe sia Micaletto. Solo che un giorno, come accade, la voglia del principe di parlare con il professore intelligente e riflessivo dev'essersi smorzata. A che serve quel Fenzi? Micaletto – forse avrà usato parole piú nette e piú incisive – gli dice che deve decidersi a risolvere il problema della sua identità. «Mi spiegò che il tipo di contributo che io avevo dato sin lí si stava esaurendo, per molte ragioni. Per esempio, l'università aveva smesso di essere un osservatorio interessante, i vari gruppi non contavano nulla, non avevo rapporti con il mondo della fabbrica o con altri settori ai quali le Br fossero interessate (la stampa, la finanza, i partiti...) Ero insomma una persona con la quale era sempre piacevole chiacchierare, ma la cui utilità era diventata dubbia». Il capo brigatista gli dice anche che se ne va da Genova, «chiamato ad altri incarichi». Se voleva, poteva incontrarsi con il suo successore e chiarire le sue nuove funzioni. Doveva fare anche lui quello che fanno gli altri.

Il successore si fa chiamare Valentino. È Luca Nico-

[6] *Ibid.*

lotti, incontra Fenzi sul lungomare di Recco e senza tanti fronzoli verbali gli comunica che entro una settimana o due deve prendere parte a un ferimento. La raccolta delle notizie, gli appostamenti, gli orari, quella che nel gergo brigatista viene chiamata l'inchiesta, è già stata fatta.

«Non mi disse, a tutta prima, chi fosse la persona da colpire, ma fissò un appuntamento per discutere a fondo la cosa. L'incontro, qualche giorno dopo, si svolse a Nervi, ai tavolini del bar Marinella: trovai lí, oltre a Nicolotti, anche Lo Bianco e Baistrocchi. L'azione sarebbe stata fatta da noi quattro».

Fenzi si pone il problema di sparare contro un uomo che non sa neppure chi sia? Non risulta. Il professore, disciplinato, non fa domande e, quando ne scriverà nel suo memoriale, cinque anni dopo, non rivelerà dubbi o turbamenti su quella «cosa», il passaggio all'azione diretta che ha tormentato, almeno nell'immaginazione, generazioni di intellettuali. L'uomo da colpire è l'ingegnere Carlo Castellano, iscritto al Pci, dirigente dell'Ansaldo Meccanico Nucleare: «Colpirlo significava sottolineare in modo assai clamoroso la contraddizione che esisteva tra i due ruoli, quello nel Pci e quello nella lotta contro quelle conseguenze della ristrutturazione che cadevano sulle loro spalle... Gli argomenti mi convinsero»[7].

E cosí, il 17 novembre 1977, il professor Enrico Fenzi dell'Università di Genova diventa un terrorista professionale. Il suo ruolo è quello di coprire le spalle, far da «appoggio» armato a chi compie l'azione, Lo Bianco. Nicolotti aspetta al volante della macchina, Baistrocchi fa anche lui da «appoggio» in fondo alla strada. I terroristi si mascherano con una leggera barba finta, il professore riceve in consegna una Mauser 7,65. Lo Bianco due pistole: una Mauser 7,65 anche lui e un'altra pistola con il silenziatore. L'azione viene rinviata tre volte, fino al 17 novembre 1977.

«Alle 19 non era ancora arrivato, era già buio e le

[7] *Ibid.*

macchine che cercavano posteggio erano molte. Baistrocchi credo abbia preso l'iniziativa di andare cento metri piú in là rispetto al punto in cui eravamo io e Lo Bianco per avvertire Nicolotti, sempre in macchina, che era di nuovo il caso di rinunciare. Ma poco dopo lo sentiamo arrivare di corsa e gridare: "Corri, corri... è di là". Contro ogni previsione, infatti, l'ing. Castellano uscí dalla sede Italsider che è quasi di fronte a casa sua... e allora fu visto da Baistrocchi e Nicolotti... Subito Lo Bianco partí di corsa, dietro a Baistrocchi che gli faceva strada guidandolo verso il punto dove aveva visto l'ingegnere, mentre io restavo leggermente attardato. E, piú avanti, tra le automobili, sentii subito i colpi, non so quanti, alcuni piú leggeri altri piú forti, segno che non aveva sparato solo la pistola munita di silenziatore. Non ero tuttavia in grado di vedere l'azione, che si concluse in pochi secondi, sicché, mentre finivo di sentire gli spari dalla parte della piazza, mi diressi là dove avrebbe dovuto trovarsi Nicolotti e l'automobile e gli altri due. Ma mi ritrovai solo, perché essendo andato tutto esattamente al rovescio, almeno rispetto alle posizioni prestabilite, Nicolotti si era spostato ed era andato a raccogliere direttamente Lo Bianco e Baistrocchi, mentre io, al buio, ripeto, e nella confusione, tra gente che urlava e macchine che si muovevano, andavo proprio là dove non c'era piú nessuno ad aspettarmi. Dopo un attimo di incertezza, mi parve che non sarei riuscito a ritrovarli e non volevo certo tornare indietro: decisi perciò di fare a piedi la stessa strada che avrei dovuto fare in macchina, e attraversai via Corsica. Cosí, sull'angolo di via Bixio, passai vicino a Castellano, che vidi a terra, circondato da gente che cercava di aiutarlo... Quando ero quasi alla fine della via, una macchina mi si affiancò con la portiera aperta e mi raccolse»[8].

«Ho detto sopra che l'operazione di Petrarca non fu incruenta. Ciò è vero in due sensi. Innanzi tutto perché

[8] *Ibid.*

essa, in forza d'un vero e proprio terrorismo intellettuale, si fonda sulla negazione violenta di ogni ragione antagonista proprio mentre sceglie in modo definitivo di assumere un rigido punto di vista di classe»[9].

L'azione non è stata da manuale, quasi grottesca, il professore aveva il compito di strappare la borsa dalle mani dell'ingegnere ma non l'ha fatto e la borsa doveva contenere carte importanti se, dopo il ferimento, è stata la prima preoccupazione di Carlo Castellano.

Fenzi rallenta i contatti, girano voci sulla sua presenza in via Corsica la sera dell'attentato. Non ha un'età da terrorista, 43 anni, è troppo conosciuto in città, è sposato, è separato, vive con un'altra donna, ha tre figli. L'esecutivo delle Br non gli chiede di diventare clandestino. È un ingombro. Cerca di stare il piú riparato possibile, non vede né Lo Bianco né Baistrocchi, di rado Nicolotti che sta raccogliendo materiale documentario sul problema nucleare, le fabbriche, la ristrutturazione. Parlano della situazione politica, parlano dell'organizzazione, ma solo in generale.

Fenzi continua a far lezione, frequenta l'Istituto, va ai convegni, va ai congressi, partecipa, in giacca blu, cravatta, pantaloni di vigogna grigi, appartato, silenzioso e altero a una riunione della casa editrice Utet che ha in cantiere una storia della letteratura italiana. A lui è stato affidato il Duecento.

Poi un giorno l'avvocato Arnaldi gli parla di un operaio dell'Italsider, generoso ed entusiasta, che vuol «far qualcosa» e cerca un contatto con le Br. Fenzi ne parla con Nicolotti che, eccitato, gli ordina di fare il possibile per portargli al piú presto quel frammento mitologico di classe operaia. L'incontro, dopo qualche appuntamento andato a vuoto, avviene a Rivarolo, nella piazzetta davanti al Municipio: «In quell'occasione io "passai" Berardi (l'operaio dell'Italsider) a Nicolotti, e non ebbi poi piú a che fare con lui»[10].

[9] Fenzi, *Gli strumenti della finzione* cit.
[10] Memoriale cit.

Il 25 ottobre 1978, l'operaio comunista Guido Rossa vede Berardi mentre diffonde in fabbrica, all'Italsider, un documento delle Br. Rossa denuncia il postino brigatista e firma la propria condanna a morte.

I fatti assumono un'atroce concatenazione. Berardi viene arrestato e il 31 ottobre è condannato a quattro anni e mezzo. Durante il processo, mentre Rossa testimonia davanti al tribunale, Berardi fa un gesto: con la mano disegna un'immaginaria cornice, come se volesse imprimere quel volto nella memoria di qualcuno che sta guardando. Neppure tre mesi dopo, il 14 gennaio 1979, Rossa viene assassinato dalle Br. Duecentomila persone seguono la sua bara nelle strade e nelle piazze di Genova.

Neppure allora affiora un barlume di sospetto nella mente del professore, davanti alla scelta della classe operaia in nome della quale le Br dicono di lottare e di uccidere? Il terrorismo ha fatto molta strada dal tempo della sua iniziazione e ha lasciato dei segni: il sequestro e la morte di Moro, senza uno sbocco per le Br; la restaurazione moderata che ne è seguita. La crudezza barbarica diventata una regola nei rapporti sociali non è servita a far riflettere.

Anche Fenzi, dopo l'assassinio di Rossa, subisce due perquisizioni nella casa dove abita, in vico Santa Fede che unisce piazza Annunziata a via Pré. Poi, il 17 maggio, viene arrestato con altre sedici persone: in una casa che ha preso in affitto in campagna i carabinieri hanno trovato una pistola e dei volantini delle Brigate rosse.

L'operazione è diretta dal generale dalla Chiesa. Si fonda su un'inchiesta durata mesi e sulla confessione di Berardi che, senza farne il nome, descrive chi gli aveva ordinato di diffondere i volantini delle Br all'Italsider: «Una persona tra i 40 e i 50, di corporatura e statura normale, altezza sul metro e settanta, che si esprimeva senza accenti dialettali, in italiano appropriato. Dai discorsi che faceva, ho compreso anche che era di origine veneta, che viveva a Genova, dove era separato dalla moglie e che insegnava italiano all'università». Era anche un po' stempiato, con i capelli grigi e d'estate indossava sempre magliette Lacoste.

Il magistrato, il 24 maggio, contesta a Fenzi la confessione di Berardi. Il professore esclude di conoscerlo e di aver mai avuto rapporti con lui. Fenzi passa l'estate nel carcere di Parma. Poi, ai primi di ottobre, trasferimento nel carcere di Cuneo: «La prima persona che vidi, entrando nella sezione, fu proprio Berardi, arrivato il giorno prima». Chi ha ordinato il trasferimento di Berardi da Trani a Cuneo, nello stesso carcere dove sono rinchiuse alcune delle persone da lui denunciate? È solo una negligenza?

In carcere, Fenzi ha un colloquio con l'avvocato Arnaldi: «Berardi mi chiese quali novità l'avvocato mi avesse riferito e io, che non sospettavo minimamente che Berardi fosse coinvolto nel mio arresto, gli risposi sinceramente che di lí a pochi giorni, tre o quattro, sarebbe stata depositata la sentenza di rinvio a giudizio e che allora avrei finalmente saputo quali prove esistevano contro di me. Mi pare che Arnaldi fosse venuto di sabato. La domenica Berardi non si vide all'aria e ricomparve con i polsi tutti fasciati il lunedí o il martedí. Stava molto male: si era tagliato i polsi, aveva perso molto sangue ed era stato per un giorno, credo, all'ospedale. Dopo di che era stato rimandato in sezione... Subito dopo, tuttavia, mi prese da parte, e piangendo mi confessò che era stato proprio lui a fare il mio nome ai carabinieri, nell'interrogatorio alla caserma di Sampierdarena, il giorno dopo l'arresto... Berardi mi spiegò come erano andate le cose, ma per l'agitazione che lo dominava, non fu chiarissimo. Ne ricavai, sommariamente, che non aveva fatto il mio nome ma che aveva dato una descrizione che corrispondeva a me»[11].

Il racconto del professore è piú simile a una favola pastorale che al resoconto realistico di un dialogo tra due persone, di cui una ha denunciato l'altra, in un carcere di

[11] *Ibid.*

massima sicurezza. «Io feci il possibile per calmarlo e rassicurarlo: gli dissi di non ritrattare nulla, per il momento, per non fare cose avventate che potevano nuocere sia a lui che a me; gli promisi che non avrei fatto parola con nessuno, e che saremmo tornati a parlarne con Lintrami, che era in quel momento il personaggio delle Br di maggior spicco presente nel carcere; lo assicurai della mia amicizia. Fui però anche costretto a dirgli che i giornali, di lí a pochi giorni, avrebbero dato pubblicità alla sua testimonianza, e che nel carcere si sarebbe creata una brutta situazione... Ce la misi tutta per convincerlo a stare tranquillo e per smontare la gravità della cosa, che pareva in effetti rimediabile. Alla fine mi parve molto calmato, e ci lasciammo con l'impegno di rivederci il mattino seguente, questa volta con Lintrami. La sera, saranno state le diciannove, e tutti eravamo chiusi, in celle singole, ci fu un grido: i due lavoranti (detenuti che vanno su e giú per il corridoio per i piccoli servizi e le pulizie) avevano visto Berardi impiccato alla finestra del bagno della sua cella»[12].

Nel dicembre 1979, Fenzi viene trasferito a Palmi. Nell'università del terrorismo non è piú un professore, ma un allievo volenteroso. In carcere studiano tutti, un gruppo analizza la stampa locale e i problemi calabresi, un altro gruppo studia il carcere; Bertolazzi e Lintrami studiano la Dc; altri studiano i fenomeni della devianza sociale e della malavita; Fenzi, con un po' di fatica, l'Unione Sovietica, natura e struttura economica e politica di quel Paese. «Curcio e Franceschini si erano riservati di studiare le cose che interessavano a loro». Il compiacimento di trovarsi con i capi storici delle Br supera forse lo stupore della meschinità delle lotte di potere, di fazione, di bottega, dell'odio fra i gruppi. Il privilegio di trovarsi nella stessa cella con Curcio, Franceschini, Bertolazzi, di scoprire di persona il fascino e le risorse della

[12] *Ibid.*

clandestinità carceraria, i messaggi scritti con il limone nell'interlinea di un un libro spedito per posta, è probabilmente piú importante della scoperta che la società del terrorismo è speculare a una certa società politica e rispecchia anche le contrapposizioni, le divisioni, gli intrighi, le debolezze di quell'odiata società.

La parola terrorista continua a rodere la mente di Enrico Fenzi. Ne parla anche nei suoi saggi letterari. A proposito dell'*Aminta* del Tasso, per esempio: «Del resto, per concludere con un'osservazione largamente riassuntiva, persino Benedetto Croce ha generalissimamente accennato a qualcosa di simile, quando ha scritto che nell'*Aminta* il dramma "nasce dal sentimento che ha il poeta che la vita è fatta cosí e bisogna accettarla qual è, e che l'accettarla a questo modo è il meglio che si possa fare". La sentenza è degna del formidabile e terroristico buon senso del suo autore: terroristico davvero, qui, perché pretende insieme di aprire e di chiudere il discorso»[13].

Se non fosse passato attraverso la preziosa iniziazione di Palmi, forse il professor Enrico Fenzi non avrebbe piú avuto a che fare con gli uomini delle Brigate rosse e avrebbe preferito la sua casa di campagna ai covi e alle basi del terrorismo, e Dante e il Polizïano ai luttuosi e cupi documenti carcerari intitolati «Soggettivismo e militarismo».

Nel suo memoriale, il professore ammette l'importanza che ha avuto per lui l'università di Palmi: «Devo dire che quei mesi furono assolutamente decisivi per i miei mesi successivi. Da un certo punto di vista ho fatto di piú per le Br prima che dopo quella carcerazione: per esempio, l'unica azione armata. Ma per quanto riguarda il mio coinvolgimento anche psicologico oltre che politico, non c'è dubbio che esso toccò allora il suo punto piú alto, e che il clima cosí concentrato che si respirava e il

[13] Enrico Fenzi, *Il potere, la morte, l'amore. Note sull'«Aminta» di Torquato Tasso*, in «L'immagine riflessa», III (1979), nn. 1-2.

tipo di problemi in cui si era immersi mi avevano come si suol dire "caricato". Di là da tanti motivi contingenti, e anche importanti, non credo che si possano spiegare le mie scelte successive senza questa "carica": in qualche modo mi pareva di essere stato posto al centro della corrente che guidava lo sviluppo della lotta armata in Italia, e di avere, per essere stato posto proprio lí, in questo osservatorio centrale e privilegiato, un ruolo, una funzione altrettanto privilegiata»[14].

Ai primi di aprile del 1980 Fenzi viene trasferito da Palmi al carcere di Marassi a Genova. Il 3 giugno, la Corte d'Assise trova troppo generica la confessione di Berardi che ora non può piú confermare quel suo ritratto del professore d'italiano e assolve Fenzi. Il professore e gli altri imputati vengono cosí scarcerati e il generale Carlo Alberto dalla Chiesa, il 5 giugno a Milano, durante la cerimonia per il 166° anniversario della fondazione dell'Arma protesta con durezza: «Intorno a voi – dice ai carabinieri – c'è una società ricca di vita e di valori umani, che lotta con i denti su un nuovo Piave dal quale non passeranno né la follia, né la prepotenza, né la barbarie, né il terrorismo, né l'ingiustizia che lo assolve».

Fenzi esce di prigione con il doppio prestigio del carcere di Palmi, accanto ai capi «storici» delle Br, e dell'assoluzione in Assise. Viene subito riagganciato, deve spiegare «soggettivismo e militarismo», deve raccontare, riferire il pensiero di Curcio e degli altri. A Genova, le Br hanno preso posizione per il terrorismo puro, «sparare alle divise, a tutte le divise». Comincia l'ultimo periodo della vita del terrorista anomalo Enrico Fenzi che dura meno di un anno. Viaggia, va a Venezia, poi a Jesolo dove in una villetta per le vacanze incontra Nadia Ponti, Savasta, Guagliardo, e a Tor San Lorenzo, vicino a Roma, partecipa a una riunione della direzione strategica e con la Ponti, Guagliardo, Savasta, Moretti, la Balzerani, Alfieri, Chiocchi, Bolognesi, Lo Bianco, Scozzafava,

[14] Memoriale cit.

Cocconi, Iannelli, assiste alla rissa dei milanesi della colonna Walter Alasia: De Maria, la Betti, Alfieri contro Moretti e gli altri. Si nasconde a Formia per un po' con il cognato Senzani di cui non condivide quasi nulla e alla metà di settembre incontra di nuovo Moretti e gli altri in un seminario di due giorni a Santa Marinella. È trattato con rispetto, è ascoltato con attenzione, è considerato un capo anche lui, un ideologo.

Poi Fenzi va a Milano, frequenta la Biblioteca di Brera, frequenta, per stare piú al riparo, la sala di lettura dell'Istituto di italiano dell'Università Statale, in via Festa del Perdono. È (anche) un periodo di studio.

«Nel caso di Aminta, la violenza è invece giustificata come frutto dell'artificio, come sua consacrazione: nelle parole di Dafne e Tirsi, essa non è che un'arma in piú dentro il gioco ipocrita dei rapporti tra le persone, dentro le scommesse crudeli del potere. La violenza del Satiro ha il segno della ribellione al potere: quella che Aminta dovrebbe compiere è il potere. Tant'è vero che il Satiro la riscopre in sé tornando alle determinazioni essenziali del suo essere, mentre Aminta dovrebbe *imparare* a essere violento, secondo un *iter* che gli è proposto nelle forme di un vero e proprio apprendimento sociale: lo stesso attraverso il quale Silvia dovrebbe imparare a godere, e a *ferire e uccidere* con le armi della sua bellezza. Ciò che appare simile è dunque radicalmente diverso, e diverse, infatti, sono le conseguenze. Dafne e Tirsi possono tranquillamente spingere Aminta verso una violenza concepita come il risultato ultimo di una morale corrente che, se non proprio la esalta, certo la riconosce come sua: è in nome di una collaudata morale da "uomo di mondo" che Tirsi può definire il riluttante Aminta via via *sciocco, folle, mentecatto*... Il Satiro, invece, è solo nel suo impeto di ribellione: perfettamente e assolutamente solo. Simile per qualche aspetto al ciompo di cui parla Machiavelli nelle *Istorie fiorentine*, quello che con tragica lucidità esorta i suoi a continuare per la via già imboccata, "raddoppiando i mali, e le arsioni e ruberie multiplicando", anch'egli rovescia l'anelito di libertà in disperazione, e sa che la forza distruttiva è l'estrema "qualità" che gli è rimasta»[15].

A Milano ha qualche contatto, vede Guagliardo, la Balzerani e quando la colonna Walter Alasia uccide due dirigenti industriali, Renato Briano, della Magneti Marelli, il 12 novembre, e Manfredo Mazzanti, della Falck, il 28 novembre 1980, è lui che comunica ai giornali, a nome dell'esecutivo delle Br, la sconfessione degli assassinî. Telefona alla «Repubblica» da una cabina di Porta Lodovica e al «Corriere della Sera» da una cabina di Porta Romana e in due cestini della carta, in via Sant'Andrea e in corso Garibaldi, lascia le credenziali: l'opuscolo della direzione strategica delle Br, la DS 80.

È un terrorista part-time e nel suo memoriale parla dei brigatisti come di signori che viaggiano, si incontrano talvolta in posti struggenti di un'Italia persino snob, hanno qualche screzio tra loro, ma sono molto riservati, non hanno assilli di denaro, soffrono un po' per il problema degli alloggi, ma poi finiscono sempre col trovarli. Qual è la loro ragione sociale? Fenzi, nell'universo brigatista, tende ad apparire come le donne di certi paesi calabresi che, ammesse alla tavola degli uomini, siedono sullo spigolo e, grate dell'onore, guizzano di continuo in cucina per non apparire invadenti.

Il professore ha sempre bisogno di un capo e ora è dalla parte di Moretti contro gli ossessi della Walter Alasia e contro il nucleo storico di Palmi. È affascinato, ha una stima profonda nel Topolino imprendibile, il suo Grand Meaulnes del terrorismo. Lo considera l'unico che abbia le qualità del dirigente politico.

(Nel gennaio 1982, quando Moretti gli farà sapere in carcere che vuol parlare con lui – l'occasione è il processo d'appello per le armi – Fenzi accetta subito anche se, tormentato forse dall'ossessionante immagine dello sgozzamento del piellino Soldati, ha già confessato e deciso

[15] Fenzi, *Il potere, la morte, l'amore* cit.

di lasciarsi alle spalle l'esperienza di terrorista. «Il mio – dirà – era un gioco estremamente pericoloso, ma confesso che ero attratto irresistibilmente da quella possibilità che mi si offriva di discutere per ore, sino a notte fonda, nel silenzio e nell'isolamento della cella, proprio con Moretti, e di mettere a confronto i miei pensieri con i suoi. Non so: forse volevo inconsciamente metterli alla prova, con il brigatista che continuavo a stimare di piú»[16]).

Sono passati sette anni da quando il professore dell'Università di Genova incontrò per la prima volta Rocco Micaletto a Rivarolo. La mattina del 16 febbraio 1983. Enrico Fenzi è di nuovo a Genova in un'aula della Corte d'Assise, tra piccole gabbie bianche sagomate, lampade sofisticate, pareti di cemento armato a vista, un fondale colorato di rosso dietro gli scranni dei giudici e dei giurati. È testimone al processo per l'assassinio dell'operaio Guido Rossa.

«Lei conosce qualcosa degli omicidi avvenuti a Genova?» gli chiede il presidente. No, il professor Fenzi non sa nulla, riferisce soltanto di un giornale che descrisse con esattezza le fasi del delitto. È stata una domanda formale, il presidente non ha curiosità, non chiede a Fenzi dov'era il giorno dell'assassinio e che cosa dissero i brigatisti dopo l'azione e che cosa si disse nelle assemblee e nei pubblici dibattiti nelle fabbriche e all'università organizzati dall'Autonomia a proposito del «delatore» Guido Rossa. E non chiede a Fenzi neppure di quel che accadde nel carcere di Cuneo, di Berardi, il postino impiccato. Sono risposte che il professore ha già dato nei verbali sottoscritti davanti ai giudici istruttori di mezza Italia e, nell'autunno 1982, nell'interrogatorio che riempie 113 pagine davanti a un'altra Corte d'Assise di Genova.

Che cosa invece vuol sapere il presidente? Dei fronti e dell'organizzazione delle Brigate rosse. E Fenzi ne par-

[16] Memoriale cit.

la volentieri, senza iattanza ma anche senza timidezza, con una punta di compiacimento: «I fronti, semplificando molto, potrebbero corrispondere a quello che sono le commissioni di un partito. Cioè: la struttura delle Brigate rosse è una struttura gerarchica, ci sono le brigate, gruppi molto piccoli, ogni brigata ha un rappresentante che vede il rappresentante dell'altra e via a piramide si va verso la direzione di colonna che è radicata in una città e che è rappresentata all'interno dell'esecutivo...»

Pelato, in maglione rosso-vino e scarpe di camoscio, sorridente, rassicurante, pacificato, a suo agio come ai tempi dei convegni letterari, il professor Enrico Fenzi dell'Università di Genova, piú che un uomo delle Brigate rosse, sia pure un po' contrariato per quel suo passato, sembra un ambasciatore del Seicento in missione presso il re di Spagna.

Giustizia liberatrice

Una delle settimane piú acerbe della vita, per il sostituto procuratore della Repubblica di Milano Gherardo Colombo, è stata di certo quella cominciata il 19 luglio 1993. Tornato dalle vacanze su un'isola greca il 18 luglio, riprende a lavorare il giorno dopo, un lunedí, nella sua stanza al quarto piano della Procura. Tutto si accumula di continuo, nell'inchiesta Mani pulite. In una mattinata arriveranno un centinaio di telefonate e saranno almeno trenta le persone che bussano alla porta. Poi c'è da andare a San Vittore o al carcere di Opera per gli interrogatori e bisogna muoversi spesso su e giú per l'Italia perché l'inchiesta si è ramificata come una ragnatela. Ma non sembrano giornate particolarmente gravose queste di fine luglio, se non fosse per l'accavallarsi del lavoro nell'estate sciroccata.

La tranquillità apparente si spacca martedí 20 luglio e i fatti prendono da allora un ritmo da suspense tragica. Quel giorno si uccide a San Vittore, soffocato da un sacchetto di plastica, Gabriele Cagliari, il presidente dell'Eni. Tre giorni dopo, venerdí 23 luglio, si uccide nel suo appartamento milanese di palazzo Belgioioso, Raul Gardini. Passano quattro giorni e martedí 27 luglio, alle 11 e un quarto di sera, esplode l'autobomba di via Palestro, davanti alla Villa Reale, un orrore di sangue, di morti, con le eterne domande prive di risposta.

Gherardo Colombo, quella mattina del 20 luglio, si trova nel carcere di Opera e con Antonio Di Pietro sta interrogando Giuseppe Garofano, l'ex presidente della Montedison che dopo una lunga latitanza si è costituito e ha cominciato a raccontare la torbida storia dell'Enimont. Le notizie sono contraddittorie, non si parla ancora di suicidio, sembra che Cagliari abbia avuto un attacco di cuore. Poi i giudici sanno la verità e Gherardo Colombo corre a San Vittore.

Che cosa prova di fronte a una simile tragedia uno dei giudici protagonisti di Mani pulite, impegnato fin quasi dall'inizio in un'inchiesta che ha distrutto il sistema politico cosí come funziona in Italia dopo la seconda guerra mondiale, ha cancellato il sistema dei partiti divenuti truppe d'occupazione dello Stato, ha svelato una corruzione diffusa in tutti i gironi di una società acquiescente, ha messo fuori uso come ferrivecchi i responsabili associati del disastro politico e civile, leader famosi e osannati, segretari di partito onnipotenti, imprenditori pubblici e privati di grande nome, manager, uomini delle istituzioni, una intera classe dirigente?

Lo prende la desolazione, come se una cappa coprisse l'universo. E subito gli nascono le domande. Quella piú immediata: ancora oggi un uomo riesce a uccidersi in carcere, luogo simbolo della custodia di uno Stato? Quella piú razionale: sarebbe stato possibile prevedere, provvedere, impedire?

Quando si uccide, Gabriele Cagliari è in carcere da 134 giorni. I giudici di Mani pulite gli hanno concesso gli arresti domiciliari, il manager si trova a San Vittore su ordine di altri giudici. Non è una vittima, non è stato dimenticato in una cella. La sua situazione processuale era irrisolta, a suo carico restavano gravi indizi e gli pesavano addosso le norme dell'articolo 274 del codice di procedura penale, il pericolo di inquinamento delle prove, il pericolo di fuga, il pericolo che la persona sottoposta alle indagini potesse commettere ulteriori reati dello stesso tipo. Cagliari sarebbe stato probabilmente colpito da altri provvedimenti cautelari.

Gherardo Colombo non sa spiegarsi le ragioni di quel che è accaduto. Perché questo muro alzato da Cagliari, perché questo risentimento immotivato verso i giudici che possiedono un'infinità di prove contro di lui, che sono costretti a tenerlo in carcere nel timore che le carte di quel gioco infernale si scompiglino?

Nella storia di Gabriele Cagliari c'è qualcosa di enigmatico, una zona di mistero. La vicenda Enimont è divorante come il dio Kronos che uccide e si ciba dei suoi figli. Due suicidi, un terzo morto, Sergio Castellari, forse suicida, forse assassinato, personaggi illustri inquisiti, un alto magistrato, Diego Curtò, presidente vicario del Tribunale di Milano in prigione, confesso, per corruzione e abuso d'ufficio a fini patrimoniali, sono i segni che questo affare è molto piú inquinato di un bubbone di tangenti, piú preoccupante di un caso sia pure macroscopico di corruzione, di una compromissione da 150 miliardi tra lo Stato e alcuni imprenditori.

E allora che cosa d'altro nasconde l'affare Enimont quando Cagliari si uccide nel carcere di San Vittore e Gardini si uccide nel suo bell'accappatoio bianco – la morte dannunziana del cavaliere d'industria di una volta – nel palazzo settecentesco del centro di Milano vicino alla casa dove visse Alessandro Manzoni? C'è da scoprire qualcosa di mostruosamente ancora piú grave?

Il giudice Colombo è convinto che si è arrivati a queste morti anche perché esistono fortissime resistenze alla trasparenza complessiva. Se la realtà fosse stata affrontata piú serenamente con un'ammissione rapida di responsabilità, quel dramma, altri drammi sarebbero stati evitati. Il punto dolente è che nel momento in cui si è saputo del furto di centinaia e forse di migliaia di miliardi, si è continuato a coprire la matrice dell'illegalità e certi suoi cunicoli finora inesplorati. In nome di quali altri interessi e con quale spirito, un sistema moribondo si difende in maniera tanto accanita, furiosa ma inutile, cosí da provocare sacrifici individuali e collettivi?

Gabriele Cagliari ha scritto dal carcere lettere ai familiari e all'avvocato difensore, ha scritto anche poesie nello stile di Salvatore Quasimodo e c'è voluto un letterato, Cesare Garboli, per esprimere, con il disprezzo civile, amare verità.

In una poesia dedicata a un detenuto, un certo Tom che si è preso 25 anni di galera, si possono leggere questi due versi: «Un altro processo a pesi obliqui | sulla bilancia folle della loro giustizia». E Garboli: «Ma possibile che un funzionario dello Stato al vertice di un'azienda come l'Eni pensasse seriamente che servire la giustizia è un compito "folle"? E c'è bisogno di San Vittore per provare pietà di un carcerato?»[1].

Nelle poesie e nelle lettere, non affiora mai un barlume di resipiscenza, un moto di rammarico, se non di pentimento, per le ingiustizie commesse, per i danni provocati alla collettività, neppure una parola su un sistema di impunità sciolto da ogni possibile controllo.

«Chi ha scritto quelle poesie? – commenta Garboli. – Esse dicono una sola cosa terribile: il loro autore non ha identità e non l'ha mai avuta. Non sa chi è. Le sue parole parlano di dolore e di rabbia, ma sono parole in prestito dal vocabolario, appiattite su ciò che dovrebbero esprimere e non esprimono. (...) Il tono piú personale, piú sincero di Cagliari non è l'angoscia del carcere, espressa in un linguaggio di maniera, ma un che di banditesco, un istinto di vita refrattario ai rapporti civili col mondo».

«Ci trattano veramente come non persone, come cani ricacciati ogni volta al canile»[2].

È il passo di una lettera scritta da Gabriele Cagliari ai famigliari 17 giorni prima del suicidio. Che cosa pensa di fronte a queste parole e a quei morti un giudice coinvolto in una sorta di catarsi collettiva? Gherardo Colombo si rattrista: «È difficile anche da vivere una simile crisi generale, morale, sociale, politica. Io Cagliari l'ho interrogato un paio di volte. So che si trovava in uno stato di grande tormento, ma sono convinto che in ciascuno di noi esista il dovere, anche e soprattutto nei giorni piú

[1] «la Repubblica», 28 luglio 1993. Le poesie di Gabriele Cagliari sono state pubblicate da «Panorama», 1° agosto 1993.
[2] «Il Giorno», 21 luglio 1993.

gravi, di rispettare gli altri. Le lettere di Cagliari mostrano invece uno scarso rispetto per il resto della collettività, non tanto per i giudici, perché, secondo me, ogni cittadino ha il diritto, proprio il diritto, di dir male fin che vuole dei giudici. L'insofferenza, la ribellione, nelle lettere di Cagliari, riguardano non tanto e non soltanto la custodia cautelare nel corso delle indagini, ma il sentire ingiusto l'essere giudicato. Mi ha colpito molto il pensiero di un detenuto comune che lamentava la sorte di Cagliari: – Il carcere, – diceva, – io lo soffro. Non cosí tanto, come lui, però. Le persone come Cagliari sono abituate a vivere in un modo completamente diverso dal mio –. Quest'affermazione mi è sembrata una specie di ratifica di un'idea di società divisa in ceti e in classi e anche l'accettazione della necessità di assoggettare ognuno a una legge diversa».

Parlo con il giudice Gherardo Colombo nella casa dei suoi nonni, in un paese della campagna lombarda. Una bella vecchia casa con il senso del passare ordinato delle generazioni, la grande cucina, i ritratti degli antenati nella sala del pianoforte, le carrozze rimaste in attesa negli anfratti della cascina, dietro la casa, la struttura solida ed elegante della costruzione, il giardino col cedro del libano, gli alberi da frutta, i sentieri, i cespugli, il prato e il bosco a ricordare le belle estati dell'infanzia.

Tutto diverso il mondo che esce dall'inchiesta Mani pulite. Coi suoi personaggi privi di identità e di passato, con il denaro e il potere diventati beni assoluti da accumulare come fine della vita, l'assenza di ogni idea di cultura, il rifiuto della morale e della storia.

Proprio nel momento del piú alto consenso che la società civile tributa alla funzione del giudice, Gherardo Colombo si rammarica dell'immagine pubblica che ha assunto il suo lavoro. Mi spiega le ragioni del suo scontento. «Il mestiere di giudice non dovrebbe per nulla essere enfatizzato, ma restare circoscritto in confini limitati. È un'anomalia che i giudici appaiano come dei protagonisti e questa anomalia è un segno della paralisi delle istituzioni. Una società bene organizzata non dovrebbe avere nessun interesse a conoscere i nomi dei suoi giudici. Questo accade perché il giudice viene a impersonare ruoli di cui dovrebbe farsi carico tutta una serie di istituzioni dello Stato che in grandissima parte non funzionano. L'attività giudiziaria è un'attività di controllo che dovrebbe venire dopo tutto. Probabilmente per la prima volta in una società contemporanea, un grande sommovimento sociale che ha per oggetto la restaurazione della legalità, è stato provocato non dall'opposizione politica, ma dal terzo potere. L'applicare la legge viene considerato una rivoluzione. E questo è inconcepibile, è davvero inconcepibile».

Gherardo Colombo è nato nel 1946 a Briosco, un paese della Brianza, il padre medico, un bisnonno e un trisnonno materni avvocati. Laureato nel 1969 all'Università Cattolica con Franco Cordero, la tesi sulla riforma del processo penale, ha avuto una vita di lavoro intenso: giudice di dibattimento per tre anni, giudice istruttore dal 1978 al 1989; autore, con Giuliano Turone, delle inchieste su Michele Sindona e sulla P2; autore dell'inchiesta sui fondi neri dell'Iri avocata dalla procura romana e finita quasi nel nulla. Autore di uno studio sul riciclaggio, pubblicato da Giuffré nel 1990, ha fatto parte, con Antonino Caponnetto, Vittorio Borraccetti, Elvio Fassone, della Commissione di studio sul nuovo codice di procedura penale e, dal 1989 all'aprile 1992, è stato consulente giuridico della Commissione parlamentare sulle stragi.

Furono Gherardo Colombo e Giuliano Turone che indagando sulla mafia, su Michele Sindona e sul suo finto rapimento del 1979 in Sicilia, arrivarono a Licio Gelli. Nel marzo 1981 sequestrarono a Castiglion Fibocchi gli elenchi e la documentazione sulla loggia massonica P2. Pochi giorni dopo bussarono a Palazzo Chigi per comunicare al presidente del Consiglio Arnaldo Forlani la notizia di quell'associazione segreta che violava la Costituzione e metteva in pericolo la Repubblica. Gli consegnarono una piccola antologia di documenti, gli fecero firmare anche la ricevuta. Il governo Forlani si dimise, anche se con 62 giorni di ritardo. Ma la famosa Procura di Roma tolse quasi subito quell'inchiesta dalle mani dei giudici di Milano. Le avocazioni, il privare dei processi i giudici naturali, sono state una delle costanti della storia della Repubblica, portatrici di disordine civile e giuridico.

Quella di Gherardo Colombo è la biografia di uno dei non molti giudici italiani che tentarono di spaccare la crosta dell'illegalità e il piú delle volte furono sconfitti e patirono disagi e solitudine. A chi gli chiede ora che cosa facevano, dov'erano i giudici fino al 1992, Colombo risponde: «Dov'era la pubblica opinione quando, per esempio, il processo della P2 fu portato a Roma?»

Gherardo Colombo è profondamente convinto che è importantissima in un'inchiesta la funzione dell'opinione pubblica, ancora di piú in Mani pulite che mette in discussione i fondamenti della società politica: «Il consenso non ha rilievo sull'attività del magistrato perché il magistrato deve essere indipendente non solo dai poteri istituzionali, ma dalla comunità e deve poter prendere anche delle decisioni assolutamente impopolari. L'attenzione dell'opinione pubblica costituisce un formidabile strumento di controllo anche nei confronti dell'inerzia della magistratura. E influisce sul comportamento e sulle disponibilità di persone che, in contatto con l'inchiesta, si rinchiudono quando sentono che lo spirito della collettività è in conflitto con le istituzioni, si aprono e collaborano quando sentono che la maggioranza dei cittadini è d'accordo con quel che stanno facendo i giudici».

Ancora adesso dice che siamo agli inizi, anche se l'opinione pubblica ritiene l'affare Enimont l'approdo di Mani pulite: Gherardo Colombo lo ripete da piú di un anno che siamo agli inizi. Si era reso evidentemente conto subito di quel che veramente rappresentava Mani pulite, un magma esplosivo e senza confini che di nesso in nesso poteva trascinare nel processo infiniti settori di un paese corrotto.

«In effetti abbiamo avuto tra le mani solo dei frammenti, finora. Se fossimo costretti a fermarci qui vorrebbe dire che non si vuole, non si riesce, non si può arrivare a fare emergere tutta una serie di fatti che nascondono le chiavi di interpretazione di quanto è successo in Italia dalla strage di piazza Fontana in poi».

Sono davvero soltanto frammenti quelli venuti finora alla luce? Corposi frammenti, in ogni modo, che hanno mandato in frantumi un sistema di governo. I settori ancora da indagare, le banche, le assicurazioni, gli istituti di previdenza, l'informazione, tra gli altri, non sono pochi. Se i giudici, poi, riusciranno a trovare connessioni tra corruzione e poteri criminali, per Mani pulite si potranno aprire inimmaginabili scenari.

È possibile, a quasi due anni dall'inizio dell'inchiesta, cominciare a razionalizzare i fatti e cercare di capire quali sono state le fasi dell'attività giudiziaria che ha rotto impunità e connivenze solidificate da almeno un decennio?

Probabilmente la corruzione, nei rapporti tra società politica e società degli affari, è sempre esistita, ma solo dalla metà degli anni '80 si può usare la formula dell'imposizione generale concordata e obbligata. La diffusione del fenomeno è allora velocissima. Con i dati dell'inchiesta Mani pulite si potrebbe fare una revisione della storia del paese e della sua crisi dalla fine della solidarietà nazionale al craxismo. Senza dimenticare le radici dell'Italia sotterranea e corrotta, la Banca Privata Italiana di Sindona, il Banco Ambrosiano di Calvi e, soprattutto, la Loggia massonica Propaganda 2 e la sua intelaiatura affaristico-criminale.

Gli anni piú compromessi del decennio '80 restano quelli del post-terrorismo, del trionfo del privato, del referendum abrogativo del decreto legge sulla scala mobile, della restaurazione politica e sociale venuta dopo un periodo di sussulti, nel gioco immobile e marcito di maggioranza e di minoranza. Craxi è presidente del Consiglio dal 1983 al 1987, Berlinguer muore a Padova nel 1984, colpito da emorragia cerebrale durante un comizio, Cossiga viene eletto presidente della Repubblica nel 1985, i protagonisti della vita politica, i grandi tenutari del potere sono Craxi, Andreotti, Forlani.

L'inchiesta Mani pulite, dotata di fragili mezzi, passa attraverso intralci di ogni genere, trabocchetti, ostacoli, saltafossi, tentativi di insabbiamento, cancellazioni, colpi di spugna, blocchi parlamentari e governativi. Ma le difficoltà messe sul cammino dei giudici di Mani pulite finiscono col causare ogni volta tali reazioni di irrigidimento e di incrudelimento popolare da diventare quasi dei boomerang.

Ricorda Gherardo Colombo: «La domenica del decreto Conso, dopo che ho letto i giornali, sono rimasto tranquillissimo. – Qualche volta è piú forte il mondo nel suo complesso, – mi sono detto. Quando la Camera ha respinto la nostra richiesta di autorizzazione a procedere nei confronti di Craxi ho pensato a un ricompattamento del sistema politico contro gli interessi dell'inchiesta. Ma anche in questo caso c'è stata subito una reazione agguerrita dell'opinione pubblica. Nessuna delle persone comuni ha intimato a noi giudici "quando vi imbattete in un deputato o in un senatore dovete smettere di investigare", nessuno ha discusso la necessità e le ragioni dell'inchiesta. Tutto il contrario. E questo ha finito col vivificare l'interesse collettivo che magari si era anche un po' smorzato».

Mani pulite prende l'avvio il 17 febbraio 1992 al Pio Albergo Trivulzio. Segue un periodo apparentemente vuoto in cui tutto, fino alle elezioni politiche del 5 aprile 1992, sembra bloccato. E lo è, ma si tratta soltanto di una sosta obbligata. I risultati elettorali dimostrano che lo spirito della collettività è in sintonia con quel che stanno facendo i giudici. Il campo d'azione resta ancora municipale, Tangentopoli protagonista, con la Baggina, il

Comune di Milano, l'Aem, la Metropolitana milanese, le Ferrovie Nord, il passante ferroviario, l'Ipab ex Eca. Anche i personaggi non hanno nomi famosi, Mario Chiesa, Roberto Mongini, Luigi Carnevale, Sergio Radaelli, Claudio Dini, Maurizio Prada, Matteo Carriera. Poi i due sindaci, Carlo Tognoli e Paolo Pillitteri.

Si può temere che l'inchiesta, come per un tacito patto, resti allora ancorata alla Lombardia, anche se è evidente che i rapporti esistenti nelle altre regioni italiane tra classe dirigente politica e imprenditoria pubblica e privata non possono essere troppo dissimili.

Ma il 16 luglio 1992 viene arrestato Salvatore Ligresti, uno degli uomini piú ricchi e discussi d'Italia sul quale la magistratura milanese aveva cincischiato per anni con indagini che sembravano simili alla marcetta del *Ponte sul fiume Kwai*. Dopo Ligresti si spaccano le dighe, Mani pulite allarga gli orizzonti, tocca l'Eni, l'Enel, l'Iri, la Fiat e nel dicembre 1992 arriva a Craxi. La caduta del Muro di Milano provoca ora la caduta di tutti gli altri muri. Basta premere il pulsante del televideo; le inchieste della Procura della Repubblica si moltiplicano per cariocinesi, si aprono altre inchieste, a Venezia, ad Agrigento, a Firenze, a Trieste, all'Aquila, a Brescia, a Napoli, a Torino, a Reggio Calabria e gli inquisiti sono sindaci, presidenti di enti pubblici, parlamentari, ministri, imprenditori. È un regime che crolla.

I giudici scoprono come viene gestita la cosa pubblica, il contrario del servizio che l'amministrazione dovrebbe rendere. Mi racconta Gherardo Colombo: «Le distorsioni sono notevolissime, ci rendiamo conto che alcune opere pubbliche vengono messe in cantiere non perché servano alla collettività, ma esclusivamente per far soldi. Sono solo uno strumento di corruzione».

Le mazzette rappresentano la regola. Una regola consolidata. Si paga tutto. In materia di ferrovie, per esempio, si paga sulle forniture degli elettromotori, sulle carrozze, sulle finiture; si paga sui binari, sulle traversine e sulla messa in opera dei binari. I modi della corruzione sono spesso rozzi, arroganti. Sono invece sofisticati, in alcuni casi, gli strumenti per mascherare la corruzione, i conti esteri, le banche straniere.

Non esistono codici della corruzione. Mi racconta Gherardo Colombo: «C'è solo una regola fondamentale non scritta, bisogna pagare su tutto. È persino ovvio, nella mentalità mercantile, che per ottenere un appalto bisogna pagare».

Ancora oggi esiste un conflitto di interpretazione e di interesse tra il mondo imprenditoriale che denunzia, «Sono stato concusso», e il mondo politico che replica, «Macché concusso, questo era un accordo consuetudinario che giovava a tutti».

Gherardo Colombo è prudente: «È sempre sbagliato generalizzare. Esistono situazioni in cui all'imprenditore viene imposta la tangente, e situazioni in cui un accordo tacito risulta proficuo per tutti. Non si può neppure escludere che in qualche caso forti gruppi economici siano stati costretti a subire imposizioni. Chi ha resistito meglio è stato l'imprenditore che non ha impostato tutta la sua attività sulla pubblica amministrazione, chi l'ha diversificata, chi ha lavorato molto coi privati e con l'estero».

Esisteva probabilmente una contabilità generale delle tangenti, oculatamente tenuta dai personaggi dei partiti piú coinvolti che prediligevano il sistema della mazzetta a forfait legata al fatturato, piuttosto che il sistema della mazzetta legata a ogni contratto, vera e propria tassa, un pedaggio.

L'universo della corruzione si è rivelato smisurato. Mi spiega il giudice: «Noi stiamo cercando di indagare su tutto perché questo è il nostro dovere. Non esiste soltanto l'Enimont. Quante sono le aziende dai nomi sconosciuti e quali sono stati i loro rapporti illegali con i poteri pubblici? Spesso faccio una riflessione. Si potrà cambiare pagina soltanto quando saranno svelati tutti i livelli della corruzione, dai vertici della piramide ai quadri intermedi. Se i responsabili di ogni stadio della corruzione non saranno rimossi, la situazione di illegalità si potrà infatti riprodurre».

Gherardo Colombo ha conosciuto i piccoli manager e i grandi manager del regime della corruzione, i dirigenti moralmente piú deboli, per spirito di fedeltà all'azienda, per amore di carriera, e i piú illustri personaggi, quelli chiusi in se stessi e quelli estroversi che rivendicano le loro responsabilità, i coerenti e gli incoerenti. Ha conosciuto le loro culture e le loro inculture, ha potuto capire qual era la loro visione del mondo, qual era la loro conoscenza della società, e vedere da vicino com'era davvero inesistente l'influenza dell'etica cattolica sullo spirito del capitalismo. Li ha visti anche miseramente smarrirsi quando l'argomento degli interrogatori sfiorava il libero mercato e la forza della concorrenza.

Nell'estate del 1992, Gherardo Colombo si era reso subito conto della vastità, pericolosità e diffusione abnorme del fenomeno e aveva lanciato una proposta: i responsabili avrebbero dovuto dichiarare al magistrato tutto quanto conoscevano di illecito su se stessi e sulle persone con le quali erano in contatto, restituire quello di cui si erano appropriati, dare indicazioni precise e dettagliate per recuperare il denaro maltolto. Sarebbero stati colpiti da una pena accessoria, l'interdizione temporanea dai pubblici uffici, e sarebbero stati risparmiati dalla pena principale, la detenzione.

Ma la proposta, un'esca al Parlamento perché provvedesse, perché eliminasse la cancrena, non ha avuto esito. Il giudice sapeva piú degli altri e presupponeva utopisticamente che gli altri avessero duttilità e intelligenza. Il Parlamento, allora, ha pensato invece che anche quello fosse un prezzo troppo alto e ha seguitato a operare solo per la propria tutela, per la protezione del sistema politico e dei suoi membri, come se nulla o poco fosse nel frattempo successo. A quel poco, confidava, sarebbe bastato il tempo per porre rimedio. Gherardo Colombo seguita a essere convinto che la via di quel «condono» rigoroso sia l'unica per uscire da Tangentopoli.

Per i giudici di Mani pulite non ci sono soltanto i «bagni di folla», le scritte sui muri, il consenso e la gratitudine del popolo. Ci sono anche le barriere tagliafuoco del sistema politico sconfitto, il conflitto, le accuse.

Di essere stati clementi, di avere usato morbidezza con i signori della grande industria privata e di essere stati invece crudi e impietosi con gli uomini delle imprese di Stato. Mi dice Gherardo Colombo che non è vero: «L'impressione può essere stata questa, ma è errata. Ligresti, per esempio, ha scontato fino all'ultimo i suoi giorni di carcere. Certamente, l'imprenditoria pubblica ha avuto comportamenti piú contorti e inquinati nella corruzione oltre che una maggiore subalternità nei confronti degli uomini politici e dei partiti e questo si è riflesso nei comportamenti processuali».

C'è anche un'altra accusa per i giudici di Mani pulite, il sospetto che gli inquisiti vengano chiusi in galera per costringerli a confessare, per farli parlare di sé e dei complici come in una stanza di tortura psicologica. Mi dice Gherardo Colombo che anche questo non è vero: «Non abbiamo mai violato i diritti dei cittadini, abbiamo sempre usato lo strumento della carcerazione preventiva con un'attenzione e una correttezza esasperata. È una dizione borghese, di finto garantismo, non una comune dizione popolare, quella che recita "li mettete dentro per farli parlare"».

Nella casa di campagna vecchia di due secoli a discutere del potere e della morte con uno dei giudici del presente, suo malgrado protagonista della stagione nuova. Il potere è uno dei temi che piú lo inquietano e la questione se il potere inquina oppure no l'uomo continua a restare per lui irrisolta. Ha sempre pensato, e il convincimento si è rafforzato con il tempo e con questa ultima esperienza, che l'idea di potere sia legata al fatto di dover morire. L'uso del potere diventa esorcizzante rispetto alla morte perché ha in sé un significato di onnipotenza capace di tener lontano da quel termine certo. Anche per questo il potere è corruttore, disumanizzante, infantilizzante, e può far sembrare chi lo usa diverso dagli altri. Il maggior ostacolo che l'uomo incontra nella sua crescita è la coscienza di essere limitato. Il limite maggiore è appunto la morte, la separazione assoluta. Questo vale anche per l'uso del potere. Il gesto piú difficile da compiere è la separazione, la rinuncia.

Il sole che sta tramontando oltre gli alberi, nel giardino della vecchia casa, crea una barriera di barlumi luminosi, quasi un fondale. Sembra assurda e astratta la conversazione sul potere e la morte, sul potere e il privilegio, ma con pochi passaggi logici si arriva a uno dei temi focali della società civile e politica, il potere segreto e invisibile, il potere che sta nell'ombra, il potere che negli ultimi anni ha dominato l'Italia, l'Italia della P2 e delle stragi e il dialogo perde allora ogni sospetto di astrattezza.

Noi sappiamo pochissimo, mi dice il giudice, di quel che succede nel mondo. Conosciamo segmenti non marginali, ma non essenziali, quel che sappiamo è mediato, minuto, particolare. Dominante è quasi sempre la finzione. Non si sa mai chi muove veramente i fili.

Gli racconto allora della finzione politica somma di cui sono stato spettatore. Nelle strade di Roma, anni fa, quando arrivò il presidente degli Stati Uniti Ronald Reagan in visita di Stato. Per proteggerlo meglio, al suo posto nella limousine era stato fatto sedere un sosia. Reagan era già di per sé un sosia. Un attore, per di piú, quindi due volte sosia. E ora quel che mi passava davanti in piazza Colonna era il sosia numero tre che copriva con strati successivi di difese i veri burattinai-registi del potere reale, finanziario, industriale, militare.

Quando parla di Mani pulite, Gherardo Colombo esemplifica, riduce senza civetteria ruoli e meriti.

Non tutto è oro quel che riluce. A turbarlo, in questo tempo sospeso e infuocato, mi racconta, non sono stati tanto gli insulti, i tentativi continui di fermare l'inchiesta che fanno parte della normale dialettica, della logica dello scontro. A preoccuparlo, piuttosto, sono proprio quegli applausi, quelle voci che invocano il governo dei giudici, la gogna, la vendetta, la forca. Ad allarmarlo sono quelle strategie occulte fuori dalle regole della democrazia che si sentono nell'aria come il pulviscolo e che costringono a una smisurata attenzione.

Della funzione del giudice, Gherardo Colombo non ha un'idea aggressiva, ma neutrale. Vorrebbe, vuole semplicemente essere come un notaio che opera in nome della legge e della democrazia. Lieto, da cittadino, se un'inchiesta come quella di Mani pulite ha portato una giustizia liberatrice.

Nota

Alcuni dei testi di questo libro sono stati precedentemente pubblicati. «I cento giorni del generale», nel volume di autori vari, *Morte di un generale*, Mondadori, Milano 1982. «Il sequestro», «La borsa della canonica», «Il professore delle Brigate rosse», in *Un paese in tribunale*, fotografie di Giovanna Borgese, testi di Corrado Stajano, Mondadori, Milano 1983. «Il palazzo dei veleni», in «MicroMega», n. 4 (1988). «Vieni dolce morte», in Natalia Berla, *Il gelo dentro. Lettere da San Patrignano*, Rosellina Archinto editore, Milano 1991. «La strage di maggio» sul «Corriere della Sera», 25, 26, 27 maggio 1992.

Stampato per conto della Casa editrice Einaudi
presso Milanostampa s. p. a., Farigliano (Cuneo)
nel mese di settembre 1993

C.L. 12855

Ristampa — Anno

0 1 2 3 4 5 6 7 8 — 93 94 95 96 97 98 99

Gli struzzi

Ultimi volumi pubblicati

204 Sciascia, *Nero su nero*.
205 Revelli, *La guerra dei poveri*.
206 *Fiabe africane*.
207 Roncaglia, *Il jazz e il suo mondo*.
208-10 Il teatro italiano.
V: *La commedia e il dramma borghese dell'Ottocento* (tre tomi).
211 Ponchiroli, *Le avventure di Barzamino*.
212 Bruzzone, *Ci chiamavano matti*.
213 Reed, *Il Messico insorge*.
214 Gallo Barbisio, *I figli piú amati*.
215 *Un processo per stupro*.
216 Pasolini, *Lettere luterane*.
217 Belyj, *Pietroburgo*.
218 Michelet, *La strega*.
219 Calvino, *Una pietra sopra. Discorsi di letteratura e società*.
220 *Barthes di Roland Barthes*.
221 Butler, *Cosí muore la carne*.
222 Opere di Elio Vittorini:
1. *Piccola borghesia*.
2. *Sardegna come un'infanzia*.
3. *Il garofano rosso*.
4. *Conversazione in Sicilia*.
5. *Uomini e no*.
6. *Il Sempione strizza l'occhio al Frejus*.
7. *Le donne di Messina*.
8. *Erica e i suoi fratelli – La garibaldina*.
9. *Diario in pubblico*.
10. *Le città del mondo*.
223 Rodari, *Il gioco dei quattro cantoni*.
224 Signoret, *La nostalgia non è piú quella d'un tempo*.
225 Malerba, *Le galline pensierose*.
226 Einstein, *Il lato umano. Nuovi spunti per un ritratto*.
227 Revelli, *La strada del davai*.
228 Beauvoir, *Lo spirituale un tempo*.
229 Fellini, *Fare un film*.
230 Barthes, *La camera chiara. Nota sulla fotografia*.
231 Brecht, *Drammi didattici*.
232 Dostoevskij, *L'idiota*.
233 Volponi, *Memoriale*.
234 Broch, *Gli incolpevoli*.
235 Thomas, *Poesie*.
236 Schulz, *Le botteghe color cannella*.
237 Dostoevskij, *Delitto e castigo*.
238 Pasolini, *Le ceneri di Gramsci*.
239 Dostoevskij, *I fratelli Karamazov* (due volumi).
240 Levi (Primo), *La ricerca delle radici. Antologia personale*.
241 Lewis, *Il Monaco*.
242 Eluard, *Poesie*.
243 Pasolini, *La nuova gioventú. Poesie friulane 1941-1974*.
244 Mark Twain, *Le avventure di Tom Sawyer*.
245-46 Il teatro italiano.
V: *La tragedia dell'Ottocento* (due tomi).
247 Fabre, *Ricordi di un entomologo. Studi sull'istinto e i costumi degli insetti*.
248 Mark Twain, *Le avventure di Huckleberry Finn*.
249 Casula, *Tra vedere e non vedere. Una guida ai problemi della percezione visiva*.
250 Pasolini, *L'usignolo della Chiesa Cattolica*.
251 Salvatorelli, *Vita di san Francesco d'Assisi*.
252 Flaubert, *Bouvard e Pécuchet*.
253 Casula, *Il libro dei segni*.
254 Puškin, *Romanzi e racconti*.
255 Hawthorne, *La lettera scarlatta*.
256 Kipling, *Capitani coraggiosi*.
257-60 Döblin, *Novembre 1918. Una rivoluzione tedesca*.
(257) *Borghesi e soldati*.
(258) *Il popolo tradito* (in preparazione).
(259) *Ritorno dal fronte* (in preparazione).
(260) *Karl e Rosa* (in preparazione).
261 Marin, *La vita xe fiama e altri versi 1978-1981*.
262 Volponi, *Sipario ducale*.
263 Lawrence, *Donne innamorate*.
264 Dickinson, *Lettere 1845-1886*.
265 Sciascia, *La corda pazza. Scrittori e cose della Sicilia*.
266 Dostoevskij, *Umiliati e offesi*.
267 Persio Flacco, *Le Satire*.
268 Tolstòj, *Resurrezione*.
269 Pasolini, *La religione del mio tempo*.

270 Beauvoir, *Quando tutte le donne del mondo...*
271 Wu Ch'êng-ên, *Lo Scimmiotto*.
272 Dostoevskij, *L'adolescente*.
273 Dickens, *Il nostro comune amico*.
274 De Sanctis, *Saggio critico sul Petrarca*.
275 Conrad, *Vittoria. Un racconto delle isole*.
276 De Sanctis, *Manzoni*.
277 Rodari, *Storie di re Mida*.
278 Brecht, *Diari 1920-1922. Appunti autobiografici 1920-1954*.
279 Frank, *Racconti dell'alloggio segreto*.
280 De Sanctis, *Leopardi*.
281 Sciascia, *Cruciverba*.
282 Queneau, *Esercizi di stile*.
283 Giovenale, *Le satire*.
284 Hugo, *I miserabili* (tre tomi).
285-87 Il teatro italiano.
V: *Il libretto del melodramma dell'Ottocento* (tre tomi).
288 Barthes, *L'impero dei segni*.
289 Le commedie di Dario Fo.
VI: *La Marcolfa – Gli imbianchini non hanno ricordi – I tre bravi – Non tutti i ladri vengono per nuocere – Un morto da vendere – I cadaveri si spediscono e le donne si spogliano – L'uomo nudo e l'uomo in frak – Canzoni e ballate*.
290 Rodari, *Giochi nell'Urss. Appunti di viaggio*.
291 Revelli, *L'anello forte. La donna: storie di vita contadina*.
292 Levi (Primo), *L'altrui mestiere*.
293 Morante, *Lo scialle andaluso*.
294 *'O penziero e altre poesie di Eduardo*.
295 Asor Rosa, *L'ultimo paradosso*.
296 *Comandante ad Auschwitz. Memoriale autobiografico di Rudolf Höss*.
297 Fiori, *Il cavaliere dei Rossomori. Vita di Emilio Lussu*.
298 Barthes, *L'ovvio e l'ottuso. Saggi critici III*.
299 Rodari, *Il secondo libro delle filastrocche*.
300 Vassalli, *Sangue e suolo. Viaggio fra gli italiani trasparenti*.
301 Lévi-Strauss, *La via delle maschere*.
302 Kipling, *Qualcosa di me*.
303 Zamponi, *I Draghi locopei*.
304 De Filippo, *Lezioni di teatro*.
305 Levi (Primo), *I sommersi e i salvati*.
306 Thiess, *Tsushima*.
307 Ginzburg (Natalia), *Lessico famigliare*.
308 Barthes, *La grana della voce. Interviste 1962-1980*.
309 Vassalli, *L'alcova elettrica*.
310 Szymusiak, *Il romanzo di Peuw, bambina cambogiana (1975-1980)*.
311 Saba, *Antologia del «Canzoniere»*.
312 Einaudi, *Le prediche della domenica*.
313 Leandri, *Scusa i mancati giorni*.
314 *Liriche cinesi*. A cura di Giorgia Valensin.
315 Fo, *Manuale minimo dell'attore*.
316 Ara-Magris, *Trieste. Un'identità di frontiera*.
317 Balzac, *Fisiologia del matrimonio*.
318 *Storici arabi delle Crociate*. A cura di Francesco Gabrieli.
319 Acton, *Gli ultimi Medici*.
320 James, *Daisy Miller*.
321 Stevenson, *Emigrante per diletto* seguito da *Attraverso le pianure*.
322 Cummings, *Poesie*.
323-24 Il teatro italiano.
IV: *La commedia del Settecento* (due tomi).
325 Breton, *Manifesti del Surrealismo*.
326 London, *La crociera dello Snark*.
327 Rodari, *Gli esami di Arlecchino*.
328 Gadda, *La cognizione del dolore*. Edizione critica a cura di Emilio Manzotti.
329 Levi (Primo) - Regge, *Dialogo*.
330 Le commedie di Dario Fo.
VII: *Morte accidentale di un anarchico – La signora è da buttare*.
331 Eça de Queiroz, *Il Mandarino* seguito da *La buonanima*.
332 Lastrego-Testa, *Dalla televisione al libro*.
333 Dostoevskij, *Le notti bianche*.
334 Baroni-Fubini-Petazzi-Santi-Vinay, *Storia della musica*.
335 Zamponi-Piumini, *Calicanto. La poesia in gioco*.
336 Dostoevskij, *Memorie del sottosuolo*.
337 Asor Rosa, *Scrittori e popolo. Il populismo nella letteratura italiana contemporanea*.
338 Queneau, *Piccola cosmogonia portatile* seguita da *Piccola guida alla Piccola cosmogonia* di Italo Calvino.

339 Grimmelshausen, *Vita dell'arcitruffatrice e vagabonda Coraggio*.
340 Yourcenar, *Memorie di Adriano* seguite dai *Taccuini di appunti*.
341 *Teatro Dada*. A cura di Gian Renzo Morteo e Ippolito Simonis.
342 Frank, *Diario*.
343 Tozzi, *Con gli occhi chiusi*.
344 Barthes, *Il brusio della lingua*.
345 Proust, *Poesie*.
346 Conrad, *La linea d'ombra*.
347 Beauvoir, *La terza età*.
348 Dossi, *L'Altrieri. Vita di Alberto Pisani*.
349 Bodini, *I poeti surrealisti spagnoli* (due volumi).
350 Laclos, *Le amicizie pericolose*.
351 James, *La fonte sacra*.
352 Hoffmann, *Gli elisir del diavolo*.
353 Naldini, *Pasolini, una vita*.
354 Fortini, *Verifica dei poteri*.
355 Bontempelli, *Nostra Dea e altre commedie*
356 Le commedie di Dario Fo
VIII: *Venticinque monologhi per una donna* di Dario Fo e Franca Rame.
357 Conrad, *Cuore di tenebra*.
358 Chlébnikov, *Poesie*.
359 Cervantes, *Intermezzi*.
360 Revelli, *L'ultimo fronte. Lettere di soldati caduti o dispersi nella seconda guerra mondiale*.
361 Cabeza de Vaca, *Naufragi*.
362 Ginzburg (Natalia), *La famiglia Manzoni*.
363 Gogol', *Le veglie alla fattoria di Dikanka*.
364 Vargas Llosa, *La zia Julia e lo scribacchino*.
365 Hoffmann, *La principessa Brambilla*.
366 Čechov, *Vita attraverso le lettere*.
367 Huysmans, *Controcorrente (A rebours)*.
368 Barilli, *Capricci di vegliardo e taccuini inediti (1901-1952)*.
369 Lautréamont, *I canti di Maldoror. Poesie. Lettere*.
370 Ginsborg, *Storia d'Italia dal dopoguerra a oggi* (due volumi).
371 Chopin, *Il Risveglio*.
372 Fortini, *Versi scelti. 1939-1989*.
373 Tzara, *Manifesti del dadaismo e Lampisterie*.
374 Gozzano, *Le poesie*.
375 *Diari di dame di corte nell'antico Giappone*. A cura di Giorgia Valensin.
376 Argilli, *Gianni Rodari. Una biografia*.
377 Sterne, *La vita e le opinioni di Tristram Shandy, gentiluomo*.
378 Miller (Arthur), *Una specie di storia d'amore e altre commedie*.
379 Ginzburg (Natalia), *Serena Cruz o la vera giustizia*.
380 Ripellino, *Poesie*.
381 Lastrego-Testa, *Istruzioni per l'uso del televisore*.
382 Fayenz, *Jazz domani*.
383 *I capolavori di Federico García Lorca*.
384 Ghirelli, *Storia del calcio in Italia*.
385 Dalla Chiesa, *Storie di boss ministri tribunali giornali intellettuali cittadini*.
386 Machado de Assis, *La cartomante e altri racconti*.
387 Conrad, *La freccia d'oro*.
388 London, *Martin Eden*.
389 Bulgakov, *Romanzi brevi e racconti (1922-1927)*.
390 *I capolavori di Eugene O'Neill* (due volumi).
391 Pavese, *La letteratura americana e altri saggi*.
392 Hölderlin, *La morte di Empedocle*.
393 De Quincey, *Confessioni di un oppiomane*.
394 Hardy, *Jude l'oscuro*.
395 Friedländer, *A poco a poco il ricordo*.
396 Gautier, *Capitan Fracassa*.
397 Čechov, *Caccia tragica*.
398 Le commedie di Dario Fo
IX: *Coppia aperta, quasi spalancata* di Dario Fo e Franca Rame.
399 Berg, *Il ghetto di Varsavia*.
400 Schneider, *Glenn Gould. Piano solo*.
401 Pittarello, *Il tempo segreto*.
402 Berlinguer, *Questioni di vita*.
403 Laing, *L'io diviso*.
404 Vargas Llosa, *La Casa Verde*.
405 Tolstoj, *La sonata a Kreutzer*.
406 *Langhe*.
407 Fruttero-Lucentini, *Storie americane di guerra*.
408 Ginzburg C., *Il giudice e lo storico*.
409 Dickinson, *Lettere. 1845-1886*.
410 Pérez Galdòs, *Tristana*
411 Stajano, *Un eroe borghese. Il caso dell'avvocato Giorgio Ambrosoli assassinato dalla mafia politica*.
412 Graziosi, *Lettere da Kharkov*.
413 Ben Jelloun, *Dove lo stato non c'è*.

414 Naldini, *De Pisis. Vita solitaria di un poeta pittore*.
Goldoni, *Teatro*:
415 I. *Il servitore di due padroni. Il teatro comico. La famiglia dell'antiquario. Le femmine puntigliose. La bottega del caffè*.
416 II. *La locandiera. La sposa persiana. Il campiello. Gl'innamorati. I rusteghi. Le smanie per la villeggiatura*.
417 III. *Le baruffe chiozzotte. Una delle ultime sere di carnovale. Il ventaglio*.
418 Cooper, *La morte in famiglia*.
419 Laing, *Nodi*.
420 Stevenson, *Il relitto*.
421 Poggi-Vallora, *Mozart. Signori, il catalogo è questo!*
422 Foa, *Il Cavallo e la Torre*.
423 Soavi, *Guardando. I quadri dei pittori contemporanei*.
424 Le ballate di Robin Hood.
425 Villari, *Le avventure di un capitano d'industria*.
426 Contini, *Racconti della Scapigliatura piemontese*.
427 Baudelaire, *Scritti sull'arte*.
428 Schwob, *Il terrore e la pietà*.
429 Lazarillo de Tormes.
430 James, *Il carteggio Aspern*.
431 Crevel, *La morte difficile*.
432 Mila, *Scritti di montagna*.
433 dalla Chiesa, *Il giudice ragazzino*.
434 Laing, *Mi ami?*
435 Poe, *Vita attraverso le lettere (1826-1849)*.
436 Pregliasco, *Antilia*.
437 Pasternak, *Poesie*.
438 Mugnier, *Mondanità e religione*.
439 Sontag, *Sulla fotografia*.
440 Dostoevskij, *Il giocatore*.
441 Mainardi, *Il cane e la volpe*.
442 Bergmann, *Anatomia dell'amore*.
443 Fenoglio, *L'imboscata*.
444 Baudelaire, *I fiori del male*.
445 Rea, *L'ultima lezione*.
446 Fiori, *Uomini ex*.
447 Twain, *N. 44. Lo straniero misterioso*.
448 Céline, *Nord*.
449 Hawthorne, *La Casa dei Sette Abbaini*.
450 Carpentier, *L'arpa e l'ombra*.
451 *I lirici corali greci*.
452 James, *La lezione dei maestri*.
453 Frank, *Diario*.
454 Alfieri, *Tragedie* (2 volumi).
455 Licandro-Varano, *La città dolente*.
456 Cohn, *Broadway. Storie dal cuore del mondo*.
457 Paglia, *Sexual Personae*.
458 Rossi, *Alla ricerca di Antonio*.
459 Stajano, *Il disordine*.